Du bist die Heldin Deines Lebens!

LebensHeldin!
EMPOWER YOURSELF

LebensHeldin!

Du bist die Heldin Deines Lebens!

Mit Fotografien von Martina van Kann

BERG & FEIERABEND

Widmung

Liebe Anjamani,

Du bist eine LebensHeldin!
Dein Strahlen hat unsere Seelen berührt,
Dein Leuchten hat unser Leben verändert.
Dein Lachen wird uns fehlen.
Wir tragen Dich in unseren Herzen und schicken Dir eine Umarmung in den Himmel.

Frauengesundheit ist Brustgesundheit.

Dein früher Abschied wird uns immer daran erinnern,
dass wir alles in Bewegung setzen müssen,
damit sich unsere Gesundheitskultur verändert,
damit alle Frauen gesund und glücklich leben können!

Deine Silke und Isabella

&

das Team von
LebensHeldin! e.V.

Erkenne Dich selbst!

Dieses Buch ist für Dich.

Es soll Dir helfen, Dich zu erinnern,
dass der größte Schatz in Deinem Inneren verborgen ist:

DU bist die Heldin Deines Lebens!

Mit neuen Gedanken und Impulsen kannst Du
Dein persönliches Glück, innere Ruhe und Kraft finden.

Begib Dich auf eine bewusste Reise zu Dir selbst,
auf Deine persönliche HeldinnenReise.

Wir danken der Firma Triumph

Triumph

für die freundliche Unterstützung
von LebensHeldin! e.V.

Inhalt

Was Dich auf Deiner HeldinnenReise stärken kann

Tipps von Expert*innen

Sämtliche Fotos von Martina van Kann

Grußwort

Angelika Schindler-Obenhaus
Schirmfrau LebensHeldin! e.V.
CEO Gerry Weber International AG

Als Silke Linsenmaier mich bat, das Vorwort zu diesem wunderbaren Buch zu schreiben, habe ich erst mal gedacht: Ob ich das kann?

Wie schon zuvor hat Silke es geschafft, dass ich Dinge annehme und mache, wovon ich nie wusste, dass ich sie machen kann, aber Silke wusste es, so wie am Anfang unserer gemeinsamen Herzensreise:

Es war im Mai 2018, als sie und Isabella mich eingeladen hatten, nach Dresden zu kommen, um einen Vortrag zu halten. Am Abend wurde in einer wundervollen Atmosphäre LebensHeldin! e.V. gegründet.

Die Geschichte von Silke und die authentischen Berichte erkrankter Frauen sowie das Schicksal zweier junger (!) Kolleginnen in meiner damaligen Firma haben mich spontan ergriffen. Als Silke mich dann fragte, ob ich die Schirmherrschaft übernehmen möchte, habe ich sofort Ja gesagt. Denn dieses Herzensprojekt, das sich zur Aufgabe gemacht hat, das bisherige Angebot für Frauen, die an Brustkrebs erkrankt sind, zu revolutionieren, hat mich sofort überzeugt.

Es fehlte vor LebensHeldin! e.V. ein innovatives, vor allem lebensbejahendes Konzept zur Unterstützung, Aufklärung und für persönliche Bewältigungsstrategien, das für alle Frauen erreichbar ist und dem aktuellen Zeitgeist entsprechend digital und analog vereint.

Körper, Geist und Seele werden ganzheitlich angesprochen. Der integrative Heilungsansatz begleitet die Frauen nach der aktiven Therapie. Es ist ein lebendiges Konzept, das Frauen, die sich in klassischen Selbsthilfegruppen nicht wirklich wiederfinden, hilft, Seelenverwandte zu finden und in Kontakt zu treten.

Aber noch viel wichtiger sind die beiden Gründerinnen: Silke und Isabella.

Silke und Isabella, die es geschafft haben mit ihrer Idee, dass an Brustkrebs erkrankte Frauen durch eine positivere Grundeinstellung selbstbestimmt und selbstbewusst Entscheidungen für ihr Leben übernehmen können.

Von Anfang an haben sie mit ihrer Leidenschaft und positiven visionären Kraft immer mehr gut ausgebildete, energiegeladene Frauen mit unterschiedlichen Kompetenzen von ihrer Idee begeistert. Nun arbeiten so viele großartige Powerfrauen ehrenamtlich für LebensHeldin! e.V. Diese tollen Frauen geben alles von ihrem Fachwissen, um die visionären Kräfte und Ideen der charismatischen Gründerinnen umzusetzen. Gestaltungskraft par exellence!

So ist auch dieses Buch in atemberaubender Geschwindigkeit durch Silke, Isabella, Heike, Susan, Caroline und Martina entstanden, und natürlich durch die Unterstützung und Spenden unserer vielen Förderer, Kooperationspartner und Großspender.

Dieses Buch wird, neben der wertvollen Arbeit von LebensHeldin! e.V., so vielen Frauen Kraft und positive Energie schenken. Denn es zeigt, dass jeder Heilungsweg einzigartig ist, so wie jede Frau einzigartig ist. Aber noch viel wichtiger ist es, dass die wahre Schönheit der Frauen nach ihrer Brustkrebserkrankung dabei sichtbar wird. Diese Schönheit sichtbar zu machen, ist wahnsinnig wichtig auf dem Weg zu einer ganzheitlichen Heilung.

Dieses Buch wird nicht nur den Frauen etwas schenken. Es wird alle, die es in der Hand halten und lesen, begeistern. Begeistern für die Herzenssache: JA zu einer neuen Frauengesundheitskultur und für mehr Toleranz und Offenheit im Umgang mit einer Krebsdiagnose.

Werde auch Du zur LebensHeldin! Diese Herzensangelegenheit gibt Dir etwas, was Du nirgendwo bekommst und von dem du vorher auch nicht wusstest, dass du es brauchen wirst.

Es reicht völlig, dass Silke und Isabella es wussten!

Herzlichen Dank, dass ich immer bei Euch sein darf. Ihr seid die Heldinnen meines Lebens!

Eure Angelika

Silke Linsenmaier, 1. Vorsitzende

Isabella Ladines, 2. Vorsitzende

Susan Uhlemann, Schatzmeisterin

Vorwort

Prof. Dr. med. Pauline Wimberger
Direktorin der Klinik und Poliklinik für Gynäkologie und Geburtshilfe an der Technischen Universität Dresden

Liebe Patientin, liebe Angehörige, liebe Interessierte,

das Projekt von LebensHeldin! e.V. begleitet Frauen während und nach einer Brustkrebserkrankung. Die Initiative schließt damit eine Lücke, um die Therapie positiv zu bewältigen und wieder JA zum Leben zu sagen. Dies ist höchst unterstützenswert!
In dem vorliegenden Buch teilen 21 Frauen ihre Erfahrungen und schenken damit Mut und Kraft. Sie zeigen, dass die innere Einstellung und der Glaube an die eigenen Kräfte eine wichtige Rolle im Heilungsprozess spielen können.

Mit fällt immer wieder auf, dass Frauen mit Brustkrebs häufig einen sehr hohen Anspruch an sich selbst stellen und zu Perfektionismus tendieren. Sicherlich ist übermäßiger und negativer Stress nicht der alleinige Auslöser einer Krebserkrankung, nichtsdestotrotz sollte mehr darauf geachtet werden, Körper und Seele in Einklang zu bringen und sich auf das „Wesentliche" zu konzentrieren.

Entspannungsübungen zur Angst- und Stressbewältigung, Meditation und Achtsamkeit sind entscheidend, aber ebenso, das Positive im Leben zu sehen, sich auch an kleinen Dingen zu erfreuen und daraus Kraft zu ziehen.

Gesunde, ausgewogene Ernährung und sportliche Aktivität spielen eine große Rolle, aber auch – soweit möglich – die Fähigkeit, das Leben zu genießen. Gerade die persönlichen Erfahrungen von LebensHeldinnen können dabei gute Hilfestellungen leisten und Wege aufzeigen, um mit der Diagnose und ihren Auswirkungen besser umgehen zu können.

Ich wünsche Dir, dass diese zum Teil sehr zu Herzen gehenden Beiträge Dich positiv bestärken, mutig Deinen eigenen Heilungsweg zu gehen, und wünsche Euch allen alles erdenklich Gute.

Mit herzlichen Grüßen

Prof. Dr. med. Pauline Wimberger

Diagnose Brustkrebs – Du bist nicht allein!

Prof. Dr. med. Bahriye Aktas

Direktorin der Klinik und Poliklinik für Frauenheilkunde des Universitätsklinikums Leipzig

Die Diagnose Brustkrebs ist für viele Frauen zunächst ein Schock, der sie völlig unvorbereitet trifft. Die meisten wünschen sich Antworten auf ihre dringenden Fragen: Wie verändert die Krebserkrankung mein Leben? Was kann ich tun, um wieder gesund zu werden, und wie kann ich die Krankheit positiv bewältigen?

Brustkrebserkrankungen sind oft heilbar

Die Mehrzahl der Frauen kann geheilt werden und auch mit der chronischen Erkrankung ist ein erfülltes, glückliches Leben noch viele Jahre möglich. Die personalisierte Medizin hat bereits Einzug gehalten und durch neue Forschungserkenntnisse werden die Leitlinien (Behandlungsempfehlungen) jedes Jahr aktualisiert. Das Einholen einer Zweitmeinung, welche Therapie für Dich sinnvoll ist, kann hilfreich sein und Dein Selbsthilfepotenzial und Deine Kompetenz als Patientin stärken.

Du entscheidest über Deinen Körper

Grundsätzlich ist Dein Wunsch mitentscheidend, welche Art der Operation und Therapie durchgeführt wird. Leider kann eine komplette Brustentfernung weder verhindern, an Brustkrebs zu erkranken, noch, dass die Krankheit wiederkommt. Ein gewisses Restrisiko einer erneuten Brustkrebserkrankung bleibt, deshalb ist es so wichtig, dass Du die Nachsorgetermine regelmäßig wahrzunimmst.

Eine Brustkrebsbehandlung ist nicht einfach zu verarbeiten, weil das eigene Körperverständnis und das allgemeine Verständnis von Weiblichkeit erschüttert werden kann. Wie Frauen mit der Krankheit und dem neuen Körperbild nach der Operation umgehen und neues Vertrauen in den Körper gewonnen wird, ist ganz unterschiedlich.
Du musst lernen, an Dich selbst zu denken, denn Du stehst im Mittelpunkt Deines Heilungswegs und solltest Dich fragen, was Du in Deinem Leben verändern musst, um zu gesunden. Keine Frau wird damit allein gelassen – Du hast die Möglichkeit, Unterstützung von einer erfahrenen Psycho-Onkologin zu bekommen.

Bleib am Ball!

Nach Abschluss der Therapie solltest Du Dich jährlich darüber informieren, ob neue Forschungsergebnisse zu Deiner Krebsart vorliegen. Bleib am Ball und frage gezielt bei Deinen betreuenden Medizinern nach, denn möglicherweise gibt es aktuelle Erkenntnisse und Behandlungsmethoden, die Deine Prognose verbessern und die Du in Anspruch nehmen kannst.

Nutze außerdem die Chance zum Dialog mit anderen Frauen, die Deinen Weg bereits gegangen sind – diese wissen, was für Gefühle nach Abschluss der Therapie hochkommen, welche Gedanken und Befürchtungen entstehen.

Du bist nicht allein!

Aufbruch in eine holistische Gesundheitskultur

Andreas Schöfbeck
Vorstand der BKK Pro Vita

LebensHeldin! e.V. unterstützt Frauen, die an Brustkrebs erkrankt sind, und hilft ihnen dabei, ihre Selbstheilungskräfte zu aktivieren. Das Zauberwort heißt Selbstwirksamkeit. Als Krankenkasse befürworten wir diese Arbeit so gerne, weil wir von der Wirkung überzeugt sind und den betroffenen Frauen Mut machen wollen.
Als Vorstand einer gesetzlichen Krankenkasse plädiere ich dafür, dass das Wissen um die ganzheitliche Gesundheit jedem Erwachsenen, der sich heute mit Krankheiten auseinandersetzen muss, leichter zugänglich sein sollte.

Wir sind einer Krankheit nicht hilflos ausgeliefert

Bruce Lipton, einer der genialsten Epigenetiker unserer Zeit, hat herausgefunden, dass unsere Gene einen viel geringeren Einfluss auf die Entstehung von Krankheiten haben als noch vor wenigen Jahren gedacht. Er erklärt das, indem er den Vergleich zum Computer zieht: Unsere Gene sind die Hardware, unsere Emotionen die Software. Der weltweit anerkannte Wissenschaftler hat erstaunliche Erkenntnisse über die biochemischen Funktionen unseres Körpers veröffentlicht. Sie zeigen, dass unser Denken und Fühlen bis in jede einzelne unserer Zellen hineinwirkt und unser physisches Leben bestimmt.
Wenn unsere „Software", also unser Denken und unsere Emotionen, ausschlaggebend für Krankheit ist, dann wird klar, dass wir etwas verändern und selbst dazu beitragen können, unseren gesundheitlichen Zustand zu verbessern.

Positive Emotionen stärken unser Immunsystem

Die Wissenschaft der Psychoneuroimmunologie (PNI) befasst sich damit, wie Emotionen unser Immunsystem beeinflussen. Die PNI kann längst belegen, dass die Psyche eine sehr viel größere Bedeutung für Krankheit und Gesundheit hat, als die Medizin bisher angenommen hat.
Positive Emotionen stärken unser Immunsystem. Und negative Emotionen – vor allem psychische Dauerbelastungen und Stress – können es derart negativ beeinflussen, dass wir anfälliger für unterschiedliche Krankheiten werden.

Manchmal liegen die Ursachen für Krankheiten in der frühen Kindheit. Gerade die ersten Lebensjahre können einen überproportional großen Einfluss auf unsere spätere psychische und körperliche Gesundheit haben. Frühe Bindungs- und Beziehungserfahrungen spielen hier eine ganz wichtige Rolle.

Viele Menschen spüren, wenn sie emotional stark belastet sind, oder dass Themen aus der Vergangenheit verdrängt oder noch nicht gelöst sind. Sie haben jedoch nicht immer den Mut, daran zu arbeiten. Mein Appell an alle Frauen, die an einem solchen Punkt stehen:

Sei mutig: Schau hin, was geheilt werden möchte!

DU bist eine LebensHeldin!

Silke Linsenmaier
Vorständin und 1. Vorsitzende LebensHeldin! e.V.

Isabella Ladines
Vorständin und 2. Vorsitzende LebensHeldin! e.V.

Mach Dir das Leben zum Geschenk

Die Diagnose Brustkrebs hat alles verändert. Von einem Tag auf den anderen ist nichts mehr, wie es einmal war. Du kannst die Diagnose nicht rückgängig machen und Du kannst auch nichts an der Situation verändern, in der Du Dich gerade befindest. Was Du aber ändern kannst, ist Dein persönlicher Umgang mit der Krankheit und Deine Sicht auf diese tiefgreifende Erfahrung.

Dein Leben ist eine große HeldinnenReise

Stell Dir Dein Leben einmal wie eine große HeldinnenReise vor, an deren Ende Dich Dein Traumziel erwartet. Um dieses Ziel erreichen zu können, wirst Du immer wieder vor neue Herausforderungen gestellt:

Blasen an den Füßen, Erschöpfung, Euphorie, Tränen der Verzweiflung und Momente des großen Glücks begleiten Dich. Du gehst einen Schritt nach dem anderen und machst Pausen, wenn Dein Körper Ruhe braucht. Manchmal schläfst Du tief und fest, manchmal bist Du voller Unruhe.

Auf Deinem Weg schaust Du nicht wütend oder traurig auf die zurückgelegten Kilometer zurück, sondern bist voller Mitgefühl, wenn Du Fehler gemacht hast, und sprichst Dir selbst Mut zu. Wenn Du wieder eine Etappe geschafft hast, bist Du dankbar und feierst Deinen Erfolg.

Kommst Du auf die Idee, einfach stehenzubleiben und nicht mehr weiterzugehen? Oder möchtest Du den nächsten Schritt gehen, und sei er auch noch so klein? Freust Du Dich auf neue Erfahrungen, die Natur und die Momente der kleinen Erfolge? Wahrscheinlich entscheidest Du Dich für den nächsten Schritt.

Wenn Du zurückblickst, dann voller Zufriedenheit und Anerkennung dessen, was Du schon erreicht hast. Du bist erfüllt von der Vorfreude auf das, was kommt, so gehst Du Deinem Ziel immer weiter entgegen.

Was ist Dein Weg?

Tatsächlich vergessen wir uns auf unserer eigenen HeldinnenReise zu oft selbst. Wir vergessen, wie wichtig es ist, Pausen einzulegen und neue Kraft zu schöpfen. Uns zu fragen, welches Ziel wir wirklich erreichen wollen, was uns wichtig ist auf unserem Weg. Wir hängen in einem negativen Gedankenkarussell, seelische Verletzungen sitzen tief und vergiften unseren Lebensweg. Aus Angst vor der Zukunft halten wir krampfhaft an Vertrautem fest. Wir fürchten uns vor dem nächsten Schritt und haben vergessen, dass Veränderungen zu unserem Leben gehören.

Wir quälen uns mit „Was-wäre-wenn"-Gedanken und Bedauern von nicht gelebtem Glück. Wir verurteilen uns für das, was wir noch nicht geschafft haben, statt alle großen und kleinen schönen Momente unseres Lebens zu feiern.

Manchmal sind uns unsere Werte, Wünsche und Bedürfnisse, unsere eigenen Lebensziele auch gar nicht bewusst, weil wir so sehr im stressigen Hamsterrad des Alltags feststecken, dass uns die Luft zum Atemholen wegbleibt.

Die Brustkrebsdiagnose kann ein Weckruf sein und Dir zeigen, wo Du Deine Gesundheit und Deine Selbstliebe noch mehr in den Fokus stellen solltest, was Du in Deinem Leben verändern und heilen kannst. Wenn Dir die Krankheit etwas zeigen möchte, dann vielleicht, dass Dein Leben zu kurz ist, um es nach den Vorstellungen anderer zu leben. Was ist Dein Weg?

Du entscheidest über Deinen Heilungsweg

Du bist einzigartig, und keine Frau geht ihren Heilungsweg in Deinen Schuhen. Natürlich gibt es Frauen, bei denen die gleiche Form des Krebses diagnostiziert wurde und deren Therapieplan Deinem entspricht. Doch ihr Körper reagiert vielleicht komplett anders, ihr Stoffwechsel verarbeitet Medikamente und Nahrung anders. Ihre Herkunft, ihr privates und berufliches Umfeld unterscheiden sich von Deinem. Es ist Dein Weg, nicht der Deines Arztes oder der Frau, die in der Chemo neben Dir sitzt, nicht der Deiner Mutter oder Tochter, Deines Mannes oder Deiner Freundin.

Nur Du kannst entscheiden, wie Du Deinen Heilungsweg und die Zeit darüber hinaus gestaltest, sowohl auf medizinischer und therapeutischer Ebene als auch in Deiner persönlichen Entwicklung. Dafür ist es wichtig, dass Du Dich umfassend informierst und herausfindest, was sich für Dich persönlich gut anfühlt. Finde heraus, welche Möglichkeiten es für Dich gibt, wie Du Dich ganz gezielt und auf Deine Art um Deine gesundheitlichen Bedürfnisse kümmern kannst und welche medizinische Begleitung für Dich die Richtige ist. Falls neue Erkenntnisse Deine Entscheidung verändern, wirst Du den Mut finden, die gewählte Entscheidung in Frage zu stellen und einen neuen Weg einzuschlagen.

Mach Dir das Leben zum Geschenk

Nach einer Brustkrebserfahrung stellen viele Frauen ihr Leben auf den Prüfstein. Sie möchten etwas verändern, aber wissen nicht wie. Manche Frauen haben sich ein neues Ziel gesetzt und doch viel zu früh aufgehört, weiterzugehen. Sie haben eine Zeit lang versucht, einen neuen Pfad einzuschlagen. Doch alte Gewohnheiten, ihr Umfeld und fehlender Mut zur Veränderung, aber auch Enttäuschungen und Kraftlosigkeit haben sie wieder auf den gewohnten, vermeintlich sicheren Weg zurückgeführt. Weil schon die Therapie so viel Kraft kostet, fällt es uns noch schwerer, etwas im Leben zu ändern. Weil die plötzliche Konfrontation mit Krankheit und Endlichkeit Angst macht.

Im ersten Moment kann das größte Hindernis, vor dem Frauen auf ihrem HeldinnenWeg stehen, der Wunsch sein, an der Vergangenheit festzuhalten.
Veränderungen können Angst machen, und wir wünschen uns sehnlichst, dass alles wieder so wird, wie es einmal war.

Bist Du bereit, Eigenverantwortung zu übernehmen, neue positive Gedanken zu denken, Deinen Lebensstil zu verändern und Dir anzuschauen, ob seelische Wunden geheilt werden sollten?

Bewusstwerdung – um JA zu Dir zu sagen

Vielleicht wird Dir beim Lesen dieses Buches bewusst, dass es Zeit wird, sich um den wichtigsten Menschen in Deinem Leben zu kümmern: um Dich selbst!

Denn nur wenn es Dir gut geht, kannst Du auch für andere da sein. Wenn Du lernst, auf Deine innere Stimme zu hören, wirst Du erkennen, was Du wirklich willst und brauchst, um erfüllt und glücklich zu leben. Dann verschwendest Du auch weniger Energie darauf, was andere über Dich denken, und kannst allen Ballast aus der Vergangenheit abwerfen.

Wenn Du lernst, JA zu Dir zu sagen, wird Dir das Nein-Sagen leichter fallen. Die Erkenntnis in Dir wird wachsen, dass Du über viel mehr Kraft verfügst, als Du geglaubt hast. Denn mit einem neuen Denken, Fühlen und Handeln erfährst Du, wie Du Ballast abwerfen und mit einer neuen Leichtigkeit durch Dein Leben gehen kannst. Du bist viel mehr als die Frau mit Brustkrebs, mehr als Deine Herkunft, Dein Familienstand oder Dein finanzieller Status: Du bist ein Geschenk für die Welt und die Welt braucht Dich!

Dieses Buch hat Dich gefunden. Deine Erfahrungen – mit allen Höhen und Tiefen – haben Dich zu der wunderbaren Frau gemacht, die Du heute bist. In Dir steckt viel mehr, als Du glaubst! Mach Dir das Leben zum Geschenk und gib Dir die Erlaubnis, JA zu Dir selbst zu sagen. Manchmal wird es Dir schwerfallen, doch mit Hilfe dieses Buches und den Angeboten von LebensHeldin! e.V. wirst Du Dich immer wieder erinnern können:

DU bist eine LebensHeldin!

Dein Weg beginnt genau hier, wo Du Dich gerade befindest, Du musst diesen Weg nicht allein gehen. Wir von LebensHeldin! e.V., alle Frauen, die ihre mutmachenden HeldinnenReisen mit Dir teilen, und unsere Experten, die Dir Tipps für Deinen Heilungsweg geben, begleiten Dich.

Das Buch ist in vier Kapitel unterteilt, die Du vielleicht auf Deiner eigenen Reise wiedererkennen wirst. Es kann Dich wie ein Reiseführer begleiten und Du kannst es immer wieder zur Hand nehmen, um genau die Erfahrung zu finden, die zu Deiner aktuellen Situation passt.

Entdecke, wie Du das Vertrauen in Dich und das Leben erneuern und die Vision für Deinen weiteren Lebensweg entwickeln kannst. Lass Dich von den Erfahrungen der Frauen in diesem Buch inspirieren.

Wir glauben an Dich und die Kraft, die in Dir steckt. Egal, ob Du noch mitten in der Therapie steckst oder die Diagnose vor vielen Jahren bekommen hast – vielleicht ist heute der Start für das größte Abenteuer Deines Lebens:

Deine HeldinnenReise!

Teil 1

Die Wiederentdeckung der Frau in Dir

Wie Du mit Selbstfürsorge und Selbstliebe in Deine weibliche Urkraft kommst und Deine innere und äußere Schönheit entdeckst.

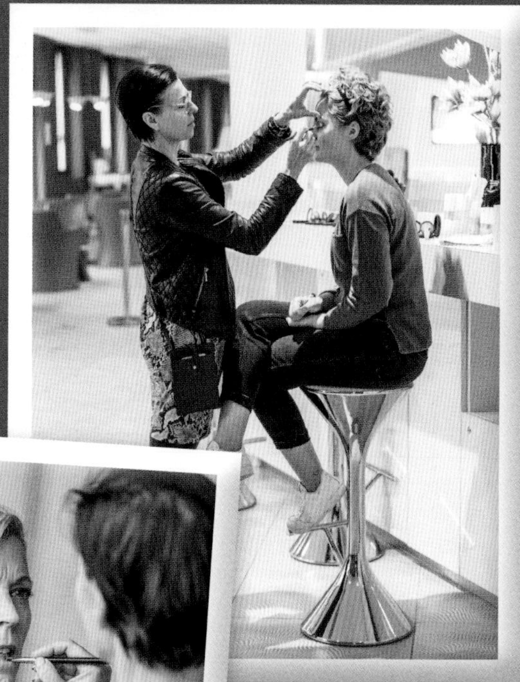

Julia Ankiewicz *1997
Unter der Dusche ertastet Julia einen faustgroßen Tumor. Als ihre Ärztin eine Zyste vermutet, drängt Julia auf weiterführende Untersuchungen. Die bestätigen ihren Verdacht: Brustkrebs. Die Zukunftspläne der 21-Jährigen werden zerstört und ihr Leben verändert sich radikal, sie verliert Freundeskreis und Lebenskraft, doch ihren Mut will sie sich nicht nehmen lassen.

Mit dem Mut einer Löwin

Wie ich die innere Kraft in mir geweckt habe

Die Löwin in Dir möchte Dein Selbstbewusstsein stärken, Deine innere Kraft erwecken und Dir neuen Mut schenken. Sie zeigt Dir, wie Du frei und unabhängig Deinen Weg gehen kannst. Die Löwin schenkt Dir Kampfgeist, Weisheit und Tapferkeit. Ich kämpfe wie eine Löwin.

Kraftlosigkeit

Ich lebe allein in Hannover. Vor Kurzem habe ich meine Ausbildung zur Hotelfachfrau abgeschlossen und meinen ersten Arbeitsvertrag unterschrieben. Mein Name ist Julia, nächste Woche will ich meinen 22. Geburtstag feiern.

Nach einem wunderschönen Italienurlaub mit meinem Vater fühle ich mich auf unerklärliche Weise müde und kraftlos. Okay, während meiner Ausbildung musste ich viele Überstunden machen, Gewichte tragen und teilweise in verrauchten Räumen Alkohol ausschenken. Meine Arbeit kann manchmal anstrengend sein und ich muss oft in Schichten arbeiten, aber ich bin doch gerade erst aus dem Urlaub zurückgekommen und sollte erholt sein.

Intuition

Es ist einfach da. Ganz plötzlich. Ein faustgroßes Etwas in meiner rechten Brust, dass ich unter der Dusche ertaste. Sofort greife ich zum Telefon und rufe meine Mutter an: „Oh Gott, Mama. Was mache ich denn jetzt?“ Sie beruhigt mich und wir hoffen beide, dass es nur eine harmlose Zyste ist.

Ich mache sofort einen Termin bei meiner Ärztin, die nach einem Tastbefund besänftigend abwinkt und mir rät, ein paar Monate abzuwarten.

Aber meine Intuition sagt mir, dass ich nicht so lange warten kann – obwohl ich keine Beschwerden habe und es keine Brusterkrankungen in meiner Familie gibt. Trotzdem: Etwas, das so wahnsinnig schnell gewachsen ist, kann doch nicht normal sein. „Dann müssen Sie sich einen anderen Arzt suchen“, ist die lapidare Antwort auf meine Bitte um eine zeitnahe Ultraschalluntersuchung.

Ich finde eine neue Ärztin, die zur Sicherheit eine Gewebeprobe entnimmt und mir das Ergebnis am Valentinstag telefonisch mitteilen will. Der Anruf aus der Praxis alarmiert mich nicht: „Bitte kommen Sie morgen persönlich und bringen Sie eine Bezugsperson mit, kommen Sie besser nicht alleine." Morgen? Da habe ich für den Abend meine Geburtstagsparty geplant.
Meine Freundin begleitet mich am nächsten Tag, und nach langer Wartezeit werden wir in das Besprechungszimmer gebeten. Auf dem Tisch stehen zwei Gläser mit Wasser und eine große Box mit Taschentüchern. Wie im Film, denke ich und muss innerlich grinsen. Und dann erkenne ich es. Im Gesichtsausdruck der Ärztin. In dem Moment weiß ich Bescheid: Es sieht nicht gut aus.

Stille

„Wir haben bösartige Zellen gefunden und müssen jetzt schauen, wie wir das Ganze angehen." Was will sie mir damit sagen? „Das kann ich ja heute Abend wegtanzen, oder?", frage ich sie hoffnungsvoll und ahnungslos zugleich. Ihre Antwort lässt mir das Blut in den Adern gefrieren: „Ich glaube, Sie verstehen mich nicht. Sie haben einen hochaggressiven Brustkrebs, wir müssen sofort mit der Therapie beginnen!"
Von dem Moment an weiß ich nichts mehr, höre nichts mehr und kann mich nicht mal daran erinnern, wie ich einen Stift halten muss. Meine Freundin schreibt zum Glück alle wichtigen Informationen mit. Wie betäubt verlassen wir die Praxis und ich rufe sofort meine Mutter und meinen Stiefvater an. Beide sind geschockt und unfassbar traurig.

Danach schreibe ich in meine Geburtstagsgruppe:

„Ich muss euch leider mitteilen, dass ich Krebs habe,
aber ich möchte trotzdem mit euch heute Abend Geburtstag feiern.
Und deswegen kommt bitte alle und wir feiern einfach, bevor die Therapie losgeht."

Und das machen wir. Der Abend ist voller Tränen, aber auch voller berührender und schöner Momente. Ich glaube, es war genau richtig, so offen damit umzugehen, denn der Krebs gehört jetzt zu mir. Wer damit nicht klarkommt, muss halt gehen. Ich habe mir den Brustkrebs nicht ausgesucht und ich will mich nicht verstecken.

Angriff

Triple positiv. Ein hochaggressiver, hormonabhängiger, hinterhältiger Krebs. Keine Zeit. Mir bleibt keine Zeit. Innerhalb eines Tages wird für mich entschieden, dass ich niemals leibliche Kinder haben werde. Bis zum nächsten Zyklus dauert es zu lange, da bleibt keine Möglichkeit mehr, um Eizellen einzufrieren oder Gewebe zu entnehmen. Voller Kraft soll ich in die Chemotherapie starten, sofort! Ich funktioniere wie eine Maschine, als wäre mein Körper für die Therapie gebaut. Sterben ist für mich keine Option.

Die erste Chemo schlägt jedoch nicht an, der Tumor wächst sogar noch. Die Ärzte reagieren umgehend und wechseln zu einem anderen Mittel. Meine Blutwerte werden immer schlechter, deshalb bekomme ich auch noch hochdosierte Antibiotika, die natürlich zusätzliche Nebenwirkungen haben. Meine Schleimhäute trocknen komplett aus, ich blute aus jeder Körperöffnung, habe Durchfall, mir ist übel wie noch nie zuvor in meinem Leben. Ich möchte so gern eine homöopathische Begleittherapie machen, doch erstens kann ich mir das nicht leisten und zweitens verbietet mir mein Arzt ergänzende Maßnahmen, weil sie die Wirkung der Chemo möglicherweise beeinträchtigen.
Ich kann nichts essen, schlafe nur und hoffe, dass die Medikamente endlich wirken. Am dritten Tag nach der Chemo erwache ich regelmäßig zu neuem Leben, setze mich in mein Auto und fahre zu meinem Pferd: Ich habe eine Reitbeteiligung, ein tolles Tier, auch wenn er ein echter Rüpel ist.

Isolation und Einsamkeit

Die sechs Monate Chemotherapie in Kombination mit Antikörpern setzen mir sehr zu. Um mich vor Infektionen zu schützen, werde ich oft isoliert und darf keinerlei Kontakte haben. Manchmal geht es mir so schlecht, dass mir sogar die Kraft fehlt, aufzustehen, ich möchte am liebsten nur schlafen und weinen.

Mein Pferd rettet mich, er holt mich aus diesem Tief und schafft es, dass ich trotzdem rausgehe. Die regelmäßigen Spaziergänge mit ihm und die frische Luft tun mir unglaublich gut. Der Rüpel ist ganz vorsichtig mit mir und sehr achtsam. Das ist so schön. Spazierenreiten und -gehen sind jetzt mein „Sport“, für mehr habe ich einfach keine Kraft.
Ich habe tatsächlich geglaubt, ich habe gute Freunde. Wie sich herausstellt, habe ich genau eine gute Freundin, alle anderen distanzieren sich ziemlich schnell von mir. Dafür sind meine Mama und mein Stiefvater auch in den absoluten Tiefphasen an meiner Seite. Sie tragen mich mit ihrer Liebe und Fürsorge. Damit schenken sie mir die Kraft, die ich brauche, um die anstrengende Therapie zu überstehen.

Löwinnen-Mut und Tapferkeit

Es gibt Tage, an denen ich sehr schlecht drauf bin, dennoch freue ich mich immer, wenn mich das Taxi zur Therapie bringt. In der Chemo-Ambulanz herrscht eine supergute Stimmung. Die Frauen lachen, haben tolle Gesprächsthemen, stricken oder spielen Karten – in diesen Momenten fühle ich mich in einer wunderbaren Gemeinschaft aufgehoben. Ich bin nicht allein. Am Anfang nehme ich immer eine Freundin mit, aber ich stelle ziemlich schnell fest, dass ich diese Zeit mit den Frauen für mich allein haben möchte – und es genieße.
Mir wird die halbe Brust wegoperiert, das ist grausam, aber ich will nur eins: leben! Ich lerne, meine Brust so anzunehmen, wie sie ist, und auch ein Mann soll mich gefälligst so akzeptieren, wie ich bin. Erst bei der Nachuntersuchung empfiehlt mir meine Frauenärztin eine Ausgleichsprothese, vorher hat das noch keiner angesprochen und eigentlich will ich das auch gar nicht.
Über LebensHeldin! e.V. erfahre ich schließlich, dass es nicht nur um Optik und Schönheit geht. Eine Prothese gleicht auch das fehlende Gewicht aus und kann Haltungsschäden und Schulterentzündungen vorbeugen. Das hat mir vorher keiner erklärt. Ich frage mich, warum es darüber so wenig Aufklärung gibt.
Ohne die finanzielle Hilfe meiner Mutter wäre es mir nicht möglich, normal weiterzuleben. Sie stockt mein Geld auf. Es ist unglaublich schwierig, an Informationen zu kommen, welche Zuschüsse es gibt und wer die richtigen Ansprechpartner sind. Es ist ein unglaublicher Wirrwarr und mir fehlen die Kraft und die Energie für die Recherche. Meine Tante gibt mir den Tipp, mich an die Niedersächsische Krebsgesellschaft zu wenden – diese Empfehlung ist Gold wert. Über die Krebsgesellschaft bekomme ich wertvolle Unterstützung und auch eine professionelle Beratung, die mir hilft, meine Ernährung langfristig umzustellen.

Ängste und Bedrohungen

Ich fühle mich ganz wohl mit Glatze, aber manchmal, wenn ich mich ungeschminkt und pickelig im Spiegel sehe, frage ich mich: „Wie unfair kann das Leben eigentlich sein? Warum hat es ausgerechnet mich getroffen?“
Während der Chemotherapie dachte ich überhaupt nicht daran, dass ich es nicht schaffen könnte. Aber jetzt ist es immer wieder schwierig, weil meine Angst vor einem Rezidiv so groß ist. Vor dem

Einschlafen finde ich mich in einer negativen Gedankenspirale wieder, aus der ich nicht herauskomme. Ich habe Angst, dass ich nach dem Ende meiner Therapie sterbe. So wie eine Freundin meiner Eltern. So wie andere in meinem Umfeld. Ich will das nicht erleben. Ich kann nicht einschlafen, denn ich habe Angst, dass ich morgens nicht mehr aufwache.

Innere Kraft und Stärke

Ich weiß, dass diese Gedanken zu nichts führen und dass das der falsche Weg ist. Dennoch dauert es lange, bis ich es schaffe, neu zu denken: „Okay, es ist jetzt so. Ich kann nichts ändern, also nehme ich die Situation an. Ich lerne jeden Tag, mit meinem neuen Leben besser umzugehen." Danach fühlt sich alles leichter an. Mein größter Antrieb, gesund zu werden, ist das Leben selbst.
Eigentlich müsste jede Frau, die eine Krebstherapie durchsteht, einen Wunsch erfüllt bekommen und dafür belohnt werden, dass sie so stark ist.

Der schönste Moment meiner HeldinnenReise ist, dass ich die Liebe gefunden habe.

Meinen jetzigen Freund verdanke ich dem Krebs. Meine Reha verbringe ich in der Klinik Bad Oexen, die ein spezielles Angebot für junge Erwachsene haben. Es tut mir unwahrscheinlich gut, dass ich

dort diesen wunderbaren Mann kennengelernt habe, der mich wieder aufbaut. In so einer schlimmen Zeit eigentlich, denn mein Freund erholt sich in Bad Oexen von seiner Leukämie. Wir begegnen dem Krebs auf Augenhöhe, verstehen die Ängste und Sorgen des anderen sofort.
Lange Zeit bin ich nicht in der Lage, normal zu leben, die Nebenwirkungen meiner Medikamente lassen es einfach nicht zu und ich habe immer noch mit Erbrechen zu kämpfen. Doch die neue Liebe gibt mir neue Kraft. Ich habe Glück im Unglück.
Nach wenigen Monaten ziehen wir zusammen, aus Hannover folge ich ihm in den Schwarzwald. Es ist ein völlig neues Lebensgefühl in dieser wunderschönen Natur und mit neuen Menschen um mich herum.

Achtsamkeit

Ich habe immer gern gefeiert, viel geraucht, Alkohol getrunken, ungesundes Zeug gegessen, wenig geschlafen. Dazu kam noch eine Hormonspirale zu Verhütung – ich habe meinem Körper sehr viel zugemutet und ihm viel zu wenig Ruhe gegönnt. Vielleicht hätte ich die Krankheit vermeiden können? Ich weiß es nicht, aber ich weiß, dass ich es jetzt besser mache und achtsamer mit mir und meinem Körper umgehe.

Mein Freund ist Sport- und Gymnastiklehrer, er hat auch eine Yoga-Ausbildung gemacht. Ich bewundere ihn, weil er mit sich selbst so im Reinen ist. Das macht mich neugierig und ich beginne selbst mit Meditationen und Achtsamkeitsübungen. Ich bin überrascht, wie gut es tut, in mich selbst hineinzuspüren und meiner inneren Stimme zuzuhören.

Ich habe auch eine Psychologin gefunden, die mich unterstützt. Bei ihr kann ich mich fallen lassen, die Tränen weinen, die ich sonst unterdrücke, und meine Ängste teilen: Was ist, wenn ich sterbe? Wenn jetzt etwas Schlimmes ist, habe ich jemanden an meiner Seite, das ist sehr beruhigend für mich.

Vertrauen

Ich habe meine Unbeschwertheit verloren und deshalb auch meinen lang gehegten Traum, zwei Jahre in Australien zu arbeiten, losgelassen. Meine Partylaune ist ebenfalls weg, die Nächte durchfeiern wie früher schaffe ich auch gar nicht mehr. Die Sehnsucht ist verschwunden – und macht neuen Träumen Platz.

Eine langfristige Rückkehr in meinen Job ist durch meine eingeschränkte Belastbarkeit und die heftigen Nebenwirkungen der Hormontherapie unmöglich. Mit 23 Jahren berufsunfähig? Das will ich auf keinen Fall. Es macht mich deshalb besonders glücklich, dass ich die Zusage für ein duales Studium in Sozialwirtschaft bekommen habe. Das möchte ich unbedingt schaffen! Meine Lust zu leben ist riesengroß, ich möchte einfach die schönen Seiten des Lebens kennenlernen. Ich wünsche mir, alt zu werden.

Nach wie vor habe ich Angst vor einem Rezidiv. Doch wird die Angst mit dem zeitlichen Abstand zur Erkrankung immer unwirklicher und weniger. Sie ist seltener zu Gast. Neben der Bewegung an der frischen Luft und einer bewussteren Ernährung bin ich überzeugt davon, dass die Psyche und die seelische Balance einen großen Einfluss auf meine Gesundheit haben. Negative Gedanken bringen mir nichts, sondern ziehen mich nur runter. Also versuche ich, meine positive Einstellung zum Leben zu behalten und zu stärken.

Vielleicht bin ich auch nur krank geworden, weil ich meinen wunderbaren Freund kennenlernen sollte. Wir lebten 600 Kilometer voneinander entfernt, wären wir beide nicht krank geworden, hätten wir uns wahrscheinlich niemals kennengelernt.

Schönheit

Vor meiner Erkrankung war ich die perfekte Instagram-Schönheit: keine Delle, keine Narben, schöne Brüste, ein toller Körper. Ich hatte eine Modelfigur, glatte Haut und lange, blonde Haare. Ich habe mich richtig gut gefühlt.

Jetzt habe ich 15 Kilo zugenommen, ich habe Cellulite und sehe aus wie eine dicke Mutti in den Wechseljahren. Mein Freund macht Bodybuilding und sieht toll aus, da kann ich nicht mehr mithalten. Aber er liebt mich so, wie ich bin.

Nach der Therapie vertraue ich meinem Körper gar nicht mehr. Bei jedem kleinen Zwacken gehen bei mir die Alarmglocken an: Es ist bestimmt wieder Krebs. Inzwischen ist die Diagnose zwei Jahre her und ich spreche ganz anders mit meinem Körper: „Ich vertraue Dir. Du hast mir einmal gezeigt, dass Dich etwas stört, und ich verspreche Dir, dass ich es jetzt besser mache für Dich."

Kampfgeist

Ich habe meine Unbeschwertheit verloren, weil ich jetzt weiß, wie endlich alles ist und wie schnell das Leben vorbei sein kann. Mein Freund hilft mir, mit meinen Ängsten umzugehen, mich abzulenken und wieder ins Leben zu finden. Mein Körper kehrt langsam zur Normalität zurück, damit rücken auch die Gedanken an den Tod wieder in den Hintergrund. Ich sehe wieder den Sinn in meinem Leben und freue mich auf die Zukunft.

Ich habe gelernt, ganz anders zu lieben, und sehe das Leben neu, anders, bewusster. Wenn die Sonne scheint und es anfängt zu regnen, ärgern sich viele über den Regen. Ich freue mich auf den Regenbogen. Diese schöne Sicht auf die Dinge hatte ich vor meiner Erkrankung nicht. Es macht mich glücklich, dass ich mittlerweile dieses Gespür habe, was für ein Geschenk es ist, jeden Tag aufzuwachen, gesund zu sein und zu leben. Ich mag meine Stärke, mein Durchhaltevermögen und meinen Kampfgeist. Egal was kommt, ich mache das Beste daraus und lasse mich nicht unterkriegen.

Der Mut einer Löwin

Ich bin ein neuer Mensch und habe gelernt, auf mich selbst zu achten und mir selbst die Nächste zu sein, auch mal Nein zu einer Verabredung zu sagen und bewusster zu leben. Dankbar dafür, dass ich jeden Morgen aufwachen darf. Mein Freund sagt: „Du kämpfst wie eine starke Löwin." Es ist, als hätte ich diese Löwinnen-Energie für mich angenommen, und das zeigt sich auch in meinem Aussehen: Ich liebe meine neue Löwenmähne – die Locken, die ich nach der Chemo bekommen habe und die mich daran erinnern, dass es sich lohnt, für jeden neuen Tag zu kämpfen, mutig und stark zu bleiben. Denn das, was danach passiert, ist es absolut wert, diesen harten Weg zu gehen – man muss es einfach nur zulassen.

Das schönste Geschenk ist, dass ich wieder gelernt habe, zu lieben.

Michaela Kassen *1973
Bei der jährlichen Vorsorgeuntersuchung scheint noch alles in Ordnung. Nur vier Wochen später ertastet Michaela einen Knoten in ihrer Brust. Eine Mammografie und Stanz-Biopsie bringen die Wahrheit für die 44-Jährige ans Licht: Brustkrebs. Michaela will nicht aufgeben, doch sie muss sich von ihren Zukunftsplänen lösen, um neue Perspektiven in ihr Leben zu bringen.

Lachen ist die beste Medizin

Juchhu – ich lebe!

„Wer den Tag mit einem Lachen beginnt, hat ihn schon gewonnen“, sagt Cicero. Die Diagnose Brustkrebs nimmt mir das Gefühl, eine Gewinnerin zu sein. Plötzlich muss ich mein Wohlbefinden völlig neu betrachten. Ich will gesund sein! Darauf lege ich meinen Fokus – nicht auf das Kranksein. Dabei erinnere ich mich an das, was in mir steckt und was ich mir nicht verderben lassen will: Lachen aktiviert positive Gefühle in meinem Gehirn und Sprudelblasen in meinem Bauch, es bringt Sonne in mein Herz. Es befreit mich und ist meine wichtigste körpereigene Selbstheilungskraft.

Verlorene Tage

Bei der Kontrolluntersuchung ist alles in Ordnung. Vier Wochen später verbringe ich zusammen mit meinem Freund einen gemütlichen Freitagabend auf dem Sofa vor dem Fernseher. Ganz plötzlich habe ich Schmerzen in der Brust, da ist irgendwas, das fühlt sich nicht gut an. „Es ist bestimmt nur eine Zyste oder eine Entzündung“, versucht mein Freund mich zu beruhigen. Doch auf einmal ist das Wochenende nicht mehr entspannt, sondern nervenaufreibend lang.

Ich habe Angst. Trotzdem frage ich nicht bei Dr. Google – das würde mich noch verrückter machen. Ständig taste ich an meiner Brust herum. Vielleicht verschwindet der Knoten so schnell, wie er gekommen ist.

Mein Name ist Michaela, ich bin 44 Jahre alt, als meine Frauenärztin eine Mammografie anordnet und ich anschließend zur Stanz-Biopsie muss.

Mit einem Lachen beginnen

Mir ist klar, dass da irgendwas in meinem Körper ist, aber der Termin für die Biopsie ist erst am Donnerstag der folgenden Woche.

Einige Wochen zuvor haben mein Partner und ich einen viertägigen Kurzurlaub gebucht, der in die Tage vor der Untersuchung fällt. Und warum sollen wir zuhause sitzen und uns verrückt machen? Wir packen also wie geplant die Koffer, genießen eine wunderschöne Zeit in Maastricht und lassen uns gar nicht erst auf „Was-ist-wenn"-Gedanken ein.

Gemeinsam schaffen wir alles

Schon am Freitag liegt das Ergebnis der Stanze vor: Es ist ein bösartiger Tumor. Mein Freund und ich halten uns weinend aneinander fest, wir haben beide gehofft, dass es doch etwas Harmloses ist. Ich versuche, meinen Freund zu beruhigen, dass alles gut wird, woraufhin er mir ein Herz auf einen Zettel malt und darunterschreibt: „Gemeinsam schaffen wir alles!" Diesen Zettel bewahre ich wie einen Schatz in meinem Portemonnaie auf.

Mir bleibt kaum Zeit, um Luft zu holen, denn schon am Montag geht es los: Gewebeentnahme aus den Lymphknoten, Port setzen, Organe und Knochen durchchecken, um das Stadium des Krebses zu bestimmen. Jedes einzelne Organ wird per Ultraschall überprüft, die Lunge geröntgt, jeder Knochen nuklearmedizinisch untersucht. Das ist der schlimmste Tag für mich – meine Angst, dass der Tumor schon gestreut hat, ist riesig.

Für die Untersuchungen bekomme ich ein Kontrastmittel gespritzt, und ich muss mich danach drei Stunden draußen aufhalten, damit sich das Mittel im Körper verteilt. Meine Freundin verkürzt mir telefonisch die Zeit, damit ich nicht durchdrehe. Nach dem Staging steht schnell fest, dass ich keine Metastasen habe und zunächst eine Chemotherapie bekomme.

Ich habe großes Glück und werde während meiner ganzen Krankheit von sehr liebevollen Ärzten betreut. Ich lege mein Leben in ihre Hände und vertraue darauf, dass sie alles gut machen.

Meine beste und langjährigste Freundin ist meine wichtigste Begleiterin während meiner Therapie. Sie ruft jeden Tag an. Jeden Tag nimmt sie sich Zeit für mich, obwohl sie selbst eine schwerkranke Tochter zuhause hat. Ihre Anrufe bedeuten mir unendlich viel, sie ist jeden Tag bei mir – auch wenn sie mich nicht besuchen kann.

Ich erzähle allen in meinem Freundes- und Familienkreis von der Diagnose. Manche sind schockiert oder weinen. Alle sagen „Mika, Du schaffst das!", und ich antworte: „Na, klar schaffe ich das. Wenn nicht ich, wer dann." Sie sind alle so lieb zu mir und ausnahmslos für mich da, wenn ich sie brauche. Oft will ich aber gar keinen Menschen um mich haben, will nicht, dass jemand dabei ist, wenn es mir schlecht geht und ich kotzend über dem Klo hänge. Ich habe große Angst, als mein Freund an einigen Wochenenden meiner Chemo zur Fortbildung muss und ich allein bin. Ungeschminkt, mit Glatze, im Schlafanzug. Andererseits bin ich dankbar, weil ich mich um niemanden kümmern muss, nur um mich selbst.

Vom Lachen und Weinen

Mein Friseur, ein guter Freund, hat mir vor der ersten Chemo einen Kurzhaarschnitt verpasst – ich wollte nicht die langen Haare auf dem Kissen liegen sehen. Erst nach der vierten Chemo fallen mir gefühlt bei jedem Windhauch Haare aus: Zeit, zu meiner besten Freundin nach Hamburg zu fahren, um mir die Haare ganz abrasieren zu lassen. Mit einer Flasche Prosecco und einem Langhaarschneider setzen wir uns ins Badezimmer, wo unter Tränen und Lachen aus mir ein kleiner Mecki wird. Dieses Bild werde ich immer in Erinnerung behalten. Als ich mich zum ersten Mal mit diesem Zwei-Millimeter-Stoppelschnitt im Spiegel sehe, denke ich nur: Oh je.

Danach mag ich mich noch nicht „oben ohne" zeigen und setze meine Perücke auf, die ich Marietta getauft habe. Sie ist wirklich toll gemacht, aber sie zu tragen fühlt sich sehr befremdlich an, und meine frisch geschorene Kopfhaut juckt fürchterlich. Ständig zupfe ich an der Perücke herum, ob sie richtig sitzt. Als ich sie abnehme, sagt der Sohn meiner Freundin: „Hey, das sieht ja total cool aus!"

Damit ist das Eis gebrochen, von dem Moment an brauche ich Marietta nicht mehr, um mich besser zu fühlen. Tatsächlich setze ich sie nur noch fünf oder sechs Mal auf, zu besonderen Gelegenheiten und zum Essen im Restaurant. Mich begleitet immer die Sorge, dass die Kunsthaare in Flammen aufgehen könnten, wenn ich einem Heizstrahler zu nahe komme oder auch nur die Tür des Backofens öffne. Mit der Mütze fühle ich mich sicherer.

Freunde und Kollegen haben wahrscheinlich den Eindruck, dass es mir während der Therapie eigentlich ganz gut geht. Sie sehen mich nur schick gekleidet, geschminkt und mit einer Mütze oder Marietta auf dem Kopf. Ich zeige ihnen auch ganz offen, wie ich mit Glatze aussehe, dann wollen viele mir einfach mal über den Kopf streicheln. Es tut uns allen gut, dass dadurch Barrieren abgebaut werden und wir gemeinsam lachen können.

Mit Herz und Humor

Während der Chemo werde ich konditionell immer schwächer. Mir wird bewusst, dass ich es bin, die am meisten zu meiner Heilung beitragen kann. Deshalb gehe ich auch weiterhin zum Sport und zum Yoga. Im Studio wissen alle, dass ich nicht mehr so mitmachen kann, wie ich gern möchte, und manchmal einfach platt auf dem Boden liege.

Seit Beginn der Chemo raffe ich mich auf und gehe jeden Tag tapfer anderthalb Stunden an die frische Luft. Ich bin überglücklich, als Freunde sich einen kleinen Welpen anschaffen und ich seine „Patin" werde. Ich habe eine Aufgabe und das ist eine tolle Motivation für mich: Da wartet jemand auf mich, der mir jeden Morgen einen Grund zum Aufstehen gibt. Wir sind beide füreinander da, der kleine Hund muss raus, ich muss raus. Franz schenkt mir seine bedingungslose Liebe, egal, wie ich aussehe, egal, wie ich mich fühle.

Ich gebe meinen Tagen eine klare Struktur, sodass ich nicht in den Schlafanzug-Modus verfalle, sondern aufstehe, dusche, mich zurechtmache und mich schminke. Manchmal lache ich mich schon morgens im Bad kaputt über meine misslungenen Versuche, mir irgendwie Augenbrauen zu zeichnen: Ich sehe aus wie Daniela Katzenberger in ihren Anfangszeiten.
Andere wären vielleicht in Tränen ausgebrochen.

Soll das ein Witz sein?

Ich versuche, meine Angst in den Griff zu bekommen, indem ich mir immer wieder sage: Die Angst darf keine Macht über Dich bekommen, sonst fällst Du in ein tiefes Loch und stehst nicht mehr auf. Deshalb motiviere ich mich jeden Tag selbst, trete mir tagtäglich in den Hintern und raffe mich jeden Morgen auf, um eine Aufgabe zu erledigen – und sei es nur das Wäschewaschen. Irgendwann kommt der Zeitpunkt, an dem ich eine Viertelstunde vom zweiten Stock in den Keller brauche. Ich frage mich, warum wir keinen Stuhl in der Waschküche haben, weil ich so erschöpft bin, wenn ich unten ankomme. Ich will keine Hilfe annehmen, sondern sage mir: Du schaffst das schon irgendwie, Aufgeben ist keine Option. Ich arbeite die Herausforderungen Schritt für Schritt einfach ab.

Als mein Freund zu mir sagt: „Für mich bist Du nicht krank.", fühle ich mich sehr verletzt und bin schockiert. Wie kann er so etwas behaupten, soll das ein Witz sein? Soll ich mehr leiden? Das will ich aber gar nicht.
Er meint es eigentlich ganz lieb, als Motivation für mich, weil er mich bewundert, was ich alles noch allein schaffe, egal ob Kochen, Putzen oder Einkaufen. Sein Kompliment fasse ich in dem Moment total verkehrt auf.

Lächeln ist Heilung

Die meisten nehmen während der Chemotherapie zu, ich hingegen bin nur noch Haut und Knochen. 15 Kilo habe ich abgenommen, und ich werde immer schwächer, alle Hosen fallen mir vom Hintern und langsam bekomme ich Angst, zu verschwinden. Als mein Geschmackssinn mich auch noch verlässt, kann ich noch nicht mal mehr Wasser trinken, Kohlensäure geht schon gar nicht. Ich sehne mich nach einem schönen Glas Rotwein und leckerem Essen.

Meine Ärztin rät mir, so viel wie möglich zu mir zu nehmen, und zwar egal was: Zucker, Süßigkeiten, Hauptsache, ich kriege wieder Kilos drauf. Von da an schaufle ich alles in mich hinein, was geht.
Drei Wochen nach der letzten Chemo ist mein OP-Termin, in einer ganz kleinen, familiären Klinik mit nur zehn Zimmern. Das ist super, weil alle informiert sind und ich mich durch die liebevolle Betreuung sehr gut aufgehoben fühle.

Es klappt tatsächlich mit einer brusterhaltenden Operation, gleichzeitig werden mir 16 Lymphknoten entfernt und ich trenne mich von meinem Port. Ich will ihn nicht mehr haben und brauche ihn auch nicht mehr, er soll weg. Durch die Chemo ist der Tumor komplett verschwunden, die Ärzte müssen nur noch ausschaben. Brustaufbau oder Implantate sind in meinem Fall gar nicht relevant, ich habe einen sehr kleinen Busen. Als Teenager war mir das peinlich, jetzt schenke ich meinen Brüsten ein Lächeln. Es ist immer noch so viel da, dass ich mich in der Sauna zeigen mag, und ich bin sehr dankbar, dass ich diese kleinen Wellness-Auszeiten weiterhin genießen kann. An meiner Brust sind nur eine kleine Narbe und winzige Einkerbungen sichtbar.

Ich weiß nicht, ob ich so taff wäre, wenn sie mir eine Brust abgenommen hätten.

Lächeln voller Wehmut und Zuversicht

Die anschließende Bestrahlung stecke ich gut weg, ohne Hautprobleme oder Schmerzen. Sie äußert sich eher wie ein leichter Sonnenbrand, der sich gut behandeln lässt. Es ist alles gut. Nach der letzten Bestrahlung fühle ich mich ein bisschen verloren. Wie geht es jetzt weiter? Ich hätte gern eine Bestätigung: Jetzt sind Sie gesund. Das wäre ein guter Abschluss.
Durch die Chemotherapie habe ich trotz Kühlpads eine Polyneuropathie bekommen. Die Nervenstörungen haben mir jedes Gefühl genommen, es ist, als ob Hände und Füße dauerhaft eingeschlafen

sind; nur manchmal kribbeln sie oder sie sind wie taub. Zu Anfang kann ich nicht mal eine Bluse zuknöpfen. Zum Glück kommt das Empfinden in den Fingern nach und nach zurück, in meinen Füßen leider nicht. Wenn ich hohe Schuhe trage, gehe ich, als wäre ich betrunken. Ich habe kein Gespür mehr in den Füßen und kann das Gleichgewicht nicht halten. Also trage ich nur noch Sneakers und flache Schuhe. Nachts ist es auch ein bisschen schwierig, wenn ich zur Toilette muss und stolpere. Aber auch damit habe ich mich arrangiert.

Meine Eltern sind beide gestorben. Ich habe gedacht, es gibt nichts Schlimmeres als den Tod meiner Mama vor fünf Jahren, nachdem ich meinen Vater schon 19 Jahre zuvor verloren habe. Und tatsächlich: Der Krebs ist nicht schlimmer. Der Glaube an Gott und gemeinsame Gebete geben mir viel Kraft. Gott hat mir die Krankheit geschickt, weil er weiß, dass ich es schaffe, wieder gesund zu werden – dieser Gedanke macht mich stark und trägt mich durch die Therapie.

Vor dem Tod habe ich keine Angst, ich weiß: Da oben sind ganz viele liebe Menschen, die ich dann wiedersehe. Ich stelle mir auch das Sterben nicht schlimm vor, eher so, als ob ich einschlafe. Und vor dem Einschlafen habe ich ja auch keine Angst.

JA zum Leben – mit Humor

Ich selbst bin die beste Expertin für meine Gesundheit – und für mein Leben! Mein Humor hat mich nie verlassen und zusammen mit meinem positiven Denken durch die Zeit getragen. Selbst während der Krankheit habe ich wirklich schöne Erlebnisse – ein lieber Brief, Blumen oder ein „Halte-durch"-Päckchen, eine Freundin, die sich nach langer Zeit wieder gemeldet hat und mir einen selbst gebastelten Adventskalender schickt. Besuche von meiner Familie und von Freunden oder ein Anruf – das alles sind viele kleine Glücksmomente.

Ich bin so gerne auf dieser Welt und möchte noch so viel erleben, entdecken und einfach genießen. Ich will unbedingt einmal nach New York fliegen, und ich möchte auch gern heiraten. Ursprünglich waren Kinder geplant, ein Haus mit Garten. Aber es heißt ja so schön: „Willst Du Gott zum Lachen bringen? Dann mach Pläne."

Während der Krankheit hat sich für mich gar nicht so viel verändert. Ich fühle mich auch nicht besonders mutig, ich habe das einfach gemacht. Es lohnt sich zu kämpfen!

Das Leben ist zu schön und man muss es genießen, egal, was kommt. Ich bin über die Steine, die mir in den Weg gelegt wurden, hinweg gestiegen und jeder Schritt war es wert. Meine wichtigste Erfahrung ist, dass ich auch mal Nein sagen muss. Es darf sich in meinem Leben nicht immer alles nur um andere drehen. Ja, ich freue mich, wenn ich anderen eine Freude machen kann, und ich verschenke auch lieber, als dass ich etwas bekomme. Durch die Krankheit aber habe ich gelernt, dass ich viel öfter an mich denken muss. Das darf ich jetzt weiter üben.

Das LebensHeldin!-Wochenende von LebensHeldin! e.V. hilft mir dabei, meine Selbstliebe zu stärken und zu erkennen, wo ich noch loslassen darf. Es ist eine ganz, ganz tolle Erfahrung, diese großartigen Frauen kennenzulernen und zusammen das Leben zu feiern. Es ist so schön, dass es LebensHeldin! e.V. gibt. Dadurch bin ich nicht allein, und das Angebot hilft meiner Seele zu heilen. Ich habe gerade die zweite Spendenaktion für LebensHeldin! e.V. abgeschlossen, weil ich die Arbeit so wertvoll finde und damit dazu beitrage, dass noch mehr Frauen einen positiven Neuanfang starten können.

Sonne in meinem Herzen

Früher habe ich über die Menschen, die E-Bike fahren oder Nordic Walking machen, geschmunzelt. Jetzt mache ich beides selbst. Das Nordic Walking ist super für meine Lymphknoten wegen der Armbewegungen. Und mit dem E-Bike, das ich mir inzwischen gekauft habe, fahre ich, wenn es das Wetter zulässt, jeden Tag 14 Kilometer zur Arbeit. Das sind wunderbare Glücksmomente um 6 Uhr morgens, wenn alles noch ganz still und friedlich ist und die Sonne langsam aufgeht. Manchmal reiße ich vor Freude die Arme hoch und rufe über die Felder:

Juchhu! Ich lebe!

Silvana Koch-Mehrin *1970
Silvana fühlt sich kerngesund, als sie nach einer Routineuntersuchung zu einem Folgetermin bei der Frauenärztin gebeten wird. Die Diagnose Brustkrebs trifft die 48-Jährige wie ein Blitzschlag. Für die erfolgreiche Managerin und dreifache Mutter wird es während der Therapiezeit zu einer großen Herausforderung, loszulassen und Verantwortung abzugeben.

Der Schatz ist in mir

Ich habe das Lerngeschenk erkannt

Wir Frauen unterschätzen zu häufig, was in uns steckt. Oft müssen wir erst unter vielen Schichten suchen, tief und lange danach graben, bis wir den verborgenen Schatz in uns entdecken. Aber jede Frau hat das Recht, dieses Geschenk in sich zu finden, es auszupacken und sich ihrer einzigartigen Kraft bewusst zu werden.

Eine unvollständige Frau?

Irgendwas ist anders im Juli 2019. Nach meiner jährlichen Routineuntersuchung mit Ultraschall und Mammografie soll ich noch einmal in der Praxis vorstellig werden. Das ist ungewöhnlich, doch ich fühle mich kerngesund, habe keinen Knoten ertastet und bin deshalb auch ganz entspannt. Mein Name ist Silvana, ich bin 48 Jahre alt.

Es trifft mich wie ein Blitzschlag, als es heißt, dass eine Gewebeprobe gemacht werden muss. Ich kann nicht fassen, dass ich mich möglicherweise einer Brustkrebserkrankung stellen muss, und hoffe, dass sich der Verdacht nicht bestätigt. Nach der Biopsie bin ich auf einer Dienstreise, sitze im Büro einer Freundin, als ich den Anruf meines Arztes entgegennehme. Seine Worte versetzen mich in einen Schockzustand: „Es ist ein bösartiger Tumor." Wie erstarrt höre ich mir seine nüchternen Ausführungen an: „Ihnen steht eine Brustoperation, Chemobehandlung und möglicherweise eine Strahlentherapie bevor." Abschließend meint er wohlwollend: „Danach können Sie eine Rekonstruktion machen lassen und sich wieder als vollständige Frau fühlen."

Wie bitte? Wieso sagt der mir das am Telefon? Und warum bildet er sich ein, dass mich die Aussicht auf eine neue Brust beruhigt? Es geht hier um mich und mein Leben, und nicht darum, ob ich Brüste habe! Natürlich recherchiere ich nach diesem Telefonat im Internet nach Informationen über die Krankheit. Alles, was ich da finde, verstärkt meine Angst.

Projekt Brustkrebs

Ich entscheide mich schließlich für das, was ich am besten kann: Meine seelische Befindlichkeit erstmal zur Seite schieben und aus der Krankheit einen Plan machen – „Projekt Brustkrebs". Ich stürze

mich in die Organisation meines Umfelds und meiner bevorstehenden Therapie. Alles soll reibungslos weitergehen, auch die Unterstützung für meine drei Töchter und die Leitung meiner Stiftung, in der ich als Präsidentin eine zentrale Rolle spiele.

Ich telefoniere überall herum, um die richtigen Ärzte in Brüssel zu finden. Ich bin vor über 20 Jahren nach Belgien gezogen, doch noch nie habe ich mich so sehr als Ausländerin gefühlt wie im Moment. Eine lebensbedrohliche Diagnose mit einem komplexen Heilungsplan bespricht sich nun mal leichter in der Muttersprache.

Als ich die für mich richtigen Operateure und eine empathische, einfühlsame Onkologin finde, habe ich alles getan, was mir im Vorfeld möglich war. Nun begebe ich mich vertrauensvoll in die Hände der Spezialisten, schließlich kann ich mir weder die Brust selbst abschneiden noch mir die Medikamente eigenständig zusammenrühren. Einerseits empfinde ich das als sehr beruhigend, andererseits ist damit der Moment gekommen, in dem Ruhe einkehrt und ich nichts mehr organisieren kann. Bis zu dem Zeitpunkt habe ich meine Seele ja noch gar nicht richtig mitgenommen. Plötzlich finden Gedanken und Ängste Raum, die ich bis dahin so gut verdrängt habe. Was macht die Erkrankung eigentlich mit mir?

Warum es besser ist, nur eine Brust zu haben

Für die Ärzte ist eine Brustamputation eine vergleichsweise einfache Operation, es wird „nur" etwas abgeschnitten. Für mich ist es das erste Mal überhaupt, dass ich operiert werde, gleichzeitig verliere ich auch noch meine Brust. Woher kommt der Krebs? Keiner meiner Ärzte widerspricht meiner Vermutung, dass die jahrelange Einnahme von Hormonpräparaten damit zusammenhängen könnte.

Meine Töchter stellen für mich eine Liste zusammen mit den Top-10-Gründen, warum es besser ist, nur eine Brust zu haben. Zum Teil sind es sehr pragmatische Überlegungen, z.B. das Tragen der Handtasche wird einfacher oder der Gurt beim Autofahren drückt nicht mehr. Einer unserer Hunde hat die Angewohnheit, seine Schnauze von hinten durch den Arm zu schieben, wenn er kuscheln möchte. Das wird er in Zukunft auch besser können.
Erstaunlicherweise empfinde ich die Narbe, die meine Brust nach der Operation ersetzt, nicht als befremdlich. Ich kann mein neues Körperbild gut annehmen – vielleicht hat die Liste dazu beigetragen.

Die Frau an meiner Seite

Eine mir bis zu meiner Erkrankung völlig unbekannte Frau wird zu einer meiner wichtigsten Stützen. Eine Österreicherin, die ebenfalls in Brüssel lebt, wie ich drei Kinder hat und ein paar Wochen vor mir an Brustkrebs erkrankt ist. Sie wird zu einer Art Patin für mich und beantwortet mir meine dringenden Fragen. Sie berichtet, welche Geräusche die Pumpgeräte bei der Chemogabe machen und welche körperlichen Nachwirkungen die Brustamputation mir bescheren wird. Sie beschreibt, welche Farbe die Flüssigkeit der Chemotherapie hat, was sie am Tag der Infusion macht und wie es ihr in den Stunden danach geht.

Mit ihr habe ich eine wunderbare Frau an der Seite, die meinen Weg schon gegangen ist. Sie hilft mir, Antworten auf meine vielen Fragen zu finden, und teilt ganz offen ihre eigenen Erfahrungen und Ängste mit mir. Durch sie erfahre ich, wie es ihr und hunderttausenden anderen Frauen geht, die sich alle der Situation einer Brustkrebstherapie stellen müssen.
Wir treffen uns nur ein paar Mal persönlich und haben dennoch eine ganz besondere Verbindung zueinander aufgebaut, die bis heute anhält. Es erfüllt mich mit großer Dankbarkeit, dass meine Patin viele meiner Ängste gelindert hat.

In meiner Teenagerzeit war eine Krebsdiagnose gleichbedeutend mit einem schnellen Sterben. Inzwischen ist der medizinische Fortschritt auf der Überholspur und ich weiß, dass Brustkrebs in den allermeisten Fällen heilbar ist. Trotzdem sind die Gedanken aus meiner Jugend immer noch präsent, als ich die Chemotherapie beginne. In der Tagesklinik muss ich mich dieser Angst jedes Mal wieder aufs Neue stellen und komme damit regelmäßig an meine Grenzen. Auch hier hilft mir meine Patin mit ihrem Beistand.

Der Glaube an die Heilkraft

Meine Töchter sind meine größte Motivation, wieder gesund zu werden. Ich frage mich, ob ich überhaupt eine Chemotherapie machen würde, wenn ich keine Kinder hätte. Aber das ist eine rein hypothetische Frage, denn ich könnte mich nicht mehr im Spiegel anschauen, wenn ich nicht alles versuchen würde, was die Heilungsaussicht verbessert. Wie soll ich das sonst meinen Kindern erklären?
Die 20 Wochen der Chemotherapie erscheinen mir endlos. Ich bin wütend, weil ich jeden Freitag in

der Tagesklinik an den Portkatheter angestöpselt werde und mich für die nächsten Stunden gefangen fühle. Irgendwann denke ich: Ich will nicht mehr! Warum müssen es zwölf Chemoeinheiten sein, warum nicht elf oder dreizehn? Ja, statistisch gesehen ist es gut für die Heilung. Aber erstmal geht es mir schlecht. Was soll das Ganze überhaupt? Natürlich sind solche Gedanken nicht rational, aber ich lasse meine Wut, Angst und Ungeduld zu – und das tut mir gut.

Ohne Haare bist Du nur krank

Ich brauche alle Kraft für mich und versuche trotzdem, mein Leben so „normal" wie möglich weiterzuleben: Ich arbeite, gehe zu Elternabenden, treffe Freunde. Als ich immer mehr Haare verliere, lassen sich mein Mann und mein Bruder aus Solidarität auch eine Glatze rasieren. Ohne Haare bist Du nur krank – das, so denke ich, ist die Wahrnehmung in meinem Umfeld. Ich möchte aber nicht nur über meine Erkrankung definiert werden und bei aller Offenheit auch nicht ständig darüber reden, es gibt so viel mehr in meinem Leben. Auch deshalb trage ich normalerweise in der Öffentlichkeit eine Perücke, die noch einen praktischen Zusatznutzen hat: Bei den von den Medikamenten ausgelösten Hitzewallungen ist sie durch das Netz kühler und komfortabler zu tragen als eine Mütze.

Erst ziemlich zum Ende meiner Therapie hin kann ich mich überwinden, ohne Kopfbedeckung ins Yoga-Studio zu gehen und mich mit Glatze zu zeigen. Es stellt sich heraus, dass sich kein Mensch dafür interessiert, dass ich keine Haare habe.

Seelenbalsam und kleine Freiheiten

In unserem Freundes- und Bekanntenkreis bekomme ich viel Rückhalt und Zuspruch. Dadurch, dass Brustkrebs in meiner Altersgruppe immer häufiger wird, bringt es eine völlig neue Offenheit in unsere Gespräche. Das ist Seelenbalsam für mich.

Weil mein Immunsystem im Keller ist, ist es für mich ein mutiger Schritt, mir kleine Freiheiten aufrechtzuerhalten, etwa ins Café, ins Restaurant oder ins Kino zu gehen oder auch nur mit der Metro zu fahren. Meine Ärztin sagt mir, dass ich keine Angst haben muss, wenn ich präventive Maßnahmen ergreife – eine Maske tragen, Berührungen vermeiden, Hände desinfizieren. Kleine Schritte, die für mich vor der Krankheit selbstverständlich waren und die mich jetzt glücklich machen.

Ein neues Bewusstsein

Eine gute Freundin macht mir bewusst, dass ich jetzt auch Dinge sagen oder fühlen darf, die ich mir vorher vielleicht nicht zugestanden habe: zugeben, dass mir drei Kinder, Job, Haushalt und Mann auch mal zu viel werden und mir die Verantwortung über den Kopf wächst. Jetzt ist die Zeit, um vieles in Frage zu stellen.

Meine große Sorge war, dass meine Töchter die Zeit meiner Krankheit nicht gut überstehen. Diese Sorge stellt sich als durchaus begründet heraus; meine Erkrankung destabilisiert sie stark. Es ist aber sehr erleichternd, dass sie ganz selbstverständlich das Angebot wahrnehmen, sich von einem Coach unterstützen zu lassen. Die mentale Begleitung ist für sie sehr hilfreich und wirkt sich positiv auf unser gesamtes Miteinander aus, auch nach dem Ende meiner Behandlung. Wir sprechen viel bewusster und offener miteinander, unser gegenseitiges Verständnis ist noch mal gewachsen.

Eine andere Klarheit

Es hilft mir sehr, dass ich mich auch selbst in psychotherapeutische Gespräche begebe, und ich frage mich, warum ich das nicht schon längst getan habe.
Es geht in den Terminen nur um mich, um die Erfahrungen meines Lebens, und ich räume meinen inneren Keller auf und bekomme vieles sortiert, was mich belastet hat. Es ist eine erleichternde Erfahrung.

Was vielleicht eine andere Klarheit durch die Krankheit bekommt, ist definitiv nicht von der Krankheit ausgelöst. Vieles, was mir schon früher seelisch hätte helfen können, habe ich im Alltag vernachlässigt oder mir nicht die Zeit dafür genommen, es anzuschauen. Zum ersten Mal in meinem Leben habe ich Angst richtig kennengelernt, habe ich lernen können, damit umzugehen. Das ist überhaupt nicht leicht. Dabei hilft es mir zu erkennen, dass ich nach wie vor ich bin. Ich atme, mein Herz schlägt für mich, meine Hände, meine Füße sind bei mir. Diese Art von Bewusstsein stellt sich immer mehr bei mir ein und verstärkt auch das Gefühl, dass ich mein Leben weiterhin selbst in der Hand habe und selbst entscheiden kann, wie ich damit umgehe. Ich kann beeinflussen, wie viel Angst ich habe und wie ausgeliefert ich mich fühle. Es ist mir nicht alles von außen vorgegeben, sondern ich habe selbst Möglichkeiten, es zu bewältigen.

Vertrauen wiederfinden

Wenige Wochen nach der Chemo beginnt die Strahlentherapie, die ich nach der überstandenen Tortur schon fast als angenehm empfinde: hochmoderne Geräte, die in kürzester Zeit und nur punktuell ihre Strahlen auf mich richten.
Doch auch nach Abschluss dieser Behandlung ist meine Reise noch lange nicht zu Ende. Zum einen sind da die vielen Check-ups in den zehn Jahren nach der Behandlung. Zum anderen muss ich ein neues Vertrauen in mich selbst, in meinen Körper finden. Die Diagnose hatte mich ja völlig unvorbereitet getroffen, ich hatte nichts gespürt, fühlte mich kerngesund. Wenn es jetzt mal im Rücken ziept, vermute ich sofort Knochenmetastasen.

Der Umgang mit diesen Ängsten und der Wiederaufbau von Vertrauen bleibt eine andauernde Aufgabe. Ich mache mir immer wieder bewusst, dass es keine Garantie für ein gesundes Leben gibt.

Was passiert mit meinem Körper?

Die Wechseljahre sind im Brustkrebsbehandlungspaket dabei und ich bin völlig unvorbereitet, als sie so plötzlich über mich hereinbrechen. Okay, sie wären ohnehin bald gekommen, aber ich hatte mich noch nicht mit ihnen auseinandergesetzt. Es ist jedoch eine neue Dimension von Problem, über das ich mich schon fast wieder freuen kann: Wie werde ich das Übergewicht los oder was tun gegen diese Hitzewallungen, die ich leider sehr häufig habe. Es sind endlich keine Überlebensängste mehr, sondern Teile meines Daseins als Frau.
Es dauert lange, bis ich von dem Satz „Ich muss da jetzt durch" zu der Frage komme: Was kann ich daraus lernen, was hat die Krankheit mir Positives gebracht?

Im Nachhinein kann ich voller Überzeugung sagen, dass es vieles gibt, was ich nicht missen möchte aus der Zeit. Ich weiß jetzt ganz klar, dass ich mich auf mich selbst verlassen kann. Wenn es hart auf hart kommt, dann renne ich nicht vor mir weg.

Was in mir verborgen ist

Meine eigenen Wünsche und Bedürfnisse standen vorher meist ganz hinten auf der Prioritätenskala. Es gab immer so viel anderes, was meinen Alltag bestimmt hat, da war für etwas so Reiches wie die Wahrnehmung meiner inneren Welt kaum Platz. Die Kraft, die ich hatte, ging eher nach außen, als dass ich mich darum gekümmert hätte, meine eigenen Ressourcen mit einem positiven Gedanken-Mindset, Achtsamkeit und Bewusstwerdung wieder aufzufüllen. Das war mir früher gar nicht klar. Durch die Krankheit durfte ich erfahren, was für eine ungeahnte Kraft in mir verborgen ist und wie viel ich in mir selbst finden kann: Von Atemübungen zur Beruhigung bis hin zu einem Körper-Scan, um mich mit Lebensenergie zu durchfluten. Regelmäßige Meditationen fördern meine Selbstreflexion und Achtsamkeit gegenüber meinem Körper. Diese relativ einfachen Mittel helfen mir, gelassener mit Stress und Ängsten umzugehen.

Ein Schritt zurück bringt mich nach vorn

In meiner gemeinnützigen Organisation bin ich einen Schritt zurückgetreten. Ich habe meine Arbeitsweise umgestellt und gelernt, wie ich mich schützen, es mir selbst schönmachen und gleichzeitig weiterarbeiten kann.
Ich möchte mir regelmäßig Zeit für mich und meinen Sport nehmen. Das Bedürfnis hatte ich bereits vor der Erkrankung, aber ich war mir selbst nicht wichtig genug. Inzwischen markiere ich mir Termine mit mir selbst in meinem Kalender: Zeit, die nur mir selbst gehört, die ich für meine Bedürfnisse und mein Wohlbefinden einplane. Ich gebe zu – ich muss mich immer wieder daran erinnern, was ich anders machen wollte: Mit Herz und Seele im Hier und Jetzt leben und häufiger eine Pause machen.

Dankbarkeit und neuer Mut

Mein Mann und ich sind seit über 20 Jahren durch viele Höhen und Tiefen gegangen. Wir haben auch meine Brustkrebserkrankung gemeinsam gut überstanden. Ich bin ihm unendlich dankbar, nicht nur für seine Unterstützung in all den täglichen Dingen, sondern auch für seinen unerschütterlichen Optimismus. Ein weiteres Geschenk meiner Brustkrebserkrankung ist auch, dass ich zu meinen Brüdern ein noch engeres Verhältnis bekommen habe.

Seit einigen Monaten führe ich ein Dankbarkeits-Tagebuch, in dem ich täglich mindestens fünf Dinge notiere, die mich glücklich gemacht haben. Das ist ein Geschenk aus der Zeit meiner Erkrankung, diese verstärkte Wahrnehmung dafür, was alles kostbar ist und wie Glück sich überall verbergen kann. Es erscheint dämlich, dass man erst eine Krisensituation erleben muss, um Dinge zu machen, die man eigentlich schon immer hätte machen sollen, weil sie richtig guttun.

Aber in fast jeder Frau steckt dieses Denken: Ich muss mich erstmal um die anderen kümmern. Es sollte nicht erst mit der Diagnose Brustkrebs verbunden sein, dass Frauen erkennen: Ich darf und ich muss mich um mich selbst kümmern!

Neuer Körper, neue Schönheit

Weiblichkeit wird oft zentral mit Haaren und Brüsten verbunden. Wenn einem beides sozusagen genommen wird, kommt man als Frau sehr schnell in eine Identitätskrise.
Ich finde es bewundernswert, wie viele Frauen ihre Brustkrebsnarben öffentlich präsentieren oder sich mit Glatze zeigen. Sie bringen damit zum Ausdruck, dass wir alle genau richtig sind, so wie wir eben sind.

Mir machen Frauen, die vor 15 oder 20 Jahren erkrankt sind und ihren Weg gefunden haben, viel Mut. Ihre positive, offene Art und ihre Lebensfreude zeigen mir: Es gibt ein Leben nach dem Brustkrebs. Diese Frauen haben sich von der Krankheit nicht unterkriegen lassen. Ihr ungeschminkter Umgang mit der Erkrankung zeigt, dass Brustkrebs nichts ist, wofür man sich schuldig fühlen oder schämen muss, und auch nichts, worüber man nicht reden sollte.
Durch eine Brustkrebserkrankung sind wir nicht weniger Frau. Es gibt mir Energie, zu sehen, wie stark Frauen sein können, auch wenn sie ein zweites oder drittes Mal dagegen kämpfen müssen. Dass sie nicht aufgeben.

Der Schatz in mir ist ein Geschenk

Eine wichtige Erkenntnis für mich ist, dass Lerngeschenke manchmal extrem grausam verpackt daherkommen. Tatsächlich kann es sogar eine lebensbedrohliche Krankheit sein, in vielfachster Hinsicht. Wenn mir während der Therapie jemand gesagt hätte: „Finde das Geschenk in deiner Situation!", hätte ich sie oder ihn vermutlich angeranzt: „Wie kannst du behaupten, dass das hier auch nur ansatzweise gut für mich ist? Man lebt wirklich besser ohne Brustkrebs. Also, was für eine bescheuerte Sichtweise ist das?"

Inzwischen sehe ich das anders. Natürlich würde ich weder mir selbst noch anderen Brustkrebs wünschen. Das Dumme ist aber, dass wir besonders in Extrem- oder Krisensituationen wachsen und nur dadurch den verborgenen Schatz in uns entdecken können: die einzigartige Kraft und Energie, die in jeder von uns schlummert.

Während meiner Therapie habe ich das nicht erkannt, aber im Nachhinein weiß ich für mich:

Es ist ein Lerngeschenk!

Elisabeth Schweizer *1968
Elisabeth ist mit Herz und Seele Krankenschwester, als sie mit 45 Jahren selbst zur Patientin wird. Sogar als der histologische Befund vorliegt, kann Elisabeth nicht glauben, dass sie Brustkrebs hat. Darf sie, die immer für andere da ist, sich verletzlich zeigen? Wie kann sie sich von Lebensvorstellungen und Menschen, die ihr nicht gut tun, trennen, um Stärke zu gewinnen?

Die Illusion von Stärke

Schwäche hat mich stark gemacht

Wenn ich jemandem die Schuld für meine Erkrankung geben sollte, dann mir selbst. Ich habe viel zu lange an der unguten Beziehung zu meinem Mann festgehalten. Jahre vorher schon habe ich viel zu viel in mich hineingefressen und heruntergeschluckt. Mein Mann ist aber nicht der Sündenbock. Ich hätte meine Situation verändern können, ich hätte gehen müssen.

Meine blinden Flecken

Mein Name ist Elisabeth, ich bin 45 Jahre alt und habe mich nach 20 Jahren Ehe von meinem Mann getrennt. Unser Sohn lebt jetzt bei seinem Vater. Es ist eine harte Zeit und ich brauche lange, um die Scheidung zu verarbeiten. Ich finde Halt in meinem Job, als Vollblutkrankenschwester erfüllt mich das Gefühl, auch weiterhin gebraucht zu werden. Als ich nach zwei Jahren endlich sagen kann, jetzt starte ich wieder voll durch, wird mein Leben nochmal richtig durchgeschüttelt.

Es ist ein Zufallsbefund. Während eines Vorsorgetermins entdeckt meine Ärztin beim Ultraschall eine Auffälligkeit und schickt mich zum MRT. Als meine Gynäkologin mich danach anruft und mich erneut in die Praxis bittet, denke ich mir nichts Schlimmes. Erst als sie darauf besteht, dass ich direkt einen Termin im Brustzentrum vereinbare, wird mir klar, dass etwas nicht stimmt. Nachdem der histologische Befund vorliegt, realisiere ich langsam, dass es bösartig ist.

Ich habe das Gefühl, dass die Diagnose Brustkrebs nicht zu mir gehört, als ob es eine andere Frau betrifft. Als Krankenschwester hefte ich für meine Patienten Befunde ab. Meine lege ich mit einem distanzierten Gefühl ab – das sind nicht meine, das gehört nicht zu mir. So verdränge ich lange, dass tatsächlich ich es bin, die jetzt zur Patientin geworden ist. Erst als die Chemo anfängt, wird mir bewusst, dass es hier um mein Leben geht, und mir wird klar: Ich muss da jetzt durch!

Hilflos und verloren

Ich frage mich nie: Warum ich? Habe ich etwas falsch gemacht? Werde ich bestraft? Stattdessen sage ich mir, dass ich kein Einzelschicksal bin, jedes Jahr passiert tausenden Frauen das Gleiche. Jammern bringt mich nicht weiter. Es ist passiert, daran kann ich nichts ändern. Ich muss jetzt da durch und mache das Beste daraus. Los geht's!

Es ist ein wahnsinnig heißer Sommer. Zu Beginn meiner Therapie werde ich in einem Hamburger Brustzentrum behandelt. Ich lebe in einer Kleinstadt in Schleswig-Holstein und die Anfahrten mit der Bahn nach Hamburg sind beschwerlich. In dem Brustzentrum fühle ich mich klein und verletzlich. Nach der OP sind Chemotherapie und Bestrahlung geplant, wie soll ich das nur überstehen?

Ich kann die Verbände und diesen Kompressions-BH kaum ertragen. Die Hitze macht mir zusätzlich zu schaffen, es ist alles furchtbar anstrengend, ich bin kaputt und nervlich angespannt. In allererster Linie versuche ich, meine Eltern zu schützen. Für sie ist meine Krankheit viel schlimmer als für mich: Ihr Kind ist krank, das ist für sie eine Tragödie. Doch meine Stärke ist nur aufgesetzt. Nach kurzer Zeit breche ich im Garten meiner Eltern verzweifelt zusammen: Ich kann das nicht. Ich mache das nicht. Ich will so nicht weitermachen!

Noch nie habe ich mich so hilflos und verloren gefühlt. Ich bin Krankenschwester auf einer Privatstation, mein Vorgesetzter ist Chefarzt für Inneres – von meinem gynäkologischen Problem erzähle ich ihm nichts, ich sehe dafür keine Notwendigkeit. Ich will auch nicht, dass die ganze Klinik darüber spricht, doch natürlich wissen trotzdem alle Bescheid. Alle bis auf einen.

Mein Chef wundert sich, warum ich nicht mehr da bin, und von Kollegen erfährt er schließlich von meiner Diagnose. Er ruft mich sofort an und seine Worte sind Balsam für meine Seele: „Ich hole Dich jetzt nach Hause."

Ich bin ihm wahnsinnig dankbar, endlich ist da jemand, der mich an die Hand nimmt. Er findet eine einfühlsame Onkologin und organisiert den weiteren Behandlungsplan in unserer Klinik. Für mich ist es wirklich wie „nach Hause kommen", die Ärzte sind mir vertraut, es herrscht ein liebevoller, ehrlicher Umgang und ich fühle mich gut aufgehoben. Von jetzt an kann ich kerzengerade durch die Therapie gehen.

Kraft durch Verletzlichkeit

Es ist für mich die größte Katastrophe, als meine Haare nach der zweiten Chemo büschelweise ausfallen. Meine Freundin ist Friseurin, sie kommt zu mir nach Hause und wir hören mindestens zehnmal hintereinander *Purple Rain* von Prince in voller Lautstärke. Dann kommt der Rasierer – und ich finde mich super. Meine Perücke trage ich nur einmal, für ein Passfoto.

Ich will weiterhin an meinem gewohnten Leben festhalten. Eines Abends sitze ich im Pub, mir gegenüber hockt ein junger Schnösel vor seinem Getränk. Als ich meine Mütze abnehme, guckt er mich an und sagt: „Igitt, wie siehst Du denn aus?" Ich bin völlig perplex und mein erster Gedanke ist, die Mütze wieder aufzusetzen. Aber warum eigentlich? Jetzt erst recht: „Wenn Dir das nicht passt, dann musst Du eben gehen!" So einfach ist das. Meine Verletzlichkeit hat mir Kraft geschenkt. Ich bin stolz auf mich und meine Reaktion.

Durch ein Fotoprojekt bekomme ich noch mehr Selbstvertrauen. Die Fotografin begleitet mich, bis meine Haare wieder da sind. Das wirkt wie eine Therapie auf mich: Es ist gar nicht so schlimm, eine Glatze zu haben. Wir stellen auf den Tag genau nach einem Jahr die Fotos nach, und da habe ich schon wieder eine Frisur. Es war nur ein Jahr.

RYBODY WAN
RULE THE WOR

Allein und in Geldnot

Mein Sohn Felix ist 19 Jahre alt, als ich die Diagnose bekomme. Er kann damit überhaupt nicht umgehen und zieht sich wochenlang komplett zurück. Schon seine geliebte Oma ist an Brustkrebs verstorben, seine Angst ist unbeschreiblich, dass er auch mich verliert. Er kann sich kaum überwinden, mich ohne Haare zu sehen. Sein Verhalten macht mir sehr zu schaffen, doch ich versuche, ihn zu verstehen. Ich will für Felix gesund sein. Ich will ihm sagen können, dass es mir gut geht. Ich will es schaffen.

Er soll keine Angst haben, dass seine Mama geht. Jedenfalls jetzt noch nicht. Ich will bei seiner Hochzeit mit ihm tanzen, das ist mein größter Wunsch und meine Motivation.

Finanziell fühle ich mich allein gelassen. Angst um die Existenz und Angst um die eigene Gesundheit und Heilung passen nicht zusammen. Warum gibt es kein temporäres Überbrückungsgeld? Es wäre so hilfreich, wenn es eine Stelle gäbe, die den Engpass abdeckt, der durch die Zuzahlungen und das verminderte Gehalt bei Krebspatienten entsteht. Glücklicherweise springt mein Arbeitgeber ein und trägt einen Teil der Kosten mit. Außerdem unterstützen mich meine Eltern, sodass ich einigermaßen über die Runden komme.

Struktur macht mich stark

Ich brauche eine klare Struktur und entwickle eine richtige Macke, was die Termine für die Chemo und die Bestrahlungen angeht und die ich unbedingt einhalten will. Diese Zwischenziele sind für mich überlebenswichtig, ich will sie pünktlich erreichen und unter keinen Umständen verschieben. Ich klammere mich an die Termine, sie geben mir Halt und die Sicherheit, dass die Krankheit vorbei geht. Als die Chemo einmal um zwei Wochen verschoben werden soll, weil meine Blutwerte nicht in Ordnung sind, ist das für mich eine Katastrophe. Aber auch das habe ich überlebt. Es geht vorbei. Das ist mein Mantra, das mich durch die Therapie trägt. Es geht vorbei.

Ich lese sehr viel in der Zeit, obwohl ich mich seit der Chemo nicht mehr gut auf lange Geschichten konzentrieren kann – stattdessen verschlinge ich lustige Kurzgeschichten und ziehe daraus Kraft.

Meine Onkologin rät mir, das zu essen, worauf ich Lust habe. Sie sagt, ich solle froh sein, wenn ich überhaupt etwas essen möchte. Ich versuche trotzdem Zucker zu vermeiden, weil Krebs den eben sehr geil findet. Das behalte ich bei, auch wenn es nicht immer klappt. Lange Zeit verurteile ich mich im Nachhinein für die „kleinen Sünden". Inzwischen mache ich das nicht mehr, stattdessen genieße ich bewusst, was meiner Seele in dem Moment guttut.

Mich begleiten drei wunderbare Freundinnen durch meine Krankheit, nur eine der Freundschaften zerbricht nach der Krankheit. Aber auch damit hadere ich nicht.

Die Chemotherapie ist keinesfalls ein Spaziergang, aber ich bin zuversichtlich, dass ich das hinkriege. Tief durchatmen, ich schaffe das. Egal was kommt. Im Leben gibt es Herausforderungen, mit denen keiner gerechnet hat und denen man sich stellen muss. Wenn man das auf die Lebenszeit sieht, ist es nur ein kleiner, ein ganz kleiner Umweg. Es geht vorbei.

Demut und Heilung

Ich wurde brusterhaltend operiert und bin seitdem auf spezielle Kompressions-BHs angewiesen. Für mich ist es sehr demütigend, meine BHs zwischen Rollatoren, Windeln und Stützstrümpfen im Sanitätshaus kaufen zu müssen. Das senkt mein Selbstwertgefühl jedes Mal enorm. Außerdem will ich nicht immer nur diese Sport-BHs oder medizinische BHs anziehen, sondern auch mal wieder etwas richtig Schönes tragen. Aber die schönen Exemplare sind so teuer, dass ich sie mir leider nicht leisten kann. Das frustriert mich sehr.

In der Reha wird mir bewusst, wie viele Menschen es gibt, deren Zustand deutlich ernster ist. Ich treffe auf viele viel jüngere Frauen mit einem schlimmeren Verlauf und einer wesentlich schlechteren Prognose. Das macht mich demütig und ist sehr heilsam für mich.

Jetzt bin ich auch endlich bereit, mich einer Psychotherapeutin anzuvertrauen. Als ob sich eine Schleuse öffnet, sitze ich vor der Therapeutin und heule. Bin ich noch ganz dicht? Es ist doch alles vorbei. Ich muss doch stark sein, warum heule ich jetzt?

Die Psychologin sagt einen Satz, der mich bis heute trägt: „Sie müssen gar nichts! Begreifen Sie, dass Sie in diesem Fall keine Krankenschwester sind, sondern eine Patientin!"

Die Einzelgespräche sind für mich die wichtigsten Stunden nach der Brustkrebstherapie, um mich wieder in die Spur zu bringen – allein hätte ich das wahrscheinlich nicht geschafft.

Die Reha macht mich auch körperlich fit, sodass ich wieder in meinen Job einsteigen kann. Ich will arbeiten und meine Rückkehr in den Beruf nach anderthalb Jahren funktioniert erstaunlich gut. Klar gibt es auch mal schlechte Tage. Aber wenn ich nach der Arbeit nach Hause gehe und sagen kann, heute hast Du jemandem die Angst genommen, jemandem geholfen oder jemanden glücklich gemacht, dann weiß ich, wofür ich lebe.

Erkenntnis

Meine Brustkrebserkrankung ist für vieles gut gewesen. Ich bin eine Frau, die in allem einen Sinn sucht und fest davon überzeugt ist, dass nichts im Leben ohne Sinn passiert. Manchmal dauert es sehr lange, bis ich die Bedeutung finde, aber irgendwann finde ich sie.
Vor der Erkrankung war mir nicht bewusst, warum ich so lebe, wie ich lebe, oder was mir wirklich wichtig ist. Inzwischen nehme ich vieles in meinem Leben nicht mehr so ernst wie vorher, sondern bin dankbarer und achtsamer geworden. Heute bleibe ich beispielsweise am Straßenrand stehen, wenn da ein Stiefmütterchen blüht, und freue mich darüber. Früher wäre ich daran achtlos vorbeigelaufen. Insgesamt erfreue ich mich an vielen kleinen Dingen, die vorher so selbstverständlich schienen.
Es macht mich glücklich, dass ich wunderbare Freundschaften geschlossen habe und großartige Menschen in mein Leben getreten sind, die ich sonst wahrscheinlich niemals kennengelernt hätte. Vor allem habe ich sehr viel über mich gelernt. Ich habe nicht gewusst, wie stark ich sein kann. Ich habe gelernt, dass es nicht gut ist, Sachen herunterzuschlucken.
Früher war ich ein Püppchen mit langen blonden Haaren, im Kostüm und mit hohen Schuhen. Das bin ich heute überhaupt nicht mehr. Auf alten Fotos erkenne ich mich selbst kaum wieder, mit dieser Oberflächlichkeit, die auch viele „Freundschaften" geprägt hatte. Es war mir so wichtig, was andere von mir denken. Heute interessiert mich das nicht mehr und das macht mein Leben leichter.
Ich habe gelernt, Nein zu sagen, das konnte ich vorher nicht – allein dafür war es das wert. Ich genieße es, dass ich jetzt Ja zu mir sagen kann, und trenne mich rigoros von Menschen, die mir nicht guttun. Seit der Krankheit bin ich auch mutiger geworden. Ich probiere viele Dinge aus und sage mir: Was soll's, was kann schon schiefgehen? Mach es einfach.

Schwäche zulassen macht stark

Die LebensHeldin!-Reise mit LebensHeldin! e.V. hat mir vieles bewusster gemacht und mir gezeigt, wie wichtig Selbstfürsorge ist, um ein Rezidiv zu vermeiden. Ich habe mich auf eine andere Station versetzen lassen, wo meine Tätigkeit körperlich nicht mehr so anstrengend und die Arbeit insgesamt nicht mehr so stressig ist. Ich weiß jetzt, wie schnell es passieren kann, überhaupt nicht mehr arbeitsfähig zu sein. Heute gehe ich in die Klinik und freue mich, dass ich arbeiten darf.
Mein Tagesablauf hat sich komplett geändert, ich bin viel entspannter. Meine Freizeit gestalte ich nach meinen Wünschen. Wenn ich mal wieder krank bin und trotzdem arbeiten will, erinnert mich eine gute Freundin: „Gib auf Dich acht, lass Dich krankschreiben, sei eine Patientin." Das fällt mir immer noch schwer und ich bin froh, dass sie mich darauf aufmerksam macht. Meine Diagnose ist

jetzt acht Jahre her, und endlich kann auch mein Sohn mit mir über diese Zeit sprechen. Als er damals von meiner Krankheit erfahren hat, dachte er, dass ich sterben muss. Er hat nicht erwartet, dass ich solche Kräfte entwickle.
Ich habe mein Leben verändert und bin für mich losgegangen. Dadurch hat sich alles zum Positiven entwickelt. Ich habe erkannt, was wirklich wichtig ist: die Liebe zu mir selbst.

Ich bin eine LebensHeldin

Schon das Wort „LebensHeldin" hat mich positiv verändert. Selbst wäre ich nie auf den Gedanken gekommen, mich so zu nennen. Aber ich trage die Bezeichnung heute mit Stolz.
Ich habe erkannt, dass ich nicht allein bin mit meinen Ängsten und meinen schrägen Gedanken, und das schenkt mir ein neues Gefühl der Zugehörigkeit. Für mich stand es nie im Raum, dass ich eine Selbsthilfegruppe besuche. Aber LebensHeldin! e.V. ist so komplett anders und ich bin nun Teil einer wunderbaren Gemeinschaft.

Die größte Erkenntnis meiner HeldinnenReise ist für mich, dass meine Stärke eine Illusion war.

Ich darf Schwäche zulassen, und das macht mich stark.

Isabelle Ziegler *1966
Schwäche zeigen ist keine Option, dafür stellt Isabelle ihre eigenen Bedürfnisse zurück. Viele Jahre schenkt sie sich selbst wenig Beachtung, umsorgt aufopferungsvoll Familie und Freunde. Ihr Mann ist beruflich sehr eingespannt, als sie mit 47 Jahren an Brustkrebs erkrankt. Während der Therapie wird Isabelle bewusst, wie wichtig Selbstfürsorge ist.

Mein Leben ist ein Feuerwerk

Kontrolle abgeben, um im Sternenregen zu tanzen

Ein Knall, gefolgt von einem pfeifenden Zischen. Prächtige Farben explodieren am Nachthimmel. Wunderbar! Ich genieße das Spektakel, denn ich liebe Feuerwerk: Kurz. Bunt. Voller Überraschungen. Man muss den Moment genießen – wie im echten Leben.

Im Grunde müsste ich zufrieden sein: Ich habe eine Familie, die mich erfüllt – auch wenn sie mich manchmal nervt –, viele Freunde, ein tolles Umfeld, und ich bin gesund. Warum fühle ich mich dann manchmal so traurig, so alleine und irgendwie mit allem überfordert? Was würde meine Familie nur machen, wenn ich nicht da wäre? Oder krank? Ob Job und Karriere meinem Mann dann immer noch so wichtig wären? Er ist beruflich viel unterwegs und selten da. Das meiste bleibt an mir hängen und das kostet unendlich viel Kraft. Aber ich funktioniere. Wenn doch diese Müdigkeit nicht wäre ...

Eine ohrenbetäubende Explosion ...

Sicher, die vergangenen vier Jahre waren schwierig, sie haben mir physisch und psychisch viel abverlangt: erst der Tod meiner Mutter und dann die Krebserkrankung meines Bruders. Das war schwierig, denn all das ist in meiner Schweizer Heimat passiert, während meine Kinder und der Alltag hier in Hamburg organisiert werden mussten.

Mein Name ist Isabelle und ich bin 47 Jahre alt, als ich 2013 in meiner linken Brust einen Knoten ertaste. Sorgenvolle Gedanken schiebe ich beiseite – der letzte negative Kontrollbefund liegt noch nicht lange zurück. Weil meine Großmutter Brustkrebs hatte, vereinbare ich einen Termin, obwohl ich nicht beunruhigt bin. Das ändert sich schlagartig, als meine Frauenärztin auf dem Ultraschall einen Tumor entdeckt und zur weiteren Abklärung eine Biopsie anordnet. Die Diagnose erwischt mich eiskalt. Ich stehe unter Schock. Wie in Trance fahre ich selbst nach Hause – keine Ahnung, wie ich dort heil ankomme.

Ich rufe meinen Mann an, der zum Glück gerade in Hamburg ist. Er kommt sofort nach Hause und versucht, mich zu trösten. Mir ist total schlecht vor Angst. Wobei ich in erster Linie gar nicht an mich denke oder an meinen Mann. Er wird auch ohne mich irgendwie klarkommen. Aber die Kinder ...? Ich darf jetzt nicht sterben. Meine Kinder sollen nicht ohne mich aufwachsen! Und ich möchte auch noch so viel erleben.

... und ein Himmel voller Sterne

Die Reaktion meiner Familie und meiner Freunde – zu sehen, wie sie zu mir halten und mich stärken – verhindert, dass ich verzweifle. Sie sind meine Fixsterne am dunklen Nachthimmel. Nach mehreren Wochen Untersuchungsmarathon schalte ich in den Überlebensmodus. Ich denke: Okay, da musst Du jetzt irgendwie durch. Du hast zwei Kinder und einen Mann. Sterben ist keine Option.

Information ist beinahe eine „Religion" für mich. Ich bin jemand, der gerne und sehr gründlich recherchiert. Das kann ich gut, das war Teil meines Jobs als PR-Beraterin. Fakten sind mir deshalb wichtig, weil ich mich mit ihnen auseinandersetzen kann. Es hilft mir enorm, wenn ich weiß, worauf ich mich einlasse und was auf mich zukommt. Also nutze ich alle seriösen Informationsquellen, die ich finden kann, und bereite mich gut auf die OP und anschließende Therapien vor. Vor allem mental. Trotzdem habe ich besonders vor der Chemotherapie einen Heidenrespekt.

Zum Glück überstehe ich alles mit relativ geringen Nebenwirkungen. Nach jeder Chemo gehe ich sofort zur Akupunktur. Ich bin überzeugt, dass mir das auch gegen die Übelkeit hilft. Außerdem nehme ich an einer Studie teil: Während jeder Chemoeinheit trage ich eine Kühlkappe, die meine Kopfhaut auf sechs Grad herunterkühlt. Damit soll verhindert werden, dass meine Haare ausfallen. Diese unerträgliche Kälte, die ich jedes Mal über sechs lange Stunden aushalten muss, ist ein Alptraum. Aber es funktioniert: Ich verliere kaum Haare und fühle mich dadurch besser. Überhaupt bin ich dankbar, wie gut mein Körper alles mitmacht. Für mich war sein einwandfreies Funktionieren bisher so selbstverständlich!

Im Schein des Feuerwerks

Immer kümmere ich mich um andere: Um meine Mutter, meine Kinder, meinen Bruder und um alles andere, nur nicht um mich. Gegenüber meinen Mitmenschen bin ich äußerst sensibel. Ich merke sofort, wenn irgendwas nicht stimmt. Aber meiner Seele und auch meinem Körper gegenüber fehlt mir diese Sensibilität. Ich habe zwei ältere Brüder. Das prägt. Man merkt mir an, dass ich mich wehren und manchmal hart sein musste. Vielleicht bin ich deswegen nicht so mädchenhaft: Ich durfte wenig Schwäche zeigen.

Meine Krankheit macht mich schwach. Zum ersten Mal in meinem Leben habe ich nicht alles unter Kontrolle und ich fühle mich ausgeliefert. Die Rollen haben sich verändert, jetzt kümmern andere sich um mich. Daran muss ich mich erst gewöhnen. Aber es fühlt sich gut an. Die Krebserkrankung verleiht mir auch eine Art „Sonderstatus“: Ich darf nicht nur schwach sein, sondern mir selbst Dinge erlauben, die für mich vorher undenkbar gewesen wären. Zum Beispiel, einfach mal etwas NICHT zu tun, auf das ich KEINEN BOCK habe. Und ich darf Hilfe annehmen. Die Hilfe meiner Freunde aus Hamburg und aus der Schweiz, die mich und meine Familie unermüdlich unterstützen.

Ein Feuerwerk aus Musik und Farbe

Mein Mann schaltet nach der Diagnose sofort um und zeigt ganz klar: Jetzt bin ich seine Priorität. Das bedeutet mir sehr viel! Er arbeitet von zuhause aus und unternimmt während der Therapie keine einzige Geschäftsreise. Er bleibt in Hamburg, begleitet mich zu den Ärzten und zu jeder einzelnen Chemo. Zuhause übernimmt er das Regime. Ohne ihn wäre alles noch viel schwerer gewesen.

Ich weiß nicht, was passiert wäre, wenn unser Leben so weitergegangen wäre. Ständig alleine mit den Kindern zu sein, das ist nicht cool. Ich bin überzeugt, meine Krebserkrankung hat unserer Partnerschaft sehr gutgetan. Wir sind näher zusammengerückt und wissen, was wir aneinander haben. Sie hat uns klar gezeigt, auf welch starke Basis wir zurückgreifen können. Wir haben zusammen gehofft und geweint – ich hatte ihn vorher nie weinen sehen – und über den Tod und das Leben geredet. Auch das hat uns unglaublich zusammengeschweißt.

Natürlich ist nicht immer eitel Sonnenschein, aber wenn wir uns heute auf die Nerven gehen, dann denke ich häufig an jene Zeit zurück. Wir sind bald 25 Jahre verheiratet, da lohnt es sich auf jeden Fall, an uns und unserer Ehe zu arbeiten. Ich bin froh und dankbar, dass mein Mann damals da war und heute immer noch an meiner Seite ist und mich unterstützt. Erst in schwierigen Zeiten zeigt sich, wer zu einem hält. So ein Partner ist Gold wert!

Meine Wunderkerzen

Während meiner Therapie treibe ich relativ viel Sport. Weil Yoga mir durch das Lymphödem im Arm schwer fällt, gehe ich stattdessen ins Fitnessstudio und oft spazieren. Bis auf wenige Ausnahmen kann ich eigentlich immer etwas machen, und die Bewegung tut mir gut. Ich bin sicher, das ist ebenfalls einer der Gründe, dass ich die Therapien körperlich gut wegstecke.

Offenbar bin ich sehr resilient. Resilienz ist die Fähigkeit, mit Herausforderungen umzugehen, und das habe ich durch meine Familiengeschichte früh gelernt. Wenn es ganz schwierig wird, laufe ich zur Hochform auf. Ich habe so viel Mist in meinem Leben erlebt, das hat mir dabei geholfen, diese Resilienz zu entwickeln.

Auch wenn ich keine Kirchgängerin bin, glaube ich an eine höhere Macht und bete häufig während meiner Krankheit. Meditation ist kein Thema – mich hinzusetzen, um in mich zu gehen, das bringt

mir wenig. Ich weiß aber aus Erfahrung, dass die Psyche oft erst nach einiger Zeit reagiert, und suche mir psycho-onkologische Begleitung. Ich spreche gerne mit Leuten, die praktisch veranlagt sind und reflektieren. Menschen, die ihre Erfahrung mit mir teilen, lassen mich erkennen, was ich brauche. Dafür bin ich dankbar und ich habe gelernt, Hilfe anzunehmen.

Die Feuershow bringt Erkenntnisse

Selbstliebe war bisher ein Fremdwort für mich. Andere waren mir immer wichtiger, die habe ich geliebt. Mich selbst habe ich nicht so sehr geliebt, dazu hätte ich mich ja wichtig nehmen müssen. Ich glaube, Achtsamkeit ist ebenfalls ein Ausdruck von Selbstliebe – wahrscheinlich war ich aus diesem Grund bisher so wenig achtsam. Ich habe einfach nicht gelernt, dass ich wichtig bin.

Teilweise hatte ich auch gar keine Zeit, achtsam zu sein. Als ich Krebs hatte, waren meine Kinder 9 und 12 Jahre alt. Da wollte ich nur gesund werden. Während der schwierigen Zeit der Pubertät hatte ich andere Sorgen: Ich musste den Kindern das Ur-Vertrauen in ihre Mutter wiedergeben, denn der Krebs hat auch bei ihnen Spuren hinterlassen!

Danach habe ich eine Weiterbildung an der Universität St. Gallen gemacht und mich viel mit mir selbst und meinen Wünschen beschäftigt. Das ist auch Selbstliebe: meinem Kopf UND meiner Seele etwas Gutes tun.

Im Sternenregen tanzen

Seit meiner Weiterbildung engagiere ich mich mit großer Freude im Führungsteam bei LebensHeldin! e.V. Meine Kinder werden langsam flügge und ich sehe meine Zeit kommen. Ich versuche, wirklich viel FÜR MICH zu machen und auf MEINE ART achtsamer mit mir umzugehen. Früher habe ich mich eher zurückgenommen, doch heute bin nicht mehr bereit, alles zu akzeptieren; und ich wehre mich. Gewisse Dinge haben in meinem Leben einfach keinen Platz mehr.

Ich wage es sogar, die kleine zarte Isa zuzulassen, die bei meiner Krebserkrankung erstmals zum Vorschein kam. Dieses weiche Kind in mir, das ich so lange versteckt habe, darf sich jetzt – auf Schweizerdeutsch sagt man *e bitzeli* – in kleinen Schritten zeigen. Noch habe ich manchmal Angst, dass es zu viel wird und es mich zu tief berührt. Aber ich lerne, dass ich meine weiche und sensible Seite für ein erfülltes Leben zulassen darf.

Ich bin immer noch nicht so achtsam, wie ich sein könnte, aber ich gebe mir Mühe, nicht mehr in alte Muster zu verfallen. Es sind kleine Schritte, gesunde Ernährung und ausreichend Bewegung gehören dazu. Ich achte auf Details, versuche, bewusst zu genießen und mich immer nur auf eine Sache zu konzentrieren. Auch habe ich angefangen, zu meditieren, und es gelingt mir immer öfter. Denn dieses „schnell, schnell, schnell“ möchte ich in meinem Leben weniger haben.

Das Leben feiern

Zu meinem Bruder habe ich während seiner Krebserkrankung gesagt: „Freu Dich, dass Du lebst – jeden Tag!" Meine Erkrankung ist jetzt 8 Jahre her und der Alltag hat mich längst wieder. Das Leben geht weiter, und das ist auch gut so. Ich springe nicht jeden Morgen jubelnd aus dem Bett, aber es gibt diese Momente, in denen ich sage: „Gott sei Dank. Danke. Danke. Danke!"

Ich hadere nicht mit meiner Erkrankung. Körperlich und geistig habe ich mich gut erholt – auch wenn ich ein paar Kilos zugenommen habe und an einigen Nachwirkungen der Therapie leide.

Ich fühle mich älter, als ich tatsächlich bin, aber ich bin immer noch belastbar und habe sehr viel Energie.

Krebs ist nicht nur eine Möglichkeit, sondern beinahe eine Verpflichtung, sich mit sich selbst auseinanderzusetzen: Was will ich wirklich vom Leben? Das heißt aber nicht, dass man ein komplett neues Leben anfangen muss. Warum soll ich meine Familie verlassen oder nach Goa fahren, um zu mir selbst zu finden? Warum soll ich alles über Bord werfen, wenn ich mit 80 Prozent meines Lebens zufrieden bin? Ich kann doch auch an den kleinen Schrauben drehen, um die Dinge zu ändern, die mir wichtig geworden sind: Ich gebe mich nicht mehr so leicht für andere auf, ich sage öfter Nein und beziehe Stellung – auch wenn ich befürchte, es könnte Streit geben. Das ist eine der wichtigsten Erkenntnisse, die ich aus meiner Krankheit gezogen habe.

Ich wünsche mir wieder mehr Feuerwerk in meinem Leben: groß, laut und bunt. Ich wünsche mir, ein bisschen mehr zu sein wie die kleine Isa. Neugierig und fröhlich und unbeschwert. Sie war lustig und eigentlich richtig cool. Und manchmal blitzt sie schon wieder durch: Den Kopf im Nacken, genieße ich mit beinahe kindlicher Begeisterung den prächtigen Farbenregen, der den nächtlichen Himmel erleuchtet.

Wunderbar!

Was Dich auf Deiner HeldinnenReise stärken kann

Tipps von Expert*innen

Gesundheits-Tipps für LebensHeldinnen!

Innere Schönheit – Lebensfreude – Selbstwert

Wir wollen, dass Du heute und in Zukunft länger, gesünder und glücklicher leben kannst. Wenn Du Dich im eigenen Körper wohl- und zumindest äußerlich besser fühlst, stärkt das Dein Selbstbewusstsein und schenkt Dir neue Kraft.

Darum haben wir hier ein paar Tipps für Dich, wie Du Deinem Körper auf dem Weg der Heilung von Kopf bis Fuß helfen kannst.

Schenk Deiner Zahngesundheit ein Lächeln

Es ist empfehlenswert, noch vor der Therapie einen Check Deiner Zähne durchführen zu lassen, um möglichen Entzündungen und anderen Folgen durch die Chemotherapie vorzubeugen.
Wenn Du Deine Zahnärztin über die bevorstehende Krebsbehandlung informierst, kann sie einen digitalen Scan oder Abdruck machen, um bei Bedarf eine Medikamententrägerschiene aus dünnem, weichem Kunststoff herzustellen. Wenn es dann beim Essen und Trinken brennt, kann eine solche Schiene mit Wundheilungsgel oder Chlorhexan bestrichen und für ein paar Stunden eingesetzt werden, um die Schmerzen zu lindern.
Auch Mundspülungen können helfen, die Schmerzen zu lindern, allerdings sollten sie alkoholfrei sein, denn Alkohol trocknet aus – genau wie Kaffee oder manche Teesorten. Oftmals sind es Kleinigkeiten, die alles ein bisschen erträglicher machen können: Das Lutschen von Eiswürfeln z.B. hilft auch bei einem trockenen Mund, und auch Kaugummi mit Salbei oder Xylit kann Dir bei Schmerzen im Mundraum helfen.

HeldinnenTipps

1. Nimm keine Lebensmittel zu Dir, die sehr heiß, sauer oder sehr scharf sind. Wenn Deine Mundschleimhaut gereizt oder entzündet ist, hilft es außerdem, die Speisen zu pürieren.
2. Das ayurvedische Morgenritual befreit den Mund von Bakterien: Mit nativem Kokos- oder Sesamöl für einige Minuten Öl ziehen und anschließend – oder davor – mit einem Zungenreiniger oder einem Teelöffel die Zunge reinigen: hinten ansetzen, nach vorne ziehen und so den Belag entfernen.
3. **Simones Tipp:** Deine Schleimhäute sind angegriffen oder entzündet? Dann nimm ein paar ganze Nelken, koche sie ab und gurgle mit dem Wasser, sobald es abgekühlt ist.

Dr. Kristin Arp
In ihrer Hamburger Praxis wendet die Zahntechnikerin und Zahnmedizinerin innovative Behandlungsmethoden und neueste Behandlungstechniken an. Ihr Motto: Die Mundgesundheit ist ein sehr wichtiger Bestandteil für Lebensqualität und Lebensfreude der Menschen. Aus Sicht der Zahnmedizin gibt es viel, das vor, während und nach einer Krebstherapie getan werden kann.

www.zahnarzt-arp.de

Warum Vitamine so wichtig sind

Jeder Körper bringt andere Voraussetzungen mit und sollte individuell betrachtet werden, jeder Körper ist einzigartig. Das gilt auch bei einer Krebstherapie und der Folgebehandlung. Symptome, die aus einer Krebstherapie entstehen, unterscheiden sich nicht aufgrund der Krebsart, sondern weil jeder Körper anders darauf reagiert. Eine gesunde Ernährung kann auf Deinem Heilungsweg viel bewirken, jedoch nie eine Therapie vollständig ersetzen.

Bestimmte Ernährungsmuster wirken sich besonders günstig darauf aus, dass Frauen, bei denen Krebs diagnostiziert wurde, ein längeres und gesünderes Leben führen können. Dazu gehört zum Beispiel die Aufnahme möglichst natürlicher Lebensmittel, eine gute Verteilung der Nährstoffe und ein geringer Konsum von Zucker oder Alkohol. Andere Ernährungsmuster wiederum können das Erkrankungsrisiko oder ein Rezidiv begünstigen. Es kommt also nicht nur auf die Qualität des Essens an, sondern auch auf die richtige Auswahl.

Hormone können die Entstehung von Brustkrebs beeinflussen. Daher kann es ein großer Gewinn für Deine Gesundheit sein, wenn Du Lebensmittel zu Dir nimmst, die den Hormonhaushalt positiv beeinflussen können. Beispielweise scheint eine ballaststoffreiche und fettarme Ernährungsweise die Östrogene zu reduzieren. Das wiederum senkt die Wahrscheinlichkeit, dass sich Krebszellen vermehren. Ballaststoffe helfen, Abfallprodukte aus dem Körper zu transportieren. Zudem schützen sie Dein Immunsystem, das gerade bei einer Krebstherapie äußerst gefordert ist. Daher ist es wichtig, bei der eigenen Ernährung auf eine ballaststoffreiche Ernährung zu setzen.

Milchprodukte wie Käse und Joghurt oder Milch sollten vermieden werden. Sie stecken voller Fett und Cholesterin und spielen allgemein eine besondere Rolle bei der Krebsentstehung. Der Grund dafür ist die Produktion des insulinähnlichen Wachtumsfaktors IGF-1, die im Körper durch erhöhten Milchkonsum verstärkt werden kann. Zudem reduziert der erhöhte Kalziumgehalt die Aktivierung von Vitamin D2. Brust- und Eierstockkrebs werden darum immer öfter mit dem Konsum von Milchprodukten in Verbindung gebracht. Die bessere Wahl sind daher Produkte aus Soja-, Reis- oder einer anderen Pflanzenmilch oder weiteren Milchalternativen, zum Beispiel aus Erbsenproteinen.

3 Fragen an Dein Herz

1. Was berührt Dein Herz?
2. Was lässt Dich lebendig fühlen?
3. Was magst Du besonders an Dir?

HeldinnenTipps

1. Verwöhn Dich mit pflanzlicher Ernährung, gesunden Lebensmitteln und einer guten Ballaststoffzufuhr. Bei einer Brustkrebserkrankung ist es wichtig, sich nicht nur auf die Aufnahme von Makronährstoffen (Kohlenhydrate, Fette, Proteine) zu konzentrieren, sondern die Lebensmittel nach allen ihren Nährstoffen und Vitaminen auszuwählen. Optimal ist eine vegetarisch geprägte, sehr vitaminreiche Ernährung.
2. Mache eine Ernährungsumstellung immer nur in Abstimmung mit den behandelnden Ärztinnen und Onkologinnen: Möglicherweise führt sie dazu, dass die jeweilige Medikation positiv angepasst werden muss.
3. Vitamin D kann sich positiv auf Fatigue-Beschwerden auswirken, vor allem während der Chemotherapie. Zudem zeigen sich bei vielen Patientinnen Besserungen während der Aromatasehemmer-Therapie in Bezug auf bereits vorhandene Gelenk- und Muskelschmerzen.
4. Lass Deinen Vitamin-Status bestimmen und nimm Vitamine NUR in Absprache mit medizinisch geschultem Personal ein, da eine Überdosierung Deinen Körper schädigen kann.
5. **Simones Tipp:** Am Tag vor der Chemo gibt mir eine selbstgekochte Hühnersuppe Kraft. Ab dem zweiten Tag ist es für ein, zwei Tage wichtig, alles zu mir zu nehmen, was Chlorophyll enthält, also grün ist, am besten dunkelgrün, und voller Bitterstoffe: Das fördert das Wachstum der gesunden Zellen. Und ab dem dritten, vierten Tag sollten dann viele rote Lebensmittel auf dem Speiseplan stehen, denn auch diese können den Körper sehr unterstützen.

Dr. Kathrin Vergin
Dr. Kathrin Vergin ist eine der führenden Expertinnen zum Thema Psychologie und Essverhalten und Geschäftsführerin des Gesundheitszentrums 360° Health Lab. Sie ist Spezialistin für onkologische Beratung sowie bekannt als Buchautorin, Rednerin und von Beiträgen und Auftritten in vielen Magazinen und TV-Formaten.

www.360health-lab.de

Darmgesundheit für ein starkes Immunsystem

Der Darm ist eines Deiner größten Organe und spielt für den gesamten Körper eine zentrale Rolle. Er ist die Basis für ein funktionierendes Immunsystem. Die Darmschleimhaut sorgt für die Aufnahme der Nährstoffe aus der Nahrung und hilft beim Abbau von Schadstoffen. Sie produziert relevante Fettsäuren, Vitamine und Hormone wie z.B. das Glückshormon Serotonin. Auch in Bezug auf das Nervensystem und die Psyche spielt unser Darm daher eine große Rolle – man nennt ihn nicht umsonst „Bauch-Hirn". Seine wichtigste Aufgabe aber ist die Unterstützung des Immunsystems, für das eine ausreichende Zufuhr an Vitamin D und A notwendig ist: Vitamin A gilt als „Schleimhaut-Vitamin", und eine gute Versorgung mit Vitamin D kann die Prognose bei Brustkrebs verbessern.

Für die Gesundheit Deines Darms kannst Du selbst einiges tun – sowohl präventiv als auch begleitend. Eine gesunde Ernährung mit unverarbeiteter, frischer Nahrung in Bio-Qualität, hochwertigen Ölen sowie möglichst wenig Kohlenhydraten gehört unbedingt dazu.

Ein gesundes Mikrobiom kann die Wirksamkeit einer Chemotherapie deutlich unterstützen. Deshalb sollte auch während der Tumortherapie angestrebt werden, die Darmflora durch eine ballaststoffreiche und möglichst zuckerfreie Ernährung oder durch Zufuhr nützlicher Darmbakterien, sogenannter Probiotika, intakt zu halten.

Empfehlenswert sind:

- Gemüse, insbesondere Kohlarten, Möhren und Kartoffeln
- Hülsenfrüchte wie Bohnen und Linsen
- Obst und getrocknetes Obst, beispielsweise Äpfel, Birnen und Beeren
- Vollkornprodukte wie Vollkornbrot oder -nudeln
- Nüsse und Samen

Durch eine Chemotherapie kann die Darmschleimhaut großen Schaden nehmen, deshalb ist es unbedingt empfehlenswert, spätestens nach Abschluss einer Krebsbehandlung beispielsweise mit dem speziellen Test „Gesundheits-Check Darm" zu prüfen, ob ein Wiederaufbau der Darmflora und eine Therapie der Darmschleimhaut angebracht sind, um mögliche Schäden zu beheben und ein gesundes Immunsystem zu fördern. Frag bitte Deine Ärztin oder Heilpraktikerin nach dem Test.

Eventuell müssen zusätzlich die Organe Leber, Galle, Lymphe und Niere unterstützt werden, um mögliche Gift- oder Schadstoffe aus dem Körper zu leiten. Entgiftung ist ein hochkomplexer Prozess und ganzheitliche Mediziner können dank neuer genetischer Untersuchungen genau definieren, mit welchen individuellen Maßnahmen Dein Körper entgiften kann.

HeldinnenTipps

1. Deine Zellen brauchen für eine optimale Versorgung Mikronährstoffe! Lass Deinen Ernährungsstatus bestimmen, um mögliche Mängel aufzudecken, und baue Deine Vorräte an Vitaminen und anderen Nährstoffen wieder auf.
2. Ein entgifteter Organismus und eine gesunde Darmflora sind die Grundlagen für ein intaktes Immunsystem und eine umfassende Heilung!
3. Ein Check Deiner Jodversorgung ist sinnvoll: Studien haben ergeben, dass die Jodzufuhr bei Brustkrebs eine unterstützende Maßnahme sein kann, um die Nebenwirkungen während der Chemotherapie zu senken. Jod kann zellabtötend auf die Krebszellen wirken und die Rezidiv-Rate senken.
4. **Simones Tipp:** Flohsamen sind ein tolles traditionelles Heilmittel. Um Deinen Darm zu unterstützen, kannst Du jeden Morgen einen Teelöffel Flohsamenschalen in einem Glas Wasser quellen lassen und dann trinken. Trinke anschließend unbedingt ein weiteres Glas pures Wasser!

Kirsten Gröling
Die Heilpraktikerin gründete das Naturheilzentrum Winterhude in Hamburg. Ihre Schwerpunkte sind Ursachenforschung, Stoffwechselregulation, Darmsanierung und funktionelle Medizin. Mit Begeisterung und ganzheitlicher Betrachtungsweise widmet sie sich ihren Patienten und geht den Ursachen der Beschwerden auf den Grund.

www.naturheilzentrum-winterhude.de

Ein erfülltes Liebesleben nach Brustkrebs

Du hast keine Lust auf Sex? Damit bist Du nicht allein. Fast alle Frauen haben Empfindungsstörungen an der operierten Brust und leiden nach der Therapie unter Lustlosigkeit und Erregungsstörungen. Es braucht Zeit, das neue Körpergefühl anzunehmen und zu akzeptieren – Zeit, die Du Dir nehmen darfst!

Wahrscheinlich ist es für Dich nicht leicht, offen über Deine Scham und Ängste zu sprechen und darüber, was Dir Schmerzen bereitet oder wo der Körper nicht mehr so reagiert wie gewohnt. Aber auch Dein Partner oder Deine Partnerin ist verunsichert: Vielleicht geht er oder sie davon aus, dass Euer Sexualleben nach Abschluss der Therapie wieder „wie früher" stattfinden kann, und versteht Deine Lustlosigkeit nicht. Es braucht Mut auf beiden Seiten, um über sexuelle Probleme zu sprechen, selbst in einer stabilen und vertrauensvollen Beziehung.

Nach einer Brustkrebstherapie ist es wichtig, mehr über Sexualität zu sprechen: In der Partnerschaft, mit Deiner Frauenärztin und im Austausch mit anderen LebensHeldinnen. Es ist ein Thema, das alle angeht, denn infolge der Anti-Hormontherapie, die sich an die Krebsbehandlung anschließt, leiden viele Frauen unter einer ausgeprägten Scheidentrockenheit und haben dadurch oft starke Schmerzen beim Sex. Der Grund dafür ist der Östrogenmangel, der durch die Therapie ausgelöst werden kann: Wenn der Östrogenspiegel über längere Zeit sinkt, wird auch die Vaginalschleimhaut weniger durchblutet. Dadurch verändert sich ihr Aufbau, sie wird dünner, ist weniger elastisch und produziert weniger Feuchtigkeit.

Um gegen Beschwerden wie Brennen und Juckreiz anzugehen, ist es temporär möglich, sich mit hormonfreien Spezial-Gels, -Cremes oder auch Vaginalzäpfchen Linderung zu verschaffen. Diese Produkte bilden einen Feuchtigkeitsfilm auf der Schleimhaut und schützen sie. Cremes und Gels haben aber allerdings keinen Einfluss auf die Ursache und wirken immer nur kurzzeitig, sie können also bestenfalls die Beschwerden ein wenig lindern.
Auch lokale Hormontherapien sind möglich, dürfen aber nur in Absprache mit dem behandelnden Arzt erfolgen, da sie nur bei Patientinnen zum Einsatz kommen sollten, deren Erkrankung nicht hormonabhängig ist.

Eine gesunde Vaginalschleimhaut besteht aus mehreren Zellschichten, wird gut durchblutet und bildet ein Sekret, das sie feucht hält und vor Bakterien und Keimen schützt. Für einen nachhaltigen, länger wirksamen Effekt kann die ursprüngliche Funktionsfähigkeit der Vaginalschleimhaut mithilfe von Radiofrequenzenergie wiederhergestellt werden. Bei diesem Verfahren, das nur durch einen qualifizierten Arzt durchgeführt werden kann, wird mithilfe eines stabförmigen Applikators kontrolliert Wärme durch Radiofrequenzwellen in die Vagina abgegeben.

Der sanfte Wärmeanstieg bewirkt ein Zusammenziehen der unterhalb der Schleimhäute liegenden Gewebeschichten. Dadurch werden die körpereigene Kollagenneubildung angeregt, die Durchblutung des Gewebes gefördert und die Feuchtigkeitsversorgung der Scheide nachhaltig verbessert. Zusätzlich wirkt sich Kollagen positiv auf die Elastizität und Straffheit des Gewebes aus.

Durch diesen Regenerationsprozess erhält die Vagina ihre ursprüngliche Funktionsfähigkeit zurück. Die Behandlung ist schmerzfrei, dauert ca. 30 Minuten und sollte für ein optimales Ergebnis zweimal im Abstand von vier bis sechs Wochen wiederholt werden. Im Anschluss besteht keinerlei körperliche Einschränkung, selbst Geschlechtsverkehr ist noch am selben Tag möglich. Dadurch wird der Leidensdruck nachhaltig gemindert und der Weg ist frei für die Rückkehr in ein unbeschwertes und freudvolles Intimleben.

HeldinnenTipps

1. Verwende pH-neutrale, parfumfreie Pflegeprodukte und lauwarmes Wasser zur Reinigung des Intimbereichs.
2. Vermeide langes, häufiges Baden oder Schwimmen, insbesondere in chlorhaltigem Wasser.
3. Benutze weiches, trockenes, ungefärbtes Toilettenpapier.
4. Verwende Binden anstatt Tampons, sofern Du noch Blutungen hast.
5. Frag Deine Frauenärztin nach bioidentischen Hormonprodukten.

Dr. Neda Nabavi
Die Hamburger Fachärztin für Plastische und Ästhetische Chirurgie macht sich für die Enttabuisierung der Intimästhetik und Intimchirurgie stark. Anatomische Veränderungen im Intimbereich, ob genetisch bedingt, durch Erkrankungen oder durch Alterungsprozesse entstanden, können zu einem enorm hohen Leidensdruck bei Betroffenen führen. Sie spricht offen darüber und kann mit innovativen Methoden Hilfestellung leisten.

www.dr-nabavi.de

Nimm Dir Zeit für Dich

Mit Yoga ungeahnte Kräfte aktivieren

Viele Frauen unterschätzen ihre Selbstwirksamkeit, also die Fähigkeit, sich selbst zu helfen und so zu ihrer Heilung beizutragen. Dabei stecken viel stärkere Kräfte in uns, als wir glauben. Mit Yoga können wir diese aktivieren.

Yoga kann beispielsweise besonders hilfreich bei der Linderung des Fatigue-Syndroms, bei Lymphödemen, Ängsten, Traurigkeit und Schmerzen sein. Zudem kann Yoga das Stressempfinden vermindern, Entzündungsparameter senken und zu einem besseren Schlaf verhelfen.

Jede Brustkrebspatientin kann Yoga machen und mit den Körperübungen ihre Muskeln und den Bewegungsapparat stärken. Bei einem stationären Aufenthalt, während der Chemotherapie oder in schlaflosen Nächten können die Atemtechniken, die inneren Bilder und die Meditationen eine lebensverändernde Unterstützung sein und zu innerer Ruhe und Entspannung führen.

Yoga leistet erste Hilfein der Akutphase

In der Akutphase helfen sanftes Yoga und entspannende Atemübungen bei der Erhaltung Deiner Energie und Beweglichkeit, sie geben Dir Vertrauen in Deine eigene innere Kraft und beruhigen den Geist, wenn Ängste sich in den Vordergrund drängen wollen.

Du lernst beim Yoga, auf Dich und Deinen Körper zu hören und nicht über Deine Grenzen zu gehen. Bei der Entgiftung des Körpers nach der Therapie helfen Dir die Übungen bei der Aktivierung Deines gesamten Lymphsystems. Die tiefe Yoga-Atmung sowie spezielle Asanas (Yoga-Übungen) zur Muskelanspannung und -entspannung sind besonders gut, um den Lymphfluss bei Lymphödemen zu aktivieren.

Wenn Du Dich während der Akuttherapie zuhause am wohlsten fühlst, kannst Du mit einem Online-Kurs dennoch regelmäßig Yoga praktizieren – immer dann, wenn Du Dich wohl genug dafür fühlst.

Selbstfürsorge kannst Du lernen

Nach der Therapie sollte die Selbstfürsorge für Dich im Mittelpunkt stehen. Die Balance zwischen Deinen Bedürfnissen und den Ansprüchen der Außenwelt stellt für Dich vielleicht eine große Herausforderung dar. Yoga und ein Achtsamkeitstraining können Dich bei der Steigerung Deines Selbstwertgefühls und Deiner inneren Stärke unterstützen.

„Als ich die Diagnose Brustkrebs bekam, war ich erst 32 Jahre alt. Yoga hat mir während der Therapie geholfen, meine Selbstheilungskräfte zu aktivieren und innere Stärke aufzubauen. Ich habe erkannt, wie wichtig es ist, dass ich mir jeden Tag Zeit für mich nehme. Heute gebe ich diese Erfahrungen und mein Wissen als Yoga-Lehrerin und Body-Soul-Mind-Coach weiter."

Christine

Mein Tipp: Probiere Yoga unbedingt einmal aus!

Christine Raab
Christine Raab ist Yogalehrerin, ganzheitlicher Coach und Human Therapy Professional. Nach ihrer eigenen Brustkrebserkrankung machte sie die Ausbildung zur Yogalehrerin und unterstützt heute Menschen mit und ohne Krebs auf ihrem Weg zu ganzheitlichem Wohlbefinden mit Coaching und Yoga. Sie lebt in Mömbris, in der Nähe von Frankfurt.

www.christine-raab.de
www.lebenmitundnachkrebs.de

Deine besondere Schönheit – ohne Haare

Mit Selbstbewusstsein durch die Therapie

Immer mehr Frauen tragen hoch erhobenen Hauptes eine Glatze – und bei den meisten wurde durch den Haarverlust eine besondere Schönheit zum Ausdruck gebracht. Doch nicht jede Frau findet sich haarlos schön: Viele Frauen lieben ihre Haare, die sie über Jahre gehegt und gepflegt haben. Für sie ist der Haarausfall als Nebenwirkung der Krebstherapie sehr schwierig. Die traumatische Erfahrung des Haarausfalls sollte keinesfalls kleingeredet werden.

Wir empfehlen Dir, bewusst Abschied von Deinen Haaren zu nehmen, Trauer und Tränen zuzulassen, Dich aber auch schon auf die Zeit „danach" zu freuen.

Selbstwertgefühl steigern

Inzwischen weiß die Wissenschaft, dass Körper und Geist nicht zu trennen sind und dass positive Gedanken und Gefühle eng mit Deiner Gesundung verknüpft sind. Dazu gehört auch, dass Du Dich attraktiv fühlst, denn das steigert Dein Selbstwertgefühl, gibt Dir Kraft und ist damit auch dem Heilungsprozess zuträglich. Daher kann es hilfreich sein, wenn Du eine Perücke, einen Haarersatz oder eine Kopfbedeckung trägst.

Nimm gern einen Herzensmensch mit zu dem Beratungsgespräch ins Zweithaarstudio. Wenn Dir zum Weinen ist, probiert ihr vielleicht zusammen mal was Verrücktes aus, zum Beispiel eine ganz neue Haarfarbe oder eine verrückte Frisur – das kann Dir ein Lächeln schenken.

Eine gute Alternative zu einer Perücke ist ein Turban, auch Chemotherapie-Mütze genannt.

Lass Dich überraschen

Nach Beendigung Deiner Therapie wächst Dein Haar ca. 1 cm monatlich. Nach etwa 3 Monaten haben sich die Kopfhaare bei vielen Frauen ausreichend regeneriert, so dass sie wieder ohne Perücke und/oder Kopfbedeckung auskommen.

Vielleicht überrascht Dich Dein „Nachwuchs" mit einer anderen Farbe oder Struktur als Dein ursprüngliches Haar.

„Als meine Haare begannen auszufallen, bat ich meinen Mann, sie mir abzurasieren. Wir haben das regelrecht zelebriert, und zuerst verpasste er mir einen Irokesenschnitt. Meine Söhne haben Fotos davon gemacht und wir haben uns darüber kaputtgelacht. Es hat uns allen geholfen, die Krankheit besser zu verarbeiten."

Birgit

HeldinnenTipp

Betrachte Dich einmal liebevoll im Spiegel und entdecke Dich neu! Werde Dir bewusst: Jedes Baby wird geliebt, wenn es ohne Haare zur Welt kommt. Du bist genau so wertvoll und wirst geliebt, so wie Du bist!

Die Firma **Aderans** ist Weltmarktführer rund um das Thema Haare, Perücken und Zweithaarprodukte und betreibt deutschlandweit gleichnamige Zweithaar-Studios. Die Firmenphilosophie liegt in den Wurzeln der japanischen Tradition mit all ihren Zeremonien und Bräuchen. Der Hauptzweck der Produkte ist es, ein gesundes Körperbewusstsein und ein positives Selbstwertgefühl wiederherzustellen und aufrechtzuerhalten.

www.aderans-onlinestudio.de

Spiegel der Seele und der Gesundheit

Gesundes Haarwachstum nach der Therapie

Nach der Therapie verändert sich vieles für Dich. Selbst Deine Haare können anders aussehen oder ihre Struktur verändern: Bei manchen Frauen werden sie dicker und lockiger, bei anderen bekommen sie eine andere Farbe. Oft wachsen sie dann grau nach, was sogar bei vielen jüngeren Frauen attraktiv aussieht.

Nach ein paar Monaten kehren die Haare oft wieder zu ihrem ursprünglichen Aussehen zurück, nur die neue Farbe bleibt. Die restliche Körperbehaarung bildet zunächst eine Art Flaum und beginnt dann oft, üppiger als zuvor nachzuwachsen. Aber keine Angst: Das bleibt nicht so.

Unterstützung bei der Entgiftung

Dein Körper scheidet Giftstoffe auch über die Haarwurzelzellen aus. Deshalb empfehlen wir Dir, schon während der Brustkrebstherapie Deinen Körper bei der Entgiftung zu unterstützen und mit einer entgiftenden Pflege der Kopfhaut zu beginnen. Die Kopfhaut ist das Fundament eines gesunden Haarwachstums. Regelmäßige sanfte Bürstenmassagen befreien sie von Produktrückständen und Schmutz. Gleichzeitig sorgen Kopfmassagen für Entspannung und regen den Haarwuchs an.

Gib Deinem Körper und Deiner Kopfhaut Zeit, die während der Behandlung angesammelten Gifte abzubauen. Dabei kann Dir eine Detox Kur helfen (sprich mit Deiner Ärztin oder Heilpraktikerin über die für Dich geeignete Methode). Durch die Chemotherapie ist Deine Leber bereits stark beansprucht und sollte nicht noch zusätzlich gefordert werden. Aus diesem Grund solltest Du keine aggressiven Haarwuchsmittel verwenden, denn je nach Inhaltsstoffen können sie zu einer zusätzlichen Belastung Deiner Leber führen.

Nach der Chemo muss zunächst die Haarzwiebel am unteren Ende der Haarwurzel entgiftet werden, bevor Du sie mit Nahrungsergänzungsmitteln, stimulierenden Shampoos oder einem kräftigenden Serum neu anregen kannst. Bei Kälte ziehen sich die Haargefäße zusammen, was somit das Haarwachstum einschränkt, deshalb solltest Du Deinen Kopf Tag und Nacht warmhalten.

Auch Deine Augenbrauen und Wimpern bedürfen besonderer Pflege, da während der Chemo- und/oder Strahlentherapie das Risiko für Infektionen und Blutungen erhöht ist. Beim Abschminken von Augen- und sonstigem Make-up solltest Du darum noch vorsichtiger und sorgfältiger sein als sonst. Diese Haare werden etwas später als Deine Kopfhaare nachwachsen. Manchmal kann es vorkommen, dass sie feiner und spärlicher sind als zuvor.

Tipps für eine sanfte Kopf- und Haarpflege

1. Benutze spezielle Pflegeprodukte für juckende und sehr trockene Kopfhaut und wasche Deinen Kopf nicht häufiger als nötig und nur mit lauwarmem Wasser.
2. Wenn die Haare nachwachsen: Verwende milde Shampoos und Pflegeprodukte ohne Parfüm und sonstige Zusatzstoffe.
3. Achte auch bei Naturkosmetika auf die Inhaltsstoffe, denn ätherische Öle oder Pflanzenextrakte können reizend wirken. Produkte mit Oliven- oder Mandelöl beruhigen die Kopfhaut.
4. Verzichte auf besondere Belastungen wie Föhnen, Färben oder Dauerwelle.

Entscheide Dich für pflanzliche Haarfarben

Auch während der ersten 6 Monate nach der Therapie solltest Du Glätten und Föhnfrisuren vermeiden, um Deine neuen Haare nicht zu schädigen oder deren Nachwachsen zu beeinträchtigen.

Wenn Du mit Deiner Haarfarbe nicht glücklich bist, wähle pflanzliche Haarfarben ohne Ammoniak, Paraben und Recorin. Chemische Farbstoffe schädigen nicht nur die Umwelt und die Kopfhaut: Die Giftstoffe konventioneller Haarfärbemittel (und übrigens auch von Dauerwellenflüssigkeit) können von den Entgiftungsorganen nicht komplett verarbeitet und abtransportiert werden, Rückstände bleiben im Körper erhalten. Pflanzliche Haarfarben sind eine vollkommen unbedenkliche Färbemethode und eine natürliche und effektive Alternative für Dich, wenn Du Dir gesundes Haar, eine brillante Farbe und eine natürlich wirkende Grauhaarabdeckung wünschst, ohne Deinen Körper zu belasten.

Mit der richtigen Pflege wird Dein Haar zu einem Spiegel Deiner Seele und Deiner Gesundheit!

Teil 2

Du bist viel mehr, als Du glaubst

Dankbarkeit verändert alles.

Erkenne Deine Selbstwirksamkeit und finde inneren Frieden.

Lerne, liebevoll zu akzeptieren, was ist, und übernimm die Kontrolle über Deine Gesundheit.

Birgit Dietrich *1970
Birgit führt ein gesundes Leben, und doch geht es ihr körperlich zunehmend schlechter. Nach außen soll keiner mitbekommen, wenn sie sich überlastet fühlt. Erst als sie mit 43 Jahren die Diagnose Brustkrebs bekommt, wird ihr klar, dass sie beruflich und privat oft über ihre Grenzen gegangen ist. Sie erkennt fast zu spät, dass sie ihre Kräfte für sich selbst einsetzen muss, um für andere da zu sein.

Die Kräfte einer Heldin

Wie ich gelernt habe, meine Super-Power für mich zu nutzen

Als Kinder träumen wir manchmal von Unsichtbarkeit, von übermenschlichen Kräften oder anderen außergewöhnlichen Gaben. Doch unsere wahren Superkräfte sind die wunderbaren Fähigkeiten, die jede von uns so einzigartig machen.

Jene Gaben, die uns in die Lage versetzen, unsere Gedanken zu beeinflussen und Veränderungen herbeizuführen. Wenn es uns dann noch gelingt, die Meisterdisziplinen der Selbstliebe und der Selbstfürsorge einzusetzen, können wir viel verändern. Vor allem in uns.

Meine Superkräfte – Fluch und Segen zugleich

Es riecht nach Krankenhaus. Nach Desinfektionsmittel und nach Angst. Schritte verhallen, eine Tür fällt laut ins Schloss. Mein Name ist Birgit, ich bin 43 Jahre alt, verheiratet und Mutter von zwei Söhnen. Ich sitze unbequem auf einem harten Stuhl und warte. Mein Kopf rast und mein Blick wandert den langen Flur entlang. Aus einem Impuls heraus zücke ich mein Handy und fotografiere diese kahle Endlosigkeit. Ich denke: „Das ist wahrscheinlich das letzte Bild aus meinem normalen Leben. Wenn ich diesen Besprechungsraum betrete, wird nichts mehr wie vorher sein. Dann beginnt ein neues Kapitel für mich."

Superkraft Intuition

Winzige Details hier, ein liebes Wort dort oder eine wortlose Geste: Ich kann diese ganz kleinen Dinge wahrnehmen und zu meinen Superkräften gehören meine Intuition und meine Empathie. Vielleicht weiß ich deshalb in diesem Moment, was gleich auf mich zukommen wird. Schon als ich am Abend zuvor unter meiner Brust eine Delle entdeckt habe, eine Art Loch, war ich mir sicher: Das bedeutet nichts Gutes. Meine Gynäkologin ist im Urlaub. Ich bitte eine Freundin, die zufälligerweise Gynäkologin ist, um einen kurzfristigen Untersuchungstermin. Oder bin ich nur hysterisch?
Nein. Das wird mir klar, als ich diesen Ausdruck auf dem Gesicht der Ärztin sehe, obwohl sie sich sehr bemüht, Haltung zu wahren. Sie vereinbart sofort einen Termin zur Mammografie, während sie gleichzeitig versucht, mich zu beruhigen. Doch mit Schönreden und Beschwichtigen kann ich nicht gut umgehen. „Ich habe Dein Gesicht gesehen – ich glaube, ich ahne, was los ist."

Beim Radiologen fällt er mir wieder auf, dieser besondere Gesichtsausdruck, als sich der Arzt die Bilder anschaut. Alle wirken betreten, die Stimmung ist gedämpft. Ich soll meinen Mann anrufen. Unter Tränen informiere ich dann auch noch meinen Chef, und weil ich nichts mehr filtern kann, erzähle ich ihm alles und entschuldige mich auch noch dafür, dass ich heute nicht zur Arbeit erscheinen werde. Irgendwann bin ich zuhause. Fix und fertig. Dann beginnt das Warten bis zur endgültigen Diagnose. Eine schier unerträgliche Zeit. Und ich habe Angst!

Superkraft Zuversicht

Während des Wartens sage ich mir immer wieder: Okay, es ist, wie es ist. Ich krempele jetzt die Ärmel hoch und gucke nach vorne. Das bringt nichts, hier zu sitzen und nach dem Warum zu fragen. Oder mich zu beschweren: Ist das ungerecht! – Ja, es ist verdammt ungerecht. Und ja, warum ich? Aber andererseits: Warum nicht? *Shit happens.* Wenn die Zellen irgendwie entarten, kannst Du nichts tun. Du kannst den ganzen Tag nur Grünkohl essen und Sport treiben, es kann Dich trotzdem treffen. Es ist eine Illusion, anzunehmen, wenn ich mich nur genug bewege, wenn ich gesund esse, wenn ich alles mache, was mir empfohlen wird, dann bin ich sicher. Es gibt keine Garantie!

Und dann die Gewissheit: Ich habe Brustkrebs. Obwohl ich wahnsinnige Angst habe, realisiere ich, wie sich in mir ganz zaghaft eine andere Superkraft bemerkbar macht: Zuversicht. Auch wenn ich im Moment keine Ahnung habe, wie es weitergeht, vertraue ich darauf, dass es immer einen Weg gibt und dass selbst in der dunkelsten Stunde irgendwo noch ein winziger Lichtstrahl aufscheint.

Meine große Sorge ist jedoch, was wir unseren Kindern (8 und 11 Jahre alt) erzählen. Mein Mann übernimmt das. Er ist großartig. Er ist aufrichtig und verklausuliert nichts: Es muss etwas rausgeschnitten werden. Es ist gefährlich, aber die Ärzte machen mich wieder gesund. Es wird schwer für mich, weil es eine schwere Krankheit ist.

Jetzt, da die Kinder es wissen und mein Mann sich um alles andere kümmert, kann ich mich voll und ganz auf mich konzentrieren.

Ich liege in einer Grube. Es ist sehr eng, rechteckig und schmal. Wie in einem Sarg. Auf dem Rücken liegend blicke ich nach oben in den Himmel. Ich sehe meine Kinder dort stehen, wie sie zu mir herabblicken, und spüre die Blütenblätter, die auf mich herabrieseln. Mein Herz zieht sich zusammen und ich wehre mich: „Nein! Das geht nicht! Das darf nicht Wirklichkeit werden! Ich werde alles dafür tun, dass meine Jungs nicht an meinem Grab stehen müssen!“ Dieses Bild ist sehr präsent, ich träume oft davon und es belastet mich. Aber es spornt mich auch an, die Herausforderung anzunehmen.

Ich bin keine Kriegerin und betrachte den Krebs nicht als Feind, sondern eher als einen lästigen Begleiter: „Ich akzeptiere Dich. Ich weiß, wir müssen da gemeinsam durch. Ich kämpfe nicht gegen Dich, aber ich möchte Dich gehen lassen.“ Annehmen, was ist, und das Beste daraus machen. Das ist meine Parole.

Superkraft Lebensfreude

Als der Behandlungsplan endgültig feststeht – zwei Operationen, 16 Chemos und 36 Bestrahlungen –, möchte der Professor mich über die Risikoanalyse aufklären. Doch mich interessieren diese

Statistiken überhaupt nicht. Ich möchte nur eins wissen: Was kann ich tun, um gesund zu werden? Er sagt: „Entscheiden Sie sich fürs Leben."

Das nehme ich mir zu Herzen. Ich will meine ganze Energie nutzen, um zu überleben. Egal, wie viel Angst ich habe oder wie schlecht es mir geht, ich habe ein Ziel: Ich werde überleben und meine Söhne werden nicht an dieser Grube stehen!

Zwei Tage nach der OP setzt sich dieser Professor an mein Bett und spricht mit mir über Gott und die Welt. Er verbringt seine freie Zeit mit mir, und als ich ihn darauf anspreche, antwortet er: „Die piepen mich schon an. Ich glaube, Sie können unser Gespräch hier gerade gut gebrauchen."

Er hat genau erkannt, wie er mich motivieren kann. Mit seiner Präsenz und dem Satz „Entscheiden Sie sich fürs Leben" hat er dieses Samenkorn „Überlebenswillen" in mir gesät. Und ich habe zugesehen, dass eine Pflanze draus wird. Dafür bin ich ihm bis heute sehr, sehr dankbar!

Die dunkle Seite meiner Superkräfte

Ich habe aufgehört, auf meine innere Stimme zu hören. Obwohl ich schon immer eine gute Verbindung zu mir selbst gehabt habe und ich meine Superkräfte Empathie und Intuition cool finde, nutze ich sie eher für andere als für mich. In meinen großen Freundeskreis bin ich für viele die erste An-

sprechperson, ich bin sehr aktiv, überall involviert und kümmere mich um alle. Das ist meins, darin gehe ich auf. Meine Freundinnen sagen: „Meine Güte, wie Du das alles machst." Ich merke nicht, dass es mir zunehmend schwerer fällt, immer für alle anderen da zu sein.

Auch in anderen Bereichen höre ich nicht auf mich. Mein erster Weckruf kam mit Mitte 20: Ich hatte einen gut bezahlten, verantwortungsvollen Job, der nach außen hin ganz toll aussah. Aber das Unternehmen war schlimm, das Betriebsklima schrecklich und die Führung unmenschlich. Ich musste hier eine Rolle spielen, die mir einfach nicht lag. Ich litt sehr darunter und entwickelte eine Neurodermitis.

Meine Hausärztin schickte mich zu einer Beratungsstelle, eine burschikose Frau stellte mir viele Fragen, bevor sie zu dieser kam: „Was machen Sie eigentlich beruflich?" Ich antwortete neutral: „Ich bin Geschäftsführungsassistentin in einem mittelständischen Unternehmen." Wir sprachen über alles Mögliche, als sie plötzlich sagte: „Sie hassen Ihren Job. Sie gehen da mit Bauchschmerzen hin. Es kotzt Sie an." Innerhalb von zwei Minuten sagte sie mir auf den Kopf zu, was ich nicht sehen konnte. Ich war beeindruckt. Sie hatte mit jedem ihrer Worte recht und erreicht, dass ich begann, mehr darauf zu achten, wie ich mich FÜHLTE.

Superkraft kann krank machen

Doch ich gehe weiterhin über meine Grenzen. Auch als junge Mutter achte ich viel mehr auf andere als auf mich. Obwohl ich genau weiß, dass es zu viel ist, kann ich es nicht ändern. Als wir aus meiner Heimat Hannover wegziehen, stelle ich schon auf der Autofahrt eine große Erleichterung fest, weil ich ganz viel Verantwortung zurücklassen kann. Eigentlich bescheuert, es liegt doch in meiner Hand! Aber ich weiß einfach nicht, wie ich aus meiner Rolle schlüpfen kann.

2010 erleide ich im Büro einen Zusammenbruch und werde ins Krankenhaus eingeliefert. Innenohr-Schaden. Drehschwindel. In diesem Krankenbett liege ich vier Tage lang – ausgerechnet über meinen 40. Geburtstag – mit geschlossenen Augen! Ich kann die Augen nicht öffnen, weil sie immer abwandern. Sie können nicht fokussieren. Normalerweise ist das mit Infusionen innerhalb von 24 Stunden erledigt, aber bei mir dauert es vier Tage! Eine krasse Erfahrung! Heute weiß ich, dass es ein Burnout war, das sich schon im Vorfeld durch einige merkwürdige Erlebnisse „angekündigt" hatte.

Nach dem Zusammenbruch fange ich an, in meinem Leben etwas zu verändern: Ich gebe sofort mein Ehrenamt in der Elterninitiative des Kindergartens ab und ziehe mich auch von meinen privaten Aktivitäten zurück. Ich bin viel zuhause und reagiere auch nicht mehr so häufig auf irgendwelche Anfragen. Mir wird klar, dass ich für ganz viele Leute eine Art Universal-Anlaufstelle bin: Sobald bei ihnen eine Frage aufpoppt, rufen sie bei mir an, und ich fasse das dann immer gleich als Arbeitsauftrag auf. All das reduziere ich auf ein Minimum, weil ich erkenne, dass es so nicht weitergehen kann. Ich zwinge mich, mehr auf mich selbst zu achten. Das gelingt mir mal mehr, mal weniger.

Gebrauchsanleitung für Superkräfte

Ob der Zusammenbruch die Initialzündung für die Entstehung meines Krebses gewesen ist? Mein Professor meint, wenn es mir hilft, mir selber zu erklären, warum ich an Krebs erkrankt bin – ohne Vorbelastung, ohne Risikofaktoren, usw. –, dann soll ich das so annehmen. Aber wenn ich mir nicht verzeihen kann, wie ich gelebt habe, und wenn ich glaube, dass es dadurch zu meiner Krebserkrankung gekommen ist, dann soll ich das ganz schnell wieder vergessen. Ich bin zu dem Schluss gekommen: Es kann sein, es ist aber nicht sicher. Es kann auch einfach nur Pech gewesen sein.

Jedenfalls habe ich durch meine Krankheit etwas Wichtiges erkannt: Meine Superkräfte der Intuition und der Empathie lassen mich die Wünsche anderer oft schon erkennen, bevor sie überhaupt laut ausgesprochen werden, und schon am Ton ihrer Stimme weiß ich, was meine Lieblingsmenschen von mir wollen – und das mache ich dann. Diese Art „Symbiose“ tut mir nicht gut. Sie ist destruktiv.

Während meiner Krebs-Erkrankung stelle ich zum ersten Mal MICH SELBST in den Mittelpunkt. Nun ziehe ich auch bei allerengsten Freunden die Bremse und achte NUR NOCH auf mich. Ich entdecke die Bedeutung von Selbstfürsorge: die Kunst, zu erkennen, wann ich AUF MICH achten muss. Meine weiteren Superkräfte, meine Lebensfreude, meine unerschütterliche Zuversicht und mein Humor helfen mir dabei, von nun an die richtigen Prioritäten zu setzen.

Meine Empathie und Intuition empfinde ich nach wie vor als besondere Stärken, doch ich weiß, dass ich sie nicht mehr länger nur für andere einsetzen darf, weil sie mich auf diese Weise auch verletzen können.

Trotz aller Ängste, die mich immer begleiten werden, trotz aller Ungewissheit und Härte, die der Krebs unwiderruflich mit sich bringt, hat er mir auch etwas Positives gebracht: Ich habe endlich Verantwortung für mich selbst übernommen.

Meine Superkräfte nutze ich jetzt auch für mich!

Dr. Jeanette Dittmann *1975
Als Jeanette mit 44 Jahren einen Knoten in ihrer Brust erspürt, sind ihre Kinder 4 und 9 Jahre alt. Bis zu ihrer Erkrankung hat sie sich selten Ruhe gegönnt, eine Perfektionistin, die beruflich und privat am liebsten alles selbst macht. Der hohe Anspruch an sich selbst ist für Jeanette die größte Herausforderung auf der Suche nach innerem Frieden.

Krebs – harter Panzer und weicher Kern

Perfektionismus schützt nicht vor Verletzlichkeit

Ein erstes Vorzeichen bekomme ich in unserem Herbsturlaub an der Nordseeküste. Normalerweise entdecken wir beim Muschelsammeln vereinzelt kleine Krebse. An diesem Tag ist es anders: Am Flutsaum liegen unzählige große Krebse, der ganze Strand ist voll davon. Als ich nach meiner Chemotherapie wieder zur Erholung an diesen Ort zurückkehre, finde ich keinen einzigen Krebs mehr, nur noch eine leere Krebshülle.

Die Perfektionismus-Falle

Mein Name ist Jeanette, ich bin 44 Jahre alt, meine Kinder erst vier und neun. Immer getrieben versuche ich, Job und Familie unter einen Hut zu bringen. Beides will ich besonders gut hinkriegen, ich mache am liebsten alles selbst und gerate deshalb oft in die Falle des Perfektionismus. Im Job bin ich noch nicht da angekommen, wo ich hinwill, und es macht mich unglücklich, dass ich nicht die Wertschätzung bekomme, die ich mir immer ersehnt habe. Mein Mann ist noch getriebener, wir sehen uns oft nur noch zwischen Tür und Angel und haben wenig Zeit füreinander.

Wie entspannend ist da unser Start in die Ferien. Wir sitzen gemütlich im Zug Richtung Norddeutschland, um gemeinsam mit meiner Mutter Weihnachten zu feiern. Aller Vorweihnachtsstress fällt von mir ab und ich genieße die Fahrt, als mich plötzlich, wie aus dem Nichts, eine Schwermut befällt, die ich nicht greifen kann. Ich fange an zu weinen und kann mich gar nicht mehr beruhigen.

Bei unserer Ankunft ist alles vergessen und ich freue mich auf die Festtage. Als ich am Heiligabend mein neues rotes Weihnachtskleid anziehen will, spüre ich in meiner linken Brust etwas Hartes. Ich habe ein ungutes Gefühl, doch im Trubel der Geschenkeschlacht vergesse ich das erstmal wieder. Später im Bett taste ich nochmals meine Brust ab. Die Verhärtung ist immer noch da.

Sollte mein Weihnachtsgeschenk etwa Brustkrebs sein?

Im Nachhinein sehe ich es als Zeichen des Himmels, dass ich am Heiligabend zwischen Kirche und Bescherung den Knoten entdecke, obwohl ich mich eigentlich nicht abtaste.
Direkt nach unserer Rückkehr aus Norddeutschland vereinbare ich einen Termin bei meiner Frauenärztin. Sie bestätigt meinen Tastbefund. Allerdings ist weitere Diagnostik erforderlich, um endgültig Gewissheit zu bekommen. Meine Angst wächst. Aufgrund der Weihnachtsferien scheint es unmöglich, den erforderlichen Mammografie-Termin zu bekommen. Glücklicherweise findet sich doch eine Möglichkeit, 40 Kilometer außerhalb – ich wäre an dem Tag auch 1000 Kilometer gefahren, um Klarheit zu bekommen.

Eintauchen in Krankheit und Leben

Der Arzt dort ist sehr verhalten, als er das Ergebnis sieht. Er vermutet, dass es bösartig sein wird. Genaueres kann aber nur ein MRT zeigen. Ich habe mich zwischenzeitlich umgehört und mich für die weitere Diagnose für ein Brustzentrum 2½ Autostunden entfernt entschieden. Was kommt da auf mich zu? Ich muss einige Tage warten, bis ich endlich im MRT mit Biopsie weitere Gewissheit bekomme. Ein Albtraum, der wahr wird: Brustkrebs!

Der Tumor ist wesentlich größer als ursprünglich vermutet, und ich werde wahrscheinlich meine Brust verlieren. Der Arzt geht zudem davon aus, dass ich eine Chemotherapie machen muss. Ich, Chemotherapie? Wo ich doch ohnehin schon kein tolles Immunsystem habe?
Glatze, Übelkeit, keine Lebensqualität – mit diesen Gedanken muss ich alleine wieder 2½ Stunden nach Hause fahren, um meinem Mann, meinen Kindern, meiner Mutter und meinen Freunden von der Diagnose zu erzählen. Während der Fahrt fühle ich mich wie in einem vernebelten Tunnel und habe furchtbare Angst. Als mein Mann mich vom Bahnhof abholt, fallen wir uns weinend in die Arme, doch ich tröste ihn: „Wir schaffen das." Mein Mann ist bis heute beeindruckt von meiner Zuversicht. „Der Krebs kann mich mal! Ich will leben!"

Nur wenige Tage später bestätigt das Biopsie-Ergebnis unsere Befürchtungen. Triple negativ. Jetzt ist auch endgültig klar, dass ich eine Chemotherapie machen muss. Die Mediziner machen mir trotz der erschütternden Diagnose Mut: „Das kriegen wir hin. Der Tumor wird schmelzen wie ein Schneeball in der Sonne." Sie erklären mir, dass schnell wachsende Tumoren nicht immer negativ sein müssen. Sie sind sehr fragil, anfällig für eine Chemo und – rechtzeitig erkannt – heilbar.

Mein Arzt gibt mir von Anfang an die wertvolle Empfehlung, mein Leben dennoch weiterzuleben und der Krankheit maximal eine Stunde am Tag Raum zu geben. In dieser Zeit soll ich ganz bewusst in die Krankheit eintauchen und mich mit ihr auseinandersetzen. Er stellt mir auch die wichtige Frage, ob ich eine Frau kenne, die ebenfalls schon an Brustkrebs erkrankt und einen ähnlichen Weg gegangen ist. Tatsächlich fällt mir jemand ein, und ich kontaktiere sie umgehend. Das ist genau die richtige Entscheidung, denn während der Therapie wird sie zu einer meiner wichtigsten Stützen und zu einer lieben Freundin.

Als ich Freunden und Verwandten von der Diagnose erzähle, bin meist ich es, die die Tröstende ist. Irgendwie baut mich das auf, denn je mehr ich erzähle, desto stärker werde ich, und jedes Mal denke ich: Ich schaffe das.
Zum Zeitpunkt der Diagnostik habe ich große Angst, die Unsicherheit und Unwissenheit quälen mich. Doch irgendwann macht die Angst Platz für Wut: Warum muss ich das jetzt alles ertragen? Andere regen sich darüber auf, wenn ihnen der Fingernagel abgebrochen ist. Wieso muss ausgerechnet ich durch diese Leidensphase gehen?
Zum Glück habe ich meinen Mann an meiner Seite, der stets Zuversicht ausstrahlt. Er erzählt jedem, wie sehr er mich für meine Stärke bewundert, und macht auch mir damit immer wieder bewusst, dass ich stark bin und es schaffen werde:

Ich werde wieder gesund und alles wird gut!

Gute und böse Fische

Mein Arzt vermittelt mir eine tolle Psycho-Onkologin. Sie gibt mir wertvolle Tipps, vor allem im Umgang mit meinen Kindern. So rät sie meinem Mann und mir eindringlich, offen mit den beiden zu reden und nichts zu beschönigen. Die Offenheit sei erforderlich, damit die Kinder nicht das Vertrauen verlieren. Es würde noch viel mehr Schaden anrichten, ihnen die Wahrheit zu verschweigen, und die Worte Krebs und Tumor sollten auch fallen. Sie versorgt uns mit zahlreichen Broschüren zum Thema Brustkrebs und empfiehlt Bücher mit Geschichten für Kinder zu diesem Thema. Sie rät uns, für das Gespräch mit den Kids viel Zeit einzuplanen. Es solle im Laufe des Tages stattfinden und nicht abends vor dem Zubettgehen, damit die Kinder die Möglichkeit haben, aus dem Gespräch auszubrechen. Wir sollten nichts beschönigen, aber das Thema Tod dürften wir ausklammern.

Ich bin sicher, wieder richtig gesund zu werden, diese Zuversicht will ich ausstrahlen und auch verbreiten. Trotzdem graut mir vor dem Gespräch. An einem Samstag nach dem Frühstück ist es soweit: Wir erzählen den Kindern von meiner Krankheit und der bevorstehenden Chemotherapie. Dabei bedienen wir uns einer Geschichte aus den Büchern, die wir bekommen haben. Dort werden der Krebs und die Chemo mit dem Bild von guten grünen und bösen roten Fischen im Körper beschrieben. Als wir erzählen, dass Mama aufgrund der Medikamente gegen die bösen roten Fische alle Haare verlieren wird, ist es vorbei. Die Kinder fangen an zu weinen. Meine Tochter rennt tränenüberströmt in ihr Zimmer und schließt sich ein. Die Reaktion seiner Schwester lässt auch meinen Vierjährigen erahnen, was all das bedeutet. Nun ist auch er außer sich. Es ist schrecklich und ich hoffe, dass ich so etwas nie wieder machen muss. Wir schaffen es schließlich, den Kindern zu vermitteln, dass Mama zwar Krebs hat, aber nicht daran sterben, sondern wieder gesund wird.

Mein Sohn hat an dem Tag noch ein Hockeyturnier, zu dem wir alle zusammen gehen, nachdem wir uns beruhigt haben. Die Normalität tut uns allen gut. Bis auf die Tatsache, dass mein Kleiner jedem sofort berichtet, dass seine Mama Krebs hat …

Berge statt Meer für den Krebs

Je mehr ich mich mit der Krankheit beschäftige und je mehr positive Erfahrungsberichte ich lese, desto weniger Angst habe ich, zu sterben oder nicht wieder gesund zu werden.
Die Chemotherapie war für mich bisher immer das absolute Schreckgespenst. Die Ärzte machen mir aber klar, dass sie ein Mittel ist, das mich wieder gesund machen kann. Auch meine Freundin gibt mir das Mantra an die Hand, dass die Chemo für mich da ist und mir hilft. Ich bin dankbar, dass es diese Medikamente gibt, und gleichzeitig frage ich mich, wie ich die Gifte wieder aus meinem Körper rausbekomme. So sehr ich die Schulmedizin zu schätzen weiß, glaube ich, dass mein Körper viel mehr kann, ich muss nur an ihn glauben und ihn unterstützen, wo ich kann. Deshalb entscheide ich mich, trotz Chemotherapie regelmäßig Sport zu treiben, mich gesund zu ernähren und zu fasten.

Zum Fasten während der Chemotherapie hatte ich mich belesen und für mich mitgenommen, dass Intervallfasten die Heilungserfolge erhöhen und zu einer Verringerung der Nebenwirkungen führen kann. Hierzu gibt es auch schon einige wissenschaftliche Studien. Vereinfacht gesprochen lautet die Theorie, dass die gesunden Körperzellen durch das Fasten in eine Art Winterschlaf fallen und so die Chemomedikamente nicht mehr so aktiv aufnehmen. Unsere Körperzellen sind hierauf genetisch bedingt konditioniert. Die Krebszellen dagegen kenne diese Art Winterschlaf nicht und saugen deshalb ausgehungert die für sie tödlichen Chemomittel umso mehr auf.

Diese Theorie hat mich überzeugt, und der Gedanke hilft mir sehr. Deshalb ziehe ich es durch und faste für jeden Chemozyklus, natürlich in Absprache mit meinem Onkologen.
Das Thema Ernährung stresst mich dagegen am Anfang doch sehr. Je mehr ich hierzu lese, desto mehr habe ich das Gefühl, dass ich eigentlich gar nichts mehr essen kann. Die Angst, etwas Falsches zu mir zu nehmen, ist groß. Auf der anderen Seite geht es mir nach ein paar Tagen mit meinen neuen Essensgewohnheiten schon viel besser und ich finde nach und nach zu einer Ernährungsform, die optimal zu mir passt.
Jeden Tag nehme ich mir Zeit für mich und mache Sport zu einer meiner Routinen. Ich starte morgens mit einer Joggingrunde oder einer Einheit auf meinem Hometrainer, danach mache ich entweder Stretching, Yoga oder eine kleine Meditation. Dies hatte ich mir vorher nicht besonders oft gegönnt. Mit dem Training in meinem Yogastudio höre ich allerdings während der Chemo auf, da ich mich in der Gruppe zu der Zeit nicht mehr so wohl fühle.
Dafür fahren wir jedes Wochenende in die Berge zum Skilaufen. Diese geballte Ladung Sauerstoff und Lebensfreude schenkt mir die Energie, die ich brauche, um die Chemotherapie zu überstehen. Die Berge, die Sonne, das Glitzern des Schnees und die frische Luft geben meinem Körper und meiner Seele unglaublich viel Kraft. Ich fühle mich als Teil der Natur. Das ist einfach pures Leben.
Die Skiwochenenden holen uns auch als Familie immer wieder aus dem Elend der Krankheit und dem damit verbundenen Alltag. Es sind meine Highlights, und ich finde heraus, wie heilsam es für mich ist, dass ich mir in der Therapie auch noch andere schöne Erlebnisse schaffe. Ich treffe mich mit Freundinnen, gehe zur Maniküre oder sitze einfach mal ganz entspannt in der Sonne – alles Dinge, für die ich mir früher nie die Zeit genommen habe. Ich glaube, dass solche großen, aber auch die kleinen Auszeiten ganz wesentlich für den Heilungserfolg sind, denn sie lassen mich spüren, dass ich lebe!

Ströme der Heilung

Für mich ist klar, dass ich selbst aktiv zu meiner Heilung beitragen kann. Hinsichtlich der Frage, wie ich das tun kann, hat mir das Buch von Dr. Kelly Turner *Neun Wege in ein krebsfreies Leben* sehr geholfen und mir zudem viel Zuversicht geschenkt. Dr. Turner hat an Krebs erkrankte Menschen interviewt und begleitet, die aus Sicht der Schulmedizin als unheilbar galten und dennoch heute krebsfrei leben. In ihrer Forschungsarbeit hat sie festgestellt, welchen großen Anteil, neben den Themen Ernährung, Sport und Nahrungsergänzung, die seelische Ebene an der Heilung hat. Zur Aktivierung der eigenen Selbstheilungskräfte ist die Seele so wichtig.
Das gibt mir Anlass, selbst zu hinterfragen, wo mein Leben in eine Schieflage geraten ist und was mir der Krebs sagen will. Meine Freundin ist Reiki-Meisterin und bietet mir ihre Hilfe an, um Antworten zu finden und auf energetischer Ebene mit mir zu arbeiten. Ich bin überzeugt, dass es auf keinen Fall schaden kann, mich auf ihre Begleitung einzulassen.
Die Ärzte sagen mir, dass Brustschmerzen während der Therapie erst einmal keinen Anlass zur Sorge geben müssen, sondern auch ein Zeichen dafür sein können, dass sich der Tumor zurückzieht. Als ich nach jeder Reiki-Behandlung Schmerzen in der linken Brust spüre, nehme ich diese daher mit Freude an. Sie bestärken mich in dem Gefühl, dass die Reiki-Behandlung, die Arbeit mit der universalen

Lebensenergie, meine Gesundung fördert und meine körpereigenen Selbstheilungskräfte aktiviert.
Und tatsächlich hilft mir die energetische Behandlung, innere Konflikte zu lösen, und ich erkenne, dass die Krankheit mein Weg ist, Heilung zu finden.
Zudem stoße ich auf den ganzheitlichen Ansatz des Neurologischen Integrationssystems (NIS), der eine ergänzende Therapie zur Schulmedizin bietet. Hierbei geht es darum, die Zellen positiv zu aktivieren.

Mich beeindruckt sehr, dass sowohl meine Freundin als Reiki-Meisterin als auch der NIS-Arzt unabhängig voneinander die gleiche Ursache für meine Krebserkrankung sehen. Nicht zufällig ist der Tumor linksseitig, über dem Herzen: Ein Trauma aus meiner Kindheit will gesehen und geheilt werden.

Tiefe Transformation

Nach vielen Jahren wage ich es nun, mich mit der seelischen Verletzung, die ich als junges Mädchen erfahren habe, auseinanderzusetzen. Jetzt ist für mich die Zeit gekommen, mein inneres Kind zu heilen und diese Erfahrungen aufzuarbeiten. Dabei hilft mir die Arbeit mit dem Buch *Das Kind in dir muss Heimat finden* von Stefanie Stahl. Ich erkenne meine inneren Verletzungen und spüre, dass ich endlich loslassen muss, um mit der Vergangenheit und damit auch mit der Gegenwart Frieden schließen zu können und mich selbst zu heilen.
Ich mache viele geführte Meditationen, die mir helfen, das Erlebte zu verarbeiten und in die Tiefe meines Herzens zu transformieren. Mein Körper gibt mir schließlich zu verstehen, dass ich geheilt bin, deshalb höre ich auf meine Intuition und entscheide in Absprache mit meinen Ärzten, die letzte Chemoeinheit nicht mehr zu machen. Ich spüre eine unglaubliche Ruhe in mir und fühle, dass die Chemo ihre Aufgabe erfüllt hat, ebenso wie ich selbst. Ich bin bereit für einen Neuanfang.
Nach vielen Gedanken und langen Gesprächen über mögliche Ursachen von Krebs schlussfolgere ich, dass es sicher nicht nur die eine Ursache gibt, die zum Ausflippen einer Zelle und dann zur Bildung von Krebs führt. Ich denke, es sind in der Regel verschiedene Dinge, deren Zusammenspiel dazu führen kann. Jeder Mensch muss für sich selbst erkennen, ob und wenn ja, an welchen Stellschrauben er drehen kann.

Bis zur letzten Chemo verliere ich durch das Fasten natürlich wahnsinnig viel Gewicht. Jetzt habe ich dafür aber einen Körper, den ich vorher nie hatte, und fühle mich total wohl. Die für die Heilung gewonnenen Erkenntnisse zur Bedeutung von Sport, gesunder Ernährung und Achtsamkeit sind feste Bestandteile meines täglichen Lebens geworden. Ich koche viel mehr frisch und heute überlege ich dreimal, ob ich nicht lieber etwas Gesundes esse, bevor ich in ein Croissant beiße.
Zwar sind meine Leukozytenwerte noch immer im Keller, aber dennoch bin ich fitter als je zuvor. Das zeigen auch meine regelmäßigen medizinischen Check-ups.

Durch die Krankheit habe ich erst richtig Vertrauen in meinen Körper gewonnen. Ich danke ihm jeden Tag, weil er so großartige Arbeit geleistet hat.

Abschied vom Krebs

Trotz all dem, was ich durchmachen musste, hadere ich nicht mit meinem Körper und auch nicht mit dem Krebs, sondern ich verabschiede mich ganz freundlich von ihm. Ich habe verstanden, was er mir sagen wollte. Aber jetzt darf er wieder gehen.

Im Moment werde ich noch sehr engmaschig kontrolliert. Aber in meinem tiefen Inneren bin ich mir sicher, dass ich wirklich wieder richtig gesund bin und bleibe. Trotzdem kommen ab und zu auch einmal wieder Schreckminuten und Ängste auf, wenn die Narbe wehtut oder ich Berichte von Frauen höre oder lese, bei denen der Krebs zurückgekommen ist.

Nach etwas über einem Jahr habe ich wieder angefangen zu arbeiten und kehre auch sonst wieder zu meinem alten Leben zurück. Aber ich habe neue Angewohnheiten angenommen. Dank Corona habe ich das Homeoffice für mich entdeckt, was mir in meinem noch immer recht bewegten Alltag sehr hilft. Von meinem Perfektionismus und meinem Hang, mich zu sehr stressen zu lassen, habe ich mich leider nicht ganz lösen können. Aber ich habe gelernt, Hilfe anzunehmen und Pausen zu machen, ohne mich dafür schlecht zu fühlen. Außerdem haben wir Familienzuwachs bekommen, einen kleinen Mischlingshund. Er ist meine tägliche zusätzliche Frischluft- und Liebesdusche – und schließlich für uns alle ein wunderbarer Seelentröster.

Ich möchte meine Kinder noch mindestens so lange auf ihrem Weg begleiten, bis sie mich nicht mehr brauchen.

Neues Vertrauen in meinen Körper

Auf meinem Heilungsweg hätte ich mir gewünscht, dass die Schulmedizin mir mehr davon mitgegeben hätte, was ich selbst zu meiner Heilung beitragen konnte. Vieles musste ich selbst herausfinden. Dank der Unterstützung durch die begleitenden Maßnahmen konnte ich meinen Therapieplan ohne größere Komplikationen einhalten, was alles andere als selbstverständlich ist.

Es ist schade, dass solche Informationen nicht in einer Datenbank gesammelt und den Betroffenen zugänglich gemacht werden. Außerdem sollte schon bei der Diagnostik abgefragt werden, ob vielleicht auch seelische Gründe wie Traumata, Schicksalsschläge oder ähnliches vorliegen können. Bestimmt könnte vielen Frauen besser geholfen werden, wenn sie wüssten, wo sie noch hinschauen müssten.

Meinen Heilungsweg bin ich mit großer mentaler Stärke in vielen kleinen Schritten gegangen, immer einen Fuß vor den anderen setzend. Mir hat meine positive Zuversicht dabei sehr geholfen, auf der Sonnenseite des Lebens zu stehen. Mein Bild, wenn ich an den Krebs denke, ist: Ich gehe am Strand spazieren und mein Krebs schwimmt wieder raus ins weite Meer. Wir winken uns aus der Ferne zu und ich sage: „Bleib Du schön da hinten im Meer, ich bleibe hier am sicheren Strand." Es war und ist noch nicht meine Zeit, um zu gehen.

Ich liebe das Leben!

Sabine Westerheide *1970
Mit 47 Jahren steckt Sabine mitten in einer Lebenskrise, als sie nur acht Wochen nach der Krebsvorsorge einen Knoten in ihrer Brust ertastet. Der Schock der Diagnose sitzt tief, sie zieht sich zurück, sucht Fürsorge und Stärkung innerhalb der Familie. Sabine muss sich ihren Todesängsten stellen, Kontrolle abgeben und Angst in Stärke verwandeln, um ihr Leben zu verändern.

Der Weg meines Herzens

Der Krebs hat mich zu mir selbst geführt

Auf dem Weg zu mir selbst habe ich mich nicht nur auf eine Wanderschaft begeben. Ich wollte immer einen Marathon laufen, aber auch das hat mir nicht gereicht. Stattdessen hat mein Körper sich für einen Ironman im Profifeld der Frauen entschieden – damit ich endlich den Weg zu meinem Herzen finde. Der erste Schritt erfordert Mut und Zuversicht, doch in mir ist nur eins: Angst.

Glück, das ich nicht finden kann

Das soll das Leben sein? Ich befinde mich in einer persönlichen Krise, auf der Suche nach dem Glück, das ich einfach nicht finden kann. Stattdessen fühle ich mich niedergeschlagen und deprimiert. Meine Tochter ist gerade 18 Jahre alt geworden, mein Sohn 21 – sie brauchen mich nicht mehr. Und mein Mann? Er macht mich nicht mehr glücklich, dabei sollte das doch seine Aufgabe sein, oder?

Mein Name ist Sabine, ich bin 47 Jahre alt. Ich fühle mich müde, ausgelaugt und lustlos. Um etwas zu entspannen, gönne ich mir nach einem aufreibenden Tag eine lange, heiße Dusche. Anschließend creme ich mich ausgiebig ein und entdecke dabei einen Knoten in meiner Brust. Sofort überkommt mich panische Angst, obwohl ich erst vor acht Wochen bei der Krebsvorsorge war. Mein Mann versucht, mich zu beruhigen, doch ich vereinbare sofort einen Termin bei meiner Gynäkologin.

Ausweglos

Von da an geht alles ganz schnell. Auf die Mammografie und die Biopsie folgt ein grausames Wochenende. Vor meinem inneren Auge sehe ich nur glatzköpfige, schwerkranke Menschen und habe Angst vor einem qualvollen Sterben. Ich denke sogar darüber nach, wie ich mein Leben selbst beenden kann.

Eine meiner Lieblingskolleginnen will mir Mut machen: „Sabine, nichts ist sofort vorbei, es gibt für alles einen Weg. Das Ende kommt immer zum Schluss. Und jetzt ist noch nicht das Ende! Du wirst diesen Weg gehen."

Irrwege

Am nächsten Tag fahre ich allein zu meinem Arzt, seine Praxis ist eine Autostunde von meinem Heimatort entfernt. Seine Worte treffen mich wie ein Keulenschlag und völlig benommen verlasse ich die Praxis, setze mich in diesem Schockzustand in mein Auto und fahre wie in Trance nach Hause. Die Diagnose packt mich und hüllt mich in eine nie gekannte Finsternis: Brustkrebs, hormonell bedingt und hochaggressiv. Ich höre auf zu existieren und befinde mich über Monate in einer Art Tunnel. Darin ist es sehr finster – ich sehe das Licht einfach nicht. Mein größter Wunsch wäre es, jetzt eine Frau an meiner Seite zu haben, die das schon durchgemacht hat, was auf mich zukommt, die mich auffängt.
Mein größter Gegner ist die Angst, die ich zu bekämpfen versuche. Lebensfreude? Gibt es nicht mehr. Lachen? Kann ich nicht mehr. Ich habe nur ein klares Ziel: Überleben. Für mehr ist kein Platz. Ich weine vor Erleichterung, als ich erfahre, dass der Krebs nicht gestreut hat.

Ironman im Profifeld der Frauen

Disziplin und Ehrgeiz treiben mich an – seit Jahren will ich einen Marathon laufen. Aber das scheint meinem Körper nicht zu reichen, denn meine Brustkrebstherapie ist eher ein Triathlon im Profifeld

der Frauen auf der Ironman-Distanz: Fahrradfahren über 180 Kilometer ist für mich das Sinnbild für die neun Chemos, die längste Distanz und für mich die schwerste auszuhaltende Zeit. Die Brust OP ist der 42-Kilometer-Lauf, der schon von der Streckenlänge her erahnen lässt, um wieviel einfacher sie für mich war. Und danach die Bestrahlungen, die 3,8 Kilometer Schwimmen, erscheinen mir wie eine Kleinigkeit im Vergleich zu den vorherigen Etappen.

Schon zu Beginn greife ich zu „erlaubtem Doping" und mache zusammen mit meinem Heilpraktiker einen Plan zur Therapiebegleitung. Ich bin gesetzlich krankenversichert und muss die Heilpraktikerkosten selbst tragen, aber meine Gesundheit ist mir im Moment das Wichtigste, deshalb ist es mir das Geld wert. Und tatsächlich: Mit Hilfe eines Bioresonanz-Geräts und homöopathischen Präparaten komme ich ohne Nebenwirkungen durch diesen knallharten Wettlauf um meine Gesundheit.

Fitness-Küche

Meine Tochter übernimmt schon im „Trainingslager" meinen Ernährungsplan und sorgt dafür, dass neue Essgewohnheiten Einzug halten. Sie bestellt das Buch *Krebszellen mögen keine Himbeeren*, und mit ihr zusammen stelle ich meine Ernährung komplett um.

Vor der Diagnose sind Süßigkeiten meine Welt, doch mein Körper entwickelt jetzt eine Art Selbstschutz und wehrt sich gegen alles, was künstlich zugesetzten Zucker enthält. Dadurch wird mir schnell bewusst, dass ich über die Ernährung viel zu meiner Heilung beitragen kann. Mein Körper ist dabei mein bester Trainingspartner. Alles, was ich vorher so geliebt habe – Kuchen, Eis, Süßigkeiten –, schmeckt mir plötzlich nicht mehr, ich finde es regelrecht ekelig.
Stattdessen esse ich tonnenweise Obst und Gemüse und habe noch nie mit so viel Knoblauch und Zwiebeln gekocht. Meine Ernährung wird immer bewusster. Meine harte Disziplin nimmt mir manchmal die Freude am Essen, schon ein Käsebrot bereitet mir ein schlechtes Gewissen, doch ich will das durchziehen – nach der Therapie kann ich ja wieder großzügiger werden.

Die Natur als Bewegungs-Coach

Ein weiterer Trainer ist für mich die Natur. Es hört sich vielleicht komisch an, aber mir hilft es sehr: Jeden Montag vor der Chemo laufe ich durch den Wald, meditiere auf „meinem" Baumstumpf und umarme Bäume. Die Umarmung halte ich so lange, bis ich eine ungeahnte Kraft in mir spüre, die mir Energie für die Chemo schenkt.

Sport und Bewegung spielen für mich grundsätzlich eine wichtige Rolle. Für mich ist es ein Zeichen von Stärke, wenn ich einmal in der Woche joggen gehe und die Treppen statt des Fahrstuhls wähle. Ich will nicht zulassen, dass der Krebs mir das nimmt.

Trainingstief

Bis zur sechsten Chemo jogge ich tatsächlich einmal in der Woche und gehe regelmäßig spazieren – doch bei der siebten läuft etwas schief: Es haut mich von den Füßen, jede Kraft und Energie wird mir geraubt. Als mein Onkologe mir Eisenpräparate verschreibt, um mich wieder aufzubauen, warnt er mich, dass durch die Einnahme mein Magen-Darm-Trakt zerstört wird. Ich entscheide mich sofort gegen die Präparate. Auf Anraten meines Heilpraktikers nehme ich stattdessen homöopathische Eisentropfen, die meine Werte wieder normalisieren und meine Darmgesundheit erhalten. Langsam kommt meine Energie zurück, aber die Ängste bleiben.

Die Angst als Laufpartner

Eine psychoonkologische Betreuung will ich nicht annehmen – noch nicht. Ich befürchte, Dinge über den Krebs und über mich zu erfahren, die lieber erst einmal unentdeckt bleiben sollten.

Ich will auch in keine Selbsthilfegruppe, die Vorstellung vom Austausch mit Betroffenen macht mir noch mehr Angst. Ich mache die Geschichten der anderen zu meinen eigenen, es fällt mir schwer, das zu trennen. Nicht der Tod, sondern die Angst vor einem schmerzvollen Sterben ist das Schlimmste, was ich mir vorstellen kann.

Ich leide mit, wenn mir andere Leute erzählen: „Meine Bekannte hat auch gerade Krebs, ihre Therapie schlägt nicht gut an." Nach einigen gescheiterten Versuchen schaffe ich es endlich, mich von solchen Aussagen abzugrenzen: „Ich möchte das nicht hören, es geht mir zu nah."
Ich sehne mich nach einer positiven Zukunftsperspektive. Wie schön wäre es, wenn mir stattdessen jemand die Hände reichen würde und einfach für mich da wäre. Ohne schlaue Sprüche und hilflos Dahingesagtes. Ich wünsche mir Ehrlichkeit: „Sabine, ich habe gehört, was bei dir los ist. Das tut mir so leid. Ich weiß nicht, was ich dazu sagen soll. Ich bin völlig überfordert." Leider sagen das einige mir wichtige Menschen nicht, sondern ziehen sich zurück.

Aus der Angst dem Leben entgegen

Die LebensHeldin!-Reise mit LebensHeldin! e.V. ist für mich der Durchbruch aus der angespannten Ernsthaftigkeit, die mir nach der Krankheit noch geblieben ist. Ich habe nicht erwartet, dass brustkrebskranke Frauen so viel Lebensfreude und Spaß verbreiten können, und lache so viel wie lange nicht mehr. Die größte und wichtigste Erkenntnis an diesem Wochenende ist für mich, dass ich nicht allein bin. Zum ersten Mal traue ich mich, über meine Ängste zu sprechen, und erkenne, dass sie nicht real sind, sondern nur in meinem Kopf existieren. Wenn ich die Angst annehme und sie von außen betrachte, löst sie sich auf. Früher habe ich jedem oft unbewusst einen Vorwurf gemacht, der bei mir irgendetwas getriggert hat. Vor meiner Erkrankung habe ich die Schuld grundsätzlich bei anderen gesucht. Sie waren verantwortlich für meine Ängste und meine Laune. Heute frage ich mich: Warum fühlst Du das jetzt so? Was hast Du vielleicht noch nicht richtig verstanden?
Früher hätte ich die Dinge einfach über mich ergehen lassen, hätte mich nicht getraut, beim Arzt nochmal nachzuhaken, wenn ich etwas nicht verstanden habe, oder um die fünfte Kontrolle zu bitten, ob die Infusionsnadel auch richtig sitzt. Das ändert sich jetzt. Aus der Angst heraus entwickele ich den Mut, meine Stimme zu erheben, ich nehme mich und meine Bedürfnisse endlich wichtig.

Mein bester Coach

Wann habe ich angefangen, meine Existenz danach zu beurteilen, was mir fehlt? Jahrelang habe ich Raubbau an mir und meinem Körper betrieben und nicht auf mich und meine Bedürfnisse geachtet. Ich habe auch nicht wahrgenommen, welche Schätze schon da sind, und brauchte erst einen Wink mit dem Scheunentor, um wach zu werden.
Erst langsam dringt in mein Bewusstsein, dass ich das Glück, nachdem ich mich so lange gesehnt habe, längst an meiner Seite habe. Es ist der Mann, mit dem ich schon seit 22 Jahren verheiratet bin. Erst als ich mir erlaube, schwach zu sein, hat er nach all den Jahren die Chance, sich zu dem zu entwickeln, der er eigentlich ist.

Er, dem ich jede Stärke abgesprochen habe, entwickelt eine unerschütterliche Kraft während der gesamten Zeit meiner Therapie. Mein Mann ist jederzeit an meiner Seite, und seine Liebe schenkt mir auch in den größten Momenten der Angst neue Zuversicht.

Das Leben zulassen

In meiner Krankheitsphase lerne ich, meine Intuition wahrzunehmen. Das konnte ich vorher nicht, jahrelang bin ich sehr kopfgesteuert durch den Tag gelaufen. Wahrscheinlich war meine Intuition schon immer da, aber dauernd kam mein Verstand von hinten angerannt und hat den Staffelstab übernommen. Ich glaube, ich bin krank geworden, damit ich lerne, mein Leben zu leben.

Wenn ich jetzt einen Impuls bekomme, folge ich meinem Herzen, und daraus entstehen unglaublich schöne Dinge. Ich mag diese neue Spontanität, aus der besondere Dinge erwachsen, mit denen ich anderen oder auch mir selbst eine große Freude machen kann: sei es ein Brief, ein Gedicht oder eine kleine Geste. Ich bin gern für andere da und gebe auch gern.

Ich habe Vertrauen in meinen Weg, mit allen Höhen und Tiefen. Früher habe ich alle Steine aus dem Weg geräumt, alles musste glatt laufen, bloß keine Kurven oder Umwege. Heute kann ich Dinge einfach lassen und sagen: Es ist gut, wie es ist. Meine Lieblingskollegin hatte recht und ich weiß jetzt, dass es richtig ist, wie das Leben unseren Weg vorsieht. Wenn ich es zulasse, wird es viel besser, als ich es jemals unter Aufbietung meiner ganzen Kraft hätte machen können.

Der Weg meines Herzens

Es ist windstill und brütend heiß, als mein Mann und ich einen langen Spaziergang durch eine große Parkanlage machen. Auf einem Mini-Moped fährt ein kleiner als Clown verkleideter Mann in unseren Weg, aus einem Kassettenrekorder in seinem Kofferraum tönt blechern *Hey Pippi Langstrumpf*. Auch er trägt wie ich trotz der Hitze eine Mütze, die ihm genau in dem Moment vom Kopf fällt, als er auf unserer Höhe angekommen ist.

Spontan hebe ich sie auf, während der Clown mit einer Trillerpfeife auf sich aufmerksam macht und mich zu sich pfeift. Er holt aus seinem Kofferraum einen langen Luftballon und pustet ihn auf. Um uns herum sind viele Menschen stehen geblieben, sie beobachten, wie er mir mit einer tiefen Verbeugung einen roten Herzluftballon überreicht. Mir laufen die Tränen über das Gesicht, als ich erkenne, was mir das Herz zeigen soll: Ich habe endlich die Liebe und die Leichtigkeit in meinem Leben gefunden. Ich weiß, dass ich hier bin, um andere Menschen an die Hand zu nehmen und sie auf ihrem Weg zu begleiten, wenn sie in einer angstvollen, besonderen Ausnahmesituation sind. Ich wünschte, LebensHeldin! e.V. hätte schon die Mittel, um die Vision des Patinnen-Konzeptes zu realisieren. Frauen nach der Diagnose aufzufangen und während der Therapie zu begleiten, ist mein Wunsch. Ich möchte für sie da sein. Ich spüre, dass das ein Teil meiner Berufung ist und ich darin aufgehen werde, und darauf freue ich mich ungemein.

Der Krebs hat mich zu mir selbst geführt und dafür bin ich unendlich dankbar. Ich habe angefangen, mich anzunehmen und selbst zu lieben. Wenn ich irgendwann gehe, will ich sagen:

> Ich habe mein Leben gelebt und den Weg zu meinem Herzen gefunden.

Stéphanie Diederichsen *1974
Die 40-jährige Stéphanie verdrängt die Schmerzen in ihrer Brust. Als es ihr seelisch und körperlich zunehmend schlechter geht, vermutet man ein Burn-out. Doch es ist Brustkrebs. Während der Therapie sucht Stéphanie intensiv Kontakt zu ihrem Körper, spürt in sich hinein. Sie erkennt ihre Selbstwirksamkeit und fragt sich, wie sie einen positiven Einfluss auf ihren Heilungsprozess nehmen kann.

Mein Rettungsfallschirm besteht aus Liebe

Ich ziehe die Reißleine – für eine gesunde Ernährung

Mein dreijähriger Sohn rennt lachend auf mich zu. Ein Sommertag, strahlend schön, auf der Alster gleiten weiße Segelboote dahin, es duftet nach frischgemähtem Gras. So fühlt sich Glück an. Plötzlich reißt mich das ohrenbetäubende Weckerklingeln aus meinem Traum. Doch ich wache nicht auf. Stattdessen sitze ich in einer alten Cessna. Der Motor dröhnt. Ich fliege in 10.000 Metern Höhe, eisiger Wind strömt durch die geöffnete Flugzeugtür. Eine nie gekannte Panik steigt in mir hoch.

Bevor ich überhaupt realisieren kann, wie ich hierhergekommen bin, werde ich aus dem Flugzeug gestoßen. Der plötzliche Schock nimmt mir die Luft zum Atmen. Ich falle. Ich falle immer weiter und habe Angst. Panische Angst. Mein Kind braucht mich doch. Ich will nicht sterben. Noch nicht.

Im Sturzflug

Mein Name ist Stéphanie, ich bin Unternehmerin aus Leidenschaft und Mutter eines dreijährigen Sohnes. Mein Alltag ist ziemlich stressig, aber mir gefällt mein Leben. Teilweise arbeite ich 30 Stunden an zwei Tagen, um mehr Zeit für meine Lieben zu gewinnen. Total verrückt. Ich selbst komme dabei zu kurz, doch das nehme ich gar nicht wahr. Im Gegenteil, es fühlt sich richtig gut an, alle Bälle gleichzeitig in der Luft zu halten.

Dass ich mir selbst etwas vormache, während mein Körper mir Warnsignale schickt, ist mir nicht bewusst. Doch als mein Mann von einer Bekannten erzählt, die an Brustkrebs erkrankt ist, denke ich sofort an die Schmerzen in meiner Brust, die ich regelmäßig spüre. Sofort vereinbare ich einen Termin bei meiner Frauenärztin.
Ich fühle mich wie im freien Fall meines Alptraums, als sie bei mir Brustkrebs diagnostiziert. Habe ich einen Fallschirm auf dem Rücken? Ich weiß es nicht. Kann ich die Rettungsleine ziehen? Ich habe wahnsinnige Angst zu sterben.

Mein Sturzflug dauert drei Wochen. Nach unzähligen Untersuchungen liegen endlich konkrete Befunde vor und die Therapie steht fest. Ich möchte nicht als „die Kranke“ gelten, deshalb teile ich meine Diagnose nur mit meinem engsten Familien- und Freundeskreis. Es ist ein gutes Gefühl, Menschen zu haben, die mich auf meinem Weg begleiten, auch wenn ich manchmal diejenige bin, die Trost spenden muss.

Mein Mann und meine Familie fangen mich auf und ich habe das große Glück, dass mich eine befreundete Psycho-Onkologin ab Tag 1 der Diagnose begleitet. Sie gibt mir den Halt, den ich so dringend brauche. Mit ihr kann ich über Dinge sprechen, die ich mich sonst nicht zu sagen traue: über meine Panik, ungebremst in den Tod zu stürzen.

Ich ziehe die Reißleine

Als Unternehmerin habe ich Verantwortung für acht Mitarbeiter. Wie sehr mich das unter Druck setzt, habe ich mir nie eingestanden. In einem Coaching-Termin wird mir bewusst, dass mich dieser Stressfaktor zu viel Energie kostet. Deshalb ziehe noch während meiner Therapie die Reißleine und trenne mich von meinem Team. Mit einigen arbeite ich schon seit Jahren zusammen, deshalb fällt mir die Entscheidung wahnsinnig schwer. Aber jetzt geht es um mein Leben. Ich kann nicht gesund werden, wenn ich nicht loslasse. Mein Team überrascht mich: Jeder versichert mir, dass ich mir keine Sorgen machen muss, sondern an mich denken soll. Als alle schnell einen neuen Job finden, bin ich unendlich dankbar. Jetzt kann ich mich auf meine Heilung konzentrieren.

Immer wieder frage ich Ärzte und Onkologen: „Wie kann ich mithelfen, um gesund zu werden?“ Ich habe große Angst vor dem Fatigue-Syndrom, dieser lähmenden Müdigkeit und Erschöpfung, von der viele Menschen nach einer Krebstherapie berichten. „Bin ich nach der Chemo wieder in der Lage, mit meinem Kind zu spielen?“

Die Antworten der Mediziner empfinde ich als unbefriedigend: „Lassen Sie die Finger von Internetrecherchen, bewegen Sie sich, essen Sie gesund und worauf Sie Lust haben und machen Sie sich nicht zu viele Gedanken.“

Es muss doch mehr geben!

Ich kann meinen Fallschirm lenken

Es gibt zwei Schlüsselmomente, in denen ich erkenne, was ich selbst zu meiner Heilung beitragen kann. Den ersten habe ich schon am Abend der Diagnose. Ich spüre so viel Stress in mir, zu viel Adrenalin. Wie ferngesteuert ziehe ich meine vier Jahre alten, aber noch immer nagelneuen Turnschuhe an und laufe einfach los. Zunächst ganz langsam, schließlich habe ich jahrelang keinen Sport gemacht. Plötzlich höre ich Schritte hinter mir. Eine schwarze Kapuze verdeckt das Gesicht des Joggers, der direkt hinter mir läuft. Panik steigt in mir hoch: „Ist das der Tod?“ Ich renne los. Weg von meinen verrückten Gedanken, weg vor der grausamen Diagnose, weg vor dem Tod.

Als ich außer Atem wieder zuhause ankomme, fühle ich mich körperlich erschöpft. Aber irgendwie geht es mir auch ein kleines bisschen besser. Und da ist noch ein anderes Gefühl: Ich spüre das Leben und eine neue Energie in mir.

Vor meiner Erkrankung hat Bewegung fast keine Rolle gespielt, Spazierengehen und Fahrradfahren – das war‘s. Das hat sich komplett geändert. Meine Mutter „verschreibt“ mir Sport, um die Selbstheilungskräfte meines Körpers anzuregen. Vor allem an Chemo-Tagen, an denen es mir besonders schlecht geht, treibt sie mich aus dem Haus. Wir wohnen im 4. Stock, da bricht mir schon beim Treppensteigen der Schweiß aus. Manchmal weine ich vor Erschöpfung und schaffe nur im Schneckentempo ein kurzes Stück. Doch meine Mutter ist konsequent, ich „muss“ ihr sogar Beweisfotos schicken, wenn sie selbst nicht mitlaufen kann.

Das spornt mich an. Mein Organismus wird mit Sauerstoff gefüllt, meine Zellen werden aktiviert, und das Beste: Mein Gedankenkarusell gibt endlich mal Ruhe, weil das Laufen und die Anstrengung meine volle Aufmerksamkeit verlangen.

Für diese tägliche Motivation bin ich meiner Mutter unendlich dankbar. Ich bin überzeugt, dass die regelmäßige Bewegung die Fatigue verhindert hat.

Das zweite große Aha-Erlebnis habe ich bei einem Vertretungsarzt. Nach einer kurzen Untersuchung gibt er mir die Möglichkeit, meine brennende Frage zu stellen: „Was kann ich tun, um mein Immunsystem zu stärken?“ Seine Antwort haut mich um: „Eine ganze Menge! Mit dem, was Sie essen und trinken, können Sie die Gesundheit Ihrer Zellen positiv beeinflussen.“

Sein Crash-Kurs in Sachen Ernährung schenkt mir eine der wertvollsten Lektionen meines Lebens: Ernährung ist gleichbedeutend mit dem Nähren meiner Zellen. Meine Zellen bestehen bis dahin aus: Latte Macchiato, Franzbrötchen. Salamibaguette und Spaghetti mit Pesto…

Nicht nur mir scheint das Bewusstsein für den Unterschied zwischen hochwertiger und wirklich gesundheitsfördernder Ernährung zu fehlen. Ich bin geschockt, als ich erfahre, dass Krebszellen sich von Zucker ernähren. Jetzt verstehe ich, warum ich vor meiner Diagnose regelrecht süchtig nach Süßigkeiten war: Der Tumor hat nach dem Industriezucker gelechzt, weil er ihn zum Wachstum brauchte.

Obwohl ich immer auf qualitativ hochwertige Nahrungsmittel geachtet habe, ist meine Ernährung von Kohlenhydraten – vornehmlich Weizenmehlprodukten – geprägt und der Anteil an Obst, Gemüse und Nährstoffen ist überschaubar.

Selbst Kaffee ist nicht gut für mich, weil er Säure im Körper bildet. Kein Kaffee? Was trinke ich denn dann? Mein Arzt nennt mir mögliche Alternativen, statt Verbote auszusprechen. Jedes Lebensmittel kann ich durch ein anderes ersetzen, was mir guttut.

"Ernährung spielt eine große Rolle bei Krebserkrankungen. Man kann mit Essen den Krebs nicht heilen; aber Gesundheit wird nicht dadurch bewahrt, dass man viel isst, sondern dass man klug isst."

Dr. med. Olaf Katzler

Auftrieb für meinen Fallschirm

Unzählige Bücher und Studien verwirren mich zunächst mit vielen, zum Teil widersprüchlichen Informationen. Doch nach und nach erschließt sich mir das Wissen, wie Nahrungsmittel für mich zur Medizin werden können. Der Gemüsehändler wird zu meiner Apotheke und meine Küche zum Versuchslabor. Ich verstehe immer besser, wie ich mit gesunder Ernährung mein Immunsystem während der Chemotherapie stärken kann. Jetzt fühle ich mich nicht mehr so ausgeliefert und hilflos, sondern ich kann aktiv selbst etwas tun.

Ich setze meine neuen Erkenntnisse schrittweise im Alltag um. Statt Kaffee trinke ich morgens heißes Ingwerwasser mit Zitrone, statt der Zimtschnecke gibt es Obstsalat oder Smoothies bereits zum Frühstück.

Als ich erkenne, wie groß der Einfluss meiner Ernährung auf meine Leistungsfähigkeit ist, reduziere ich Zucker, Fleisch und Kuhmilchprodukte. Ich brauche etwas, was genauso gut schmeckt wie das, was ich in Zukunft weglassen möchte.
Ich liebe Schokolade und genieße jetzt dunkle Schokolade mit höherem Kakao-Anteil, die deutlich weniger Zucker enthält. Kuhmilchprodukte von meinem Speiseplan zu streichen, erscheint mir zu Anfang besonders fragwürdig, schließlich gehört Milch doch zu den Empfehlungen einer gesunden Ernährung. Aber in einem Buch von Kris Carr erfahre ich, dass Milchprodukte nicht ratsam sind, wenn man – wie ich – einen hormonabhängigen Tumor hat.
Eigentlich ist es klar: In der Milch befinden sich Wachstumshormone, denn Kälbchen sollen schließlich wachsen. Jetzt fällt es mir viel leichter, darauf zu verzichten und stattdessen zu pflanzlichen Alternativen wie Hafer-, Soja- oder Mandelmilch zu greifen.

Seit ich immer besser verstehe, wie ich mein Immunsystem stärken kann, fühle ich mich weniger ausgeliefert und hilflos. Es fühlt sich großartig an, nicht mehr in der Opferrolle zu sein, sondern aktiv zu meiner Gesundung beizutragen.

Turbulenzen und Luftlöcher

Natürlich wirft es mich immer wieder zurück, wenn etwas Unerwartetes passiert. Obwohl ich mich so gut ernähre und Sport mache, wird – ausgelöst durch die vielen Medikamente, die ich nehmen muss – eine Herzinsuffizienz festgestellt. Die Beta-Blocker schwächen mich so sehr, dass ich glaube, nie wieder vom Sofa hochzukommen. Das sind Rückschläge, die mich frustrieren, aber letztendlich könnte alles noch viel schlimmer kommen.

Die Menschen an meiner Seite, die mich auch in schwachen und frustrierten Momenten auffangen und stärken, motivieren mich. Mein kleiner Sohn ist mein größter Antrieb, wieder gesund zu werden. Ich will dieses Kind aufwachsen sehen!
Ich liebe das Leben und habe so viele Pläne. Noch während der Chemo beschließen wir, auf Weltreise zu gehen. Ein langgehegter Traum, doch der Job war immer wichtiger. Jetzt, da ich weiß, dass es viel zu schnell vorbei sein kann, wollen meine Träume nicht mehr warten. Bei der Planung haben wir uns dann allerdings verrechnet und Flüge gebucht, obwohl noch ein Chemo-Zyklus anstand. Kurzerhand zeigt der Arzt meinem Mann, wie er die Spritzen setzen muss. Es funktioniert super und ich bekomme die Chemo an den schönsten Orten der Welt, auf Maui und am Grand Canyon. Mit dem Abschluss meiner Therapie verbinde ich wundervolle Erinnerungen.

Mein „Flugschein" zum Gesundheits-Coach

Seit meiner Brustkrebserkrankung lebe ich viel bewusster und unbeschwerter. Das Thema „Gesund durch Ernährung" hat mein Leben komplett verändert. Ich habe am eigenen Leib erfahren, was mir neue Energie geschenkt hat. All das habe ich nur durch Zufall erfahren, durch einen echten Ausnahme-Mediziner. Innerhalb von 18 Monaten HABE ich eine komplette Ernährungs- und Lifestyle-Umstellung gemacht. Ich bilde mich permanent weiter und arbeite mit verschiedenen Experten zusammen.

Mein Wunsch ist, dass dieses Wissen weiterverbreitet wird, ich möchte meine Erkenntnisse teilen. Darum treffe ich eine wichtige Entscheidung.

Bewusstwerdung: ICH bin die Pilotin meines Lebens!

Ich wusste wohl schon immer, dass ich eine starke Frau bin – trotz meiner Schwächen, Ängste und Selbstzweifel. Aber meine Krebserkrankung hat mir gezeigt, dass noch so viel mehr in mir steckt, als ich jemals gedacht habe. Die Krankheit hat bewirkt, dass ich viele Aspekte meines Lebens überdacht und verändert habe.
Natürlich wünschte ich, dass ich nicht erst eine Krebsdiagnose gebraucht hätte, um mein Leben zu verändern. Ich hatte die Verbindung zu meinem Körper verloren und seine Hilferufe einfach nicht ernst genommen. Heute bin ich dankbar, dass er immer lauter wurde. Ich bin nicht mehr so leistungsfähig wie früher bzw. höre jetzt auf meinen Körper und die Grenzen, die er mir aufzeigt. Ich nehme sie bewusst wahr und reagiere sofort. Meditation und Atemübungen sind für mich immer eine gute

Sofortmaßnahme. Das klappt auch für drei Minuten am Schreibtisch. Und wenn ich merke, dass Stress aufkommt, verschiebe ich Termine und nehme mir Zeit für mich.

Ich sehe den Krebs heute wie einen Lehrer, der dafür gesorgt hat, dass ich mich zuerst um den wichtigsten Menschen in meinem Leben kümmern muss: um mich! Ich habe mich enorm weiterentwickelt und gelernt, mich selbst zu lieben, weniger perfektionistisch zu sein. Dadurch habe ich zu mir selbst gefunden.
Mut hat für mich seit meiner Diagnose ganz viel damit zu tun, Situationen, die ich nicht ändern kann, anzunehmen und gleichzeitig Schritte in eine neue Richtung zu wagen, ohne zu wissen, wohin mich der Weg führen wird. Ganz nach dem Motto: Es kann ja auch gut werden!

Heute, sechs Jahre nach meiner Brustkrebsdiagnose, bin ich immer noch eine lebensfrohe Optimistin und habe meinen „Flugschein" als Gesundheits-Coach gemacht. Ich möchte Dir zeigen, wie der Weckruf einer Krebsdiagnose auch Dein Leben positiv verändern kann, damit Du Deine Krebstherapie nicht im freien Fall erleben musst.
Meine wichtigsten Erkenntnisse aus meiner Krebserkrankung bezüglich körperlicher und mentaler Gesundheit teile ich in einem Online-Videokurs. Den Kurs „Diagnose: gesund und glücklich" habe ich in Kooperation mit LebensHeldin! e.V. und in Zusammenarbeit mit Experten entwickelt (https://diagnosegesundundgluecklich.de/).

In dem Online-Kurs geht es darum, wie wir unser Immunsystem stärken können, über Ernährung, Bewegung, Entspannung und Achtsamkeit. Ich möchte Dich motivieren, einen gesünderen und bewussteren Lebensstil zu entdecken. Alle Frauen sollen mit Mut und Zuversicht durch die Krebstherapie gehen und ihre Gesundheit stärken. Du musst nicht von heute auf morgen Dein ganzes Leben ändern, sondern kannst mit einer kleinen Sache anfangen. Fünf Minuten am Tag oder fünfmal in der Woche. Wenn Du dann spürst, wie gut Dir das tut, wird es Dir leichter fallen, den nächsten Schritt zu gehen.

Ich hatte einen Fallschirm und manchmal denke ich, dass ich ihn immer noch auf meinem Rücken trage. Einen Fallschirm aus Hoffnung, Dankbarkeit, Liebe, Angst, Vergebung und Mut – und an den Füßen ein Paar sehr gebrauchte Laufschuhe.

Ich bin eine andere Frau geworden: die Heldin meines Lebens!

Anjamani Reich *1992 †2021
Anjamani ist nie wirklich krank gewesen, bis sie zufällig beim Einseifen einen Knoten in ihrer Brust entdeckt. Die lebenslustige, positiv denkende junge Frau zweifelt nicht daran, dass sie wieder gesund wird. Sie muss nicht mehr für andere stark sein, sondern darf sich endlich fallen lassen. Es heißt, mit 26 seien Frauen zu jung für Brustkrebs, mit 28 zu jung zum Sterben.

Blume des Lebens

Meine Tränen lassen Blumen wachsen

Die Samen der Lotusblume verwurzeln sich in dunklen, modrigen Gewässern. Ein junger Keim kämpft sich durch den schweren Schlamm, um schließlich an die Wasseroberfläche zu gelangen. In den frühen Morgenstunden erhebt sich die Blume langsam aus dem Wasser und öffnet Schicht für Schicht ihre großen und prachtvollen Blüten, um ihre im Inneren verborgene Schönheit freizugeben.

Samen auf modrigem Grund

Bewusst habe ich meine Brüste nie abgetastet, ich weiß auch nicht viel über Brusterkrankungen, und so denke ich mir nichts Schlimmes, als ich beim Einseifen unter der Dusche einen ungewöhnlichen Knoten erspüre.

Mein Arzt meint nach dem Ultraschall, dass ich erstmal abwarten soll, für eine Krebserkrankung sei ich schließlich zu jung. Dennoch gehe ich mit einem mulmigen Gefühl nach Hause. Nach acht Wochen halte ich es nicht mehr aus und bestehe darauf, dass der Ursache auf den Grund gegangen wird. Auf der Überweisung zur Stanz-Biopsie steht: „Verdacht auf Mamma Ca." Natürlich will ich wissen, was das bedeutet, und recherchiere im Internet: Brustkrebs! Ich bin völlig geschockt. Warum hat mein Arzt nicht mit mir über seinen Verdacht gesprochen?

Mein Name ist Anjamani, ich bin 26 Jahre alt und war nie krank – bis ein erblich bedingter Brustkrebs alles in meinem Leben verändert. Die Woche von der Stanze bis zur Diagnose ist die schlimmste Zeit. Zweimal bekomme ich beim Zähneputzen einen Panikanfall: Jetzt muss ich sterben! Meine Luftröhre ist wie zugeschnürt, ich bekomme keine Luft mehr. Kurz bevor ich völlig verrückt werde, erinnere ich mich an meinen Atem: Tief einatmen. Langsam wieder ausatmen. Tief einatmen.

Darf die Blume wachsen?

Mit dem Tag der Diagnose bekommt nicht nur mein Leben, sondern auch unsere Familienplanung eine neue Priorität. Kinderwunsch, ja oder nein? Jeder Arzt spricht mich auf das Thema an und drängt auf eine Entscheidung von meinem Freund und mir. Wir sind verzweifelt, klar wollen wir Kinder –

irgendwann. Nach langem Hin und Her entscheiden wir uns dagegen, eine Hormonbehandlung durchführen zu lassen, um Eizellen einfrieren zu können. Wenn ich durch die Behandlung unfruchtbar werde, finden wir bestimmt einen anderen Weg, um unsere Liebe weiterzugeben.
Kaum haben wir diese Entscheidung getroffen, wird eine Freundin schwanger, ein anderes Paar heiratet. Und prompt ist der Druck wieder da. Dann empfiehlt mir eine Ärztin bei der OP-Beratung für die Mastektomie sogar, erstmal nur eine Brust abzunehmen. Nach der Therapie soll ich dann schnellstmöglich ein Baby bekommen und es mit der verbliebenen Brust stillen. Danach müsste ich die verbliebene Brust aufgrund der genetischen Vorbelastung aber umgehend amputieren lassen. Daraufhin drehe ich total durch und glaube, wir müssten unseren Kinderwunsch doch noch unbedingt erfüllen. Zum Glück reagiert mein Freund ganz toll. Er beruhigt mich, vor allem erinnert er mich an meine wahren Sehnsüchte und Träume; eine frühe Schwangerschaft gehörte bisher nicht dazu. Mir wird bewusst, dass der Druck von außen mein Inneres nicht widerspiegelt.

Auf der Suche nach Halt

Mein Verhältnis zu meinen Eltern ist eher reserviert. Sie lieben mich auf ihre Art und Weise, aber es fällt ihnen sehr schwer, das zu zeigen. Als sie von meiner Diagnose erfahren, ist ihre Reaktion deshalb auch eher distanziert. Ich wünsche mir so sehr, dass meine Krankheit uns enger zusammenbringt, und bin traurig, als unsere Beziehung weiterhin neutral bleibt. Vielleicht ist ihr Verhalten auch eine Art Selbstschutz? Ich weiß es nicht, denn wir können nicht darüber sprechen.
Viele um mich herum denken wahrscheinlich: „Ach, die starke Anja, die schafft ja alles allein und braucht keine Hilfe." Vielleicht bin ich auch selbst schuld daran, denn es fällt mir schwer, um Unterstützung zu bitten. Schon als Kind durfte ich keine Schwäche zeigen und musste alles mit mir allein ausmachen.
Doch diesmal ist es anders: Ich habe das große Bedürfnis nach Kommunikation und Austausch. Meine Erfahrungen auf Instagram zu teilen, hilft mir sehr. Darüber erfahre ich, dass auch viele andere junge Frauen Brustkrebs haben. Ich bin mit meinen Ängsten und Problemen nicht allein, wir motivieren uns in unseren Tiefphasen und schenken uns gegenseitig Mut und Zuversicht. Selbst mitten in der Nacht, wenn ich mal wieder nicht schlafen kann, ist jemand für mich da, wir teilen Ängste und Sorgen und können sogar zusammen lachen und fröhlich sein.

Kraft tanken

Häufig habe ich das Gefühl, dass mein Freund mehr leidet als ich, die Zeit der Therapie ist eine große Belastung für unsere Partnerschaft. Wir reden viel, über uns, unsere Sexualität, unsere Zukunft. Es tut so gut, ihn an meiner Seite zu haben, dass er meine Entscheidungen mitträgt und mich unterstützt. Mir ist es zum Beispiel wichtig, dass ich einen Busen habe, deshalb lasse ich mir beide Brüste gleichzeitig aushöhlen und direkt mit Kochsalz-Implantaten wieder aufbauen. Nach der Bestrahlung werden sie durch Silikon ersetzt. Jetzt fühlen sie sich zwar sehr künstlich an, aber für mich ist es eben keine Option, keine Brust zu haben.

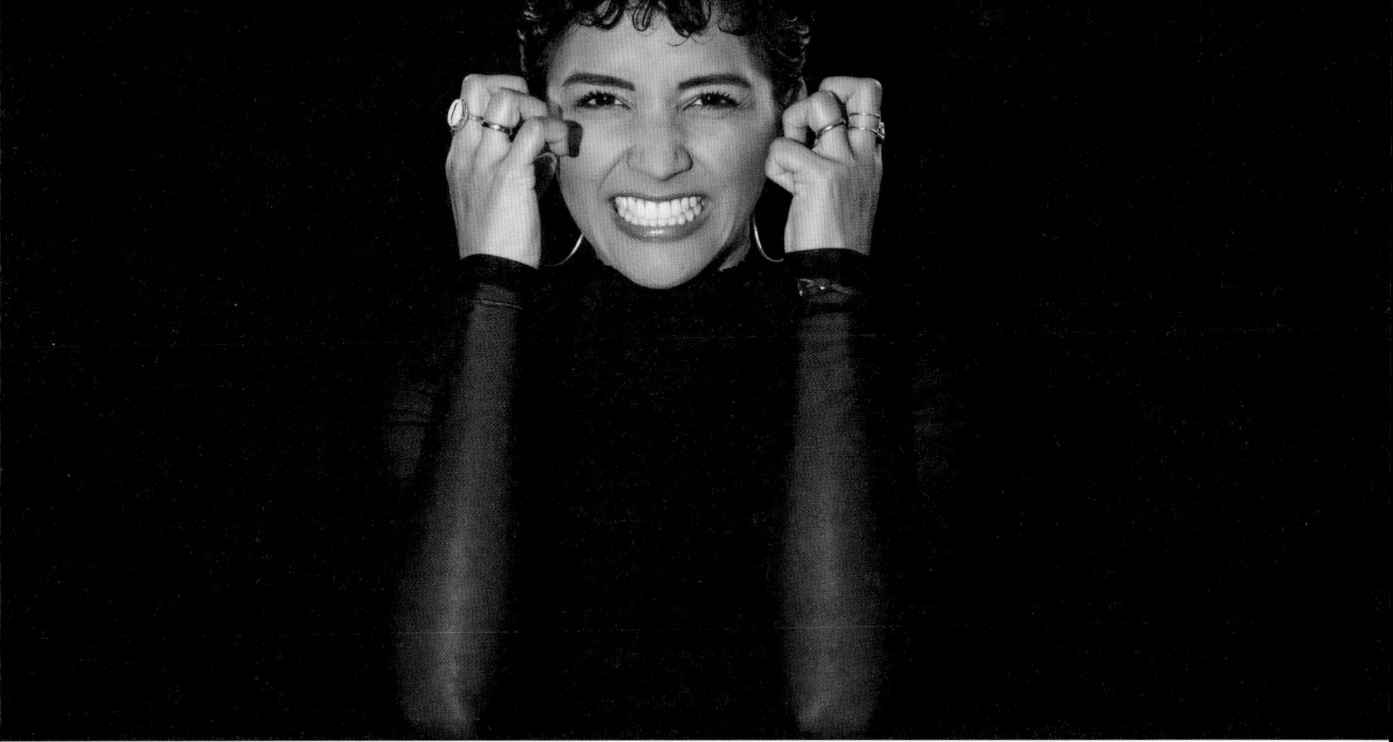

Selbst mein Hund gibt mir Kraft. Nach der Chemo liegen wir oft zusammen auf dem Sofa und kuscheln, dann wiederum holt er mich dort runter, weil er natürlich auf seine Gassi-Runde nicht verzichten kann. Am liebsten fahre ich jedoch neuerdings mit dem Fahrrad, um mein Tempo selbst zu bestimmen. Damit bringe ich meinen Kreislauf wieder in Schwung und meine Zellen bekommen neue Energie und Sauerstoff.

Bei meiner Ernährung bin ich erst nach der Therapie konsequent. Ich entgifte, um die ganzen Medikamente, Narkosemittel und Gifte so schnell wie möglich aus mir heraus zu spülen. Ich mache eine Darmsanierung in Eigenregie, beginne eine Heilfastenkur und verwöhne meinen Körper mit gesundheitsfördernden Lebensmitteln. Bei der Nachsorge bekomme ich die wertvolle Empfehlung, auch meinen Vitaminhaushalt checken zu lassen, der durch die Chemotherapie gelitten hat.

Leben erwacht

Ich mache meinem Körper keinen Vorwurf, sondern bin unheimlich stolz darauf, dass er alles so gut wegsteckt und die Therapie mitmacht. Ich frage mich auch nie: Warum ich? Ich weiß, dass ich keinen Freifahrtschein für die nächsten 80 Jahre habe, Schicksalsschläge passieren nun mal.

Manchmal erschrecke ich mich vor mir selbst, wenn ich in den Spiegel schaue und mich nicht wiedererkenne. Es hilft mir, wenn ich mich mit Kleidung und Make-up hübsch mache und mich an meine Lebensfreude erinnere, die ja immer noch in mir steckt. Mein Umfeld vergisst dadurch schon mal, dass ich gerade eine schwere Zeit durchmache, weil ich weiterhin lache und fröhlich bin. Warum ist es so wichtig, dass ich krank aussehen muss?

Meine Wurzeln

Ich spüre immer stärker, dass nicht nur mein Körper heilen muss, sondern auch die Verletzungen meiner Seele. Obwohl ich mich in der Chemozeit oft schlecht konzentrieren kann, beginne ich, mich intensiv mit mir und meinem Inneren zu beschäftigen. Ich lese, höre Podcasts, mache geführte Meditationen und tauche so immer tiefer in meine Persönlichkeit ein – und in Themen, die ich viel zu lange verdrängt habe.
Mein Vater wandert als junger Mann nach Thailand aus, wo er meine Mutter kennenlernt und heiratet. Zurück in Deutschland fangen die beiden neu an, sie arbeiten sehr viel, um sich ein neues Leben aufzubauen. Für mich bleibt keine Zeit, deshalb lebe ich bis zur Einschulung bei meiner Patentante.
Meine Mutter ist oft unglücklich, weil sie außer ihrem Mann keinen hat, mit dem sie ihre Sorgen teilen kann. Sie fühlt sich sehr einsam, vermisst ihre Heimat und muss viel mit sich allein ausmachen – das macht sie hart, erst sich selbst gegenüber, und dann auch gegenüber mir. Schon als Schulkind muss ich viel Verantwortung übernehmen und immer stark sein. Egal wie schlecht es mir geht, ich darf niemals weinen, und ich lerne, meine verletzliche Seite zu verbergen.

Jahrelang unterdrücke ich meine Tränen und damit auch einen Teil meiner eigenen Lebendigkeit. Dass Tränen jedoch zum Leben gehören, begreife ich erst durch das LebensHeldin!-Wochenende von LebensHeldin! e.V. Dort erkenne ich, dass ich nicht allein bin, dass auch andere Frauen Verletzungen in sich tragen, die sie tief in sich vergraben haben. Eigentlich hat jede von uns einen Schmerz, der geheilt werden will.

Ich fühle mich geborgen und geschützt, deshalb erlaube ich mir in einer geführten Meditation, endlich die Traurigkeit und Einsamkeit, den Schmerz des kleinen Mädchens in mir zu fühlen. Es ist so verloren und hilflos, ich bin voll Mitgefühl für mein jüngeres Ich. Das verändert alles. Es ist, als ob mein Herz aufbricht: Endlich dürfen meine Tränen fließen. Es ist so erleichternd, befreiend und heilsam.

Aufblühen

Ich will meine Gefühle nicht mehr unter einer Schlammschicht verstecken, denn Weinen gehört zum Erblühen dazu. Mir wird klar, dass ich diese zarte Pflanze in mir behüten und pflegen muss. Das bedeutet auch, dass ich für mich selbst einstehen muss, kann und soll. Nur wenn ich genug Energie habe, kann ich auch abgeben.

Ich lerne immer mehr über mich und meine Vergangenheit, und zugleich verliert sie zunehmend ihre Macht über mein heutiges Leben. Meine alten Wunden dürfen heilen. Dieses neue Bewusstsein schenkt mir unendlich viel Kraft und trägt zu meiner Gesundung bei, unabhängig von der Medizin.

Wachstum

Mein größter Antrieb ist, dass ich noch so viel vorhabe. Ich will nicht einfach alles hinschmeißen, sondern die Welt erobern. Ich möchte noch so viel wissen, jeden Tag lerne ich irgendetwas dazu, und das macht unbändigen Spaß. Ich möchte alles aufsaugen und irgendwann auch weitergeben. Deswegen ist es keine Option, mich aufzugeben.

Wenn mich Rezidiv-Ängste überkommen, lasse ich sie zu, aber ich versuche, ihnen nicht die Oberhand zu überlassen. Ich frage mich, wovor ich jetzt genau Angst habe, nehme die Emotionen wahr und lasse sie dann weiterziehen. Dabei hilft mir meine Neuentdeckung, die Meditation, sehr. Ich erinnere mich, dass ich jetzt gesund bin. Und was morgen ist, werde ich dann sehen. Es ergibt einfach keinen Sinn, wenn ich mich verrückt mache.

Neue Wurzeln schlagen

Meine mutigste Entscheidung ist es, für meinen persönlichen Lebenstraum einzustehen. Immer gibt es scheinbar Wichtigeres: materielle Dinge, eine neue Wohnung, ein Auto. Sind das wirklich meine Vorstellungen vom eigentlichen Leben?

Schon seit meiner Kindheit träume ich davon, die Welt von Thailand aus zu entdecken. Mein Leben kann so schnell vorbei sein, deshalb ist der richtige Zeitpunkt, um diesen Traum zu erfüllen, doch genau jetzt. Also kündigen mein Freund und ich unsere Jobs, unseren Hund wollen wir bei meinen Eltern unterbringen.

Doch die Corona-Pandemie wirft unsere Asien-Pläne über den Haufen – und auch mein Vater bekommt eine Krebsdiagnose. Sofort meldet sich mein ausgeprägtes Verantwortungsbewusstsein zurück. Meine Eltern erwarten, dass ich mich um sie kümmere und für sie da bin. Es sind verkehrte Rollen, als wären meine Eltern die Kinder, und nicht umgekehrt. Ich werde wieder in den Sumpf hineingezogen, dem ich gerade erst entwachsen bin.

Doch es meldet sich auch meine neu erwachte Selbstliebe: Ich darf mich nicht wieder aus den Augen verlieren. Es ist nicht selbstsüchtig oder egoistisch, wenn ich zuerst an mich und meine Heilung denke. Deshalb sage ich auch den Termin für meine Reha nicht ab, obwohl mein Vater zu dem Zeitpunkt schon krank ist – das hätte ich früher nie getan, ich hätte meine Bedürfnisse selbstredend zurückgestellt.

Das ist eine meiner wichtigsten Erkenntnisse: Jeder muss für sich entscheiden, worauf er seinen Fokus legt. Ich kann meine Eltern nicht verändern, dazu habe ich nicht das Recht und vielleicht wollen sie das auch gar nicht. Aber sie sind für ihr Leben verantwortlich und ich für meins. Inzwischen kann ich mich viel besser abgrenzen, weil ich erkannt habe, dass Selbstschutz auch Selbstliebe ist.

Ich erblühe zu neuem Leben

Eine Lotusblume verkörpert Schönheit, Weisheit, Transformation, Neubeginn und Liebe. Sie ist das Symbol für mein Leben. Es macht mich glücklich, einfach da sein zu dürfen und jeden Tag zu erleben. Ich bin dankbar für alles und kann mich an allem erfreuen. In jeder Situation finde ich etwas, was mich glücklich macht, und das hat sich durch die Diagnose noch verstärkt.

Mein neues Ich ist mutiger geworden und steht für seine Wünsche und Bedürfnisse ein. Nichts, aber auch gar nichts kann mich davon abbringen, meinen Lebenstraum zu realisieren. Wenn Thailand nicht möglich ist, dann bereisen wir eben Europa mit unserem ausgebauten VW-Bus und nehmen unseren Hund mit. Wir fahren einfach los, wohin uns unser Herz zieht, der Sonne entgegen.

Anjamani hat uns am 28.05.2021 verlassen, ihre Seele hat einen letzten Gruß hinterlassen.

Meine Tränen lassen Blumen wachsen

Mein Tod war nicht geplant. Er hat unsere Reisepläne durchkreuzt, doch ich verabschiede mich mit einem Lächeln. Danke, dass ich hier sein durfte. Wenn eine Lotusblume erblüht, denk an mich und erkenne die Schönheit Deines Lebens!

Ich schicke Dir eine Umarmung
aus dem Himmel.

In Liebe
Deine Anjamani

Dein Körper braucht Dich

TCM – Balance für Dein Leben

Jede Frau hat ihren eigenen Weg der Heilung, braucht an ihre Bedürfnisse angepasste Medikamente, Nahrungsmittel, Pflanzen, Menschen und Umgebungen zum Gesundwerden. Manche Frauen haben so viel Adrenalin in sich, dass sie definitiv mehr Sport brauchen als andere, die vielmehr Regeneration und Ruhe für ihren Heilungsprozess benötigen.

Hat man nur ein System im Blick – also entweder das klassisch schulmedizinische oder nur ein alternatives –, verhindert das, wirklich alle Möglichkeiten der Heilung in Betracht zu ziehen und umsichtig auszuwählen, was passt. Die Traditionelle Chinesische Medizin (TCM) kann dabei helfen, Balance in Dein Leben zu bringen.

Ungleichgewicht der Energien als Auslöser

In der westlichen Medizin wird Krankheit als eine Störung in einer Organstruktur gesehen. Wenn sie entfernt wird, sei es durch Operationen oder Medikamente, dann gilt der Körper als geheilt. Die Frage, warum es zu der Störung im Organismus kam, findet aber noch zu wenig Beachtung.

Der TCM liegt ein anderes System des Denkens über Gesundheit und Heilung zugrunde. Es werden keine Erkrankungen mit einem Code oder einem Titel versehen, im Gegenteil: Der „IST-MOMENT" wird diagnostiziert und behandelt. Man betrachtet Krankheiten als Störung von Harmonie und Gleichgewicht im gesamten Energiesystem und geht davon aus, dass eine Erkrankung ausschließlich aufgrund einer Dysbalance, also einem Ungleichgewicht im Körper entsteht.

„Dein Körper spiegelt Deine Gefühle, möchte heilen und versucht umzusetzen, was Du ihm sagst. Deine äußere Welt spiegelt Deine innere Welt und Dein Leben wird sich positiv verändern, wenn Du Deine Gedanken positiv veränderst."

Nadine Erdmann

3 Fragen an Deine Seele

1. Was macht Dich glücklich?
2. Wonach sehnt sich Deine Seele?
3. Was würdest Du tun, wenn Geld und Zeit keine Rolle spielten?

Als Ursprung der Entwicklung wird oft eine emotionale Störung betrachtet, vor allem langanhaltende Schädigungen durch negative Emotionen wie Sorgen, Frustration, Depression, unterdrückter Ärger, Traumata und gefühlsmäßiger Stress. Weitere Einflussfaktoren können eine geschwächte Konstitution, zu viel Arbeit, gesundheitsschädliche Lebensweise oder ungesunde Ernährung sein.

TCM aktiviert die Selbstheilungskräfte

TCM hat das Ziel, die Harmonie und Ausgeglichenheit innerhalb des Organismus und in dessen Umfeld wiederherzustellen.

In der TCM geht es nicht nur darum, die Vermehrung der Krebszellen zu stoppen, sondern um die Stärkung des körpereigenen Immunsystems, zum Beispiel während einer Chemotherapie. Um die schulmedizinische Behandlung zu unterstützen und eine Verbesserung der Lebensqualität zu erreichen, werden die Selbstheilungskräfte aktiviert.

Dein Körper braucht Dich und Deinen Optimismus. Er möchte heilen und versucht umzusetzen, was Du ihm sagst . Der wichtigste Schritt ist Dein fester Glaube daran und seine Visualisierung: Sieh Dich schon jetzt gesund vor Dir. Stell Dir immer wieder vor, wie Du Dich dann fühlst:

Glücklich und voller Lebensfreude!

Nadine Erdmann
Die Heilpraktikerin für ganzheitliche Medizin und Naturheilkunde praktiziert in Hamburg und ist Expertin für chinesische und psychosomatische Medizin sowie für bioidentische Hormontherapien. Die Ursache der Erkrankung, eine umfassende Betrachtung sowie die Regulierung und Aktivierung der Selbstheilungskräfte liegen ihr besonders am Herzen.

www.praxiserdmann.de

Deine innere Ruhe ist die Nr. 1

Stressreduktion für Deine Gesundheit

Die Wochen und Monate einer Brustkrebstherapie sind für viele Frauen sehr anstrengend mit unzähligen Arztbesprechungen, Organisation für die Reha, und das alles neben den ja auch noch ganz „normal" weiter stattfindenden Erwartungen der Familien und des Umfelds.

Überlastung entsteht aber meistens schon vor der Krankheit: Wir Frauen übernehmen häufig das gesamte Management der Familienorganisation. Wir jonglieren zwischen Job und Familie und betreuen zusätzlich noch die Eltern. Wir denken an Geburtstage, versorgen die Haustiere, planen den Urlaub. Die Liste ließe sich unendlich fortsetzen. Oft bist Du so erschöpft, dass Du Dir sehnlichst eine Auszeit wünschst, in der Du Dich einmal um nichts kümmern musst.

Die große Herausforderung für die Gesundheit

Häufig entstammt unser Pflichtbewusstsein alten Rollenbildern, dem eigenen Anspruch an Perfektion und dem „Ich mache es lieber gleich selber"-Gedanken. Wenn die Vielzahl der Aufgaben uns überfordert und wir uns innerlich genervt oder gereizt fühlen, führt dies unweigerlich zu Stressbelastungen. Weitere Stressfaktoren erleben wir bei der Arbeit und zu Hause, im Straßenverkehr, aber auch durch übertriebenen Ehrgeiz oder exzessiven Sport. Sogar die allgegenwärtigen Negativschlagzeilen und Nachrichten aus aller Welt können (oft unbewusst) zu Stressreaktionen führen. Hinzu kommen ständig wiederkehrende belastende Gedankenmuster, Sorgen und Zukunftsängste.
Stress versetzt unser Nervensystem in einen Modus, der eigentlich nur dafür gedacht ist, in Gefahrensituationen unser Leben zu retten. Dafür werden alle Systeme im Körper in eine Art Alarmzustand versetzt. Gleichzeitig werden die Systeme, die nicht überlebensnotwendig sind, heruntergefahren. Wenn wir oft angespannt, aufgewühlt oder gehetzt sind oder belastende Gedanken haben, kann daher der wichtige Teil unseres Nervensystems, der für Entspannung, Regeneration, Schlaf und den Stoffwechsel zuständig ist, seine Arbeit nicht machen.

Die Stresshormone bringen unsere Faszien, also Teile des Bindegewebes, unter Spannung. Bei chronischem Stress können die Faszien ihre Elastizität verlieren, sie können verkleben und verhärten.

Das macht Stress zu einer großen Herausforderung für unsere Gesundheit. Er ist häufig eine Ursache für Alltagsbeschwerden wie Rückenschmerzen, Bluthochdruck, Migräne, Schlafstörungen und ein schwaches Immunsystem. Wenn Stress uns dauerhaft belastet, nimmt er uns die Lebensfreude, greift unser vegetatives Nervensystem an, führt zu Übersäuerung.

Das schafft die Basis für chronische Erkrankungen wie Krebs.

Stress versetzt den Körper in Alarmbereitschaft

Um zu verstehen, was bei Stress mit unserem Körper passiert, stelle Dir bitte Feuerwehrmänner auf der Feuerwache vor: Wenn irgendwo Alarm ausgelöst wird, rückt die ganze Mannschaft aus. Es kommt nicht nur einer, um zu schauen, ob es vielleicht nur ein kleines Feuerchen ist, sondern gleich die ganze Truppe. Das spielt sich genauso in unserem Körper ab: Die gesamte Reaktionskette wird ausgelöst, wenn wir gestresst sind. Wichtig ist in diesem Zusammenhang, dass eine Stressreaktion immer mit einer Reizphase beginnt. Es kann also sein, dass wir visuell etwas wahrnehmen, es kann aber auch ein Gedanke sein, den wir haben. Die meisten Reize, die wir erleben, sind eigentlich neutral und werden erst durch die Bewertung, die wir ihnen geben, zu etwas, das uns stresst oder aufregt.

Wenn Du nun völlig unter Stresshormonen stehst und in diesem Modus bleibst, ohne die Reaktion mit einer Entspannungsphase abzuschließen, bleibt Dein Körper innerlich im Alarmzustand. Das Problem ist, dass dabei häufig ein Teufelskreis entsteht, in dem es nie zu einer Handlung und der anschließenden Entspannung kommt. Wenn sich verschiedene Reize anhäufen, beispielsweise auf der Fahrt zur Arbeit, im Beruf und in der Familie, entsteht daraus ein dauerhafter Anspannungszustand. Das ist der Zustand, den wir als chronischen Stress beschreiben: Der Körper kommt nicht mehr in die Regeneration.

Das Wissen vom gesunden und erfüllten Leben

Ayurveda, „das Wissen vom Leben", ist die jahrtausendealte indische Lehre von einem gesunden und erfüllten Leben. Sie sieht Stress als einen der Hauptgründe für Krankheit: wenn unser Geist sich durch negative Gedanken, Gefühle, überlastende Sinneswahrnehmungen, aber auch belastende Erinnerungen und Prägungen in einem unausgewogenen Zustand befindet.

Um belastenden Stress in Deinem Leben aufzudecken, empfehle ich Dir, Deinen Alltag ganz genau unter die Lupe zu nehmen, etwa mit Hilfe folgender Fragen:

- Was bereitet mir Stress?
- Warum setze ich mich diesen Situationen (freiwillig) aus? Welche tief verwurzelten Glaubenssätze stecken dahinter?
- Wie kann ich meinen Alltag so gestalten, dass ich nicht so viele Drucksituationen erlebe?
- Was sind die wahren Gründe dafür, dass ich zu wenig schlafe, mir so viel aufbürde und mir keine Pausen gönne?

Wenn Du diese Fragen einmal ganz ehrlich und bewusst für Dich beantwortest, kannst Du viele neue Erkenntnisse gewinnen.

Die ayurvedische Weisheit besteht aus universellen Lebensgesetzen, die nicht nur für den Menschen und die Gesundheit gelten, sondern allgemein für ein ganzheitliches Leben im Einklang mit sich selbst. Dafür werden im Ayurveda die drei Bioenergien (Doshas genannt) Vata, Pitta und Kapha als Grundlage betrachtet. Nur wenn diese drei ausgeglichen in unserem Leben vorhanden sind, sind wir im Flow, also in unserer Balance.

Erkenne Deinen ayurvedischen Gesundheitstyp

Im Ayurveda wird jeder Mensch in seiner Einzigartigkeit betrachtet, welche sich in den unterschiedlichen Konstitutionstypen zeigt. Wir alle kommen mit einer bestimmten Veranlagung zur Welt – Vata, Pitta oder Kapha –, die uns zu bestimmten Verhaltens- und Handlungsweisen führt. Aus ayurvedischer Sicht hängt es von dieser Grundkonstitution ab, wie Du auf innere und äußere Stressfaktoren reagierst, denn Stress ist individuell. Je nachdem, ob Du mehr Vata-, Pitta- oder Kapha-Anteile in Deiner Persönlichkeitsstruktur hast, reagierst Du anders auf mentale und körperliche Belastungen.

Vata-Typen brauchen Ruheinseln

Vata-Typen sind oft schnell für etwas Neues zu haben, sie stürzen sich auf Projekte und empfinden Stress zunächst als Energie-Booster. In Aktion fällt es ihnen schwer, eine Pause einzulegen, und sie vergessen auch schon mal eine Mahlzeit. Selbst wenn sie sich ausgelaugt und müde fühlen, machen sie noch weiter. Dann können sogar Kleinigkeiten dazu führen, sie komplett aus der Balance zu bringen, weil sie tief im Inneren unter Unsicherheit, Zweifeln und Ängsten leiden. Wenn sie überfordert sind, können sie auch einmal der Mut und die Beständigkeit verlassen. Es fällt ihnen schwer, sich Konfliktsituationen zu stellen, sich durchzusetzen und ihre eigenen Wünsche klar zu formulieren. In Stresssituationen zeigen sie die klassischen Fluchtmechanismen.

Fünf Tipps, um Vata-Stress zu reduzieren:

1. Reduziere äußere Reize und Reizüberflutung und schaffe Dir Ruheinseln.
2. Stabilität, Routine und ein bewusster Tag-Nacht-Rhythmus sorgen für innere Ausgeglichenheit.
3. Nimm Dir Zeit für regelmäßige warme Mahlzeiten.
4. Beruhigende Tätigkeiten wie Spaziergänge, Handarbeiten, Schwimmen, Yoga, Meditationen sorgen für Deine Entspannung.
5. Formuliere Deine Wünsche klar und deutlich.

Pitta-Typen sollten ihren Perfektionismus loslassen

Pitta-Typen sind Macherinnen, die zielstrebig alles anpacken und durchziehen und unter Stress schnell reagieren können. Sie zeichnen sich oft durch Führungskompetenz, Verantwortungsbewusstsein und Entscheidungsfreudigkeit aus. Dabei verlangen sie sich viel ab, sind selbstkritisch und haben durch ihren Leistungs- und Wettbewerbsgedanken einen Hang zum Perfektionismus. Damit setzen sie sich häufig selbst unter Stress. Sie sind besonders ehrgeizig und steigern ihr Arbeitsvolumen eher, als dass sie sich Ruhe und Entspannung gönnen.

Wenn sie unter Druck geraten, sind Ärger, Beschuldigungen und Vorwürfe oft vorprogrammiert.

Fünf Tipps, um Pitta-Stress zu reduzieren:

1. Lerne Nein zu sagen – dafür brauchst Du Dich nicht zu rechtfertigen.
2. Gib Verantwortung ab: Die anderen können vieles ebenso gut wie Du, sie machen es nur anders.
3. Sprich mit anderen darüber, wie sie Dich entlasten können. Nimm diese Hilfe als Geschenk an.
4. Verzichte auf Kaffee, Nikotin und Alkohol.
5. Auch ein langsameres Tempo bringt dich ans Ziel, darum plane bewusste Pausen mit Meditationen und Atemübungen ein.

Kapha-Typen brauchen Bewegung und Aktivität

Kapha-Typen sind chronischem Stress gegenüber am wenigsten anfällig, sie geraten nicht so schnell in Hektik und lassen sich auch nicht leicht unter Druck setzen.

Sie lieben einen strukturierten, regelmäßigen Tagesablauf, sind geduldig, gründlich und entspannt. Es fällt ihnen schwer, andere um Hilfe zu bitten. Sie versuchen so lange wie möglich, den Schein zu wahren, und vermeiden es, Probleme, Misserfolge und Überforderung einzugestehen. In Stresssituationen fühlen sie sich wie gelähmt und erstarren in Handlungsunfähigkeit. Wenn sich der Druck von außen erhöht, reagieren sie mit Rückzug und Verschlossenheit und verfallen leicht in Lethargie.

Fünf Tipps, um Kapha-Stress zu reduzieren:

1. Was bringt Leichtigkeit und neuen Schwung in Dein Leben? Lass Dich auf Neues ein!
2. Nimm leichte Speisen zu Dir und integriere wärmende Gewürze wie beispielsweise Ingwer.
3. Entdecke, wie sehr Dein Körper Bewegung und Aktivität liebt und was ihm guttut.
4. Rege Deinen Stoffwechsel an, beispielsweise durch Wechselduschen oder Trockenbürstenmassagen.
5. Vergiss Deine eigene Selbstfürsorge nicht, auch wenn Du gern andere umsorgst.

Achte auf die Signale Deines Körpers

Ayurveda kann Dich ganzheitlich dabei unterstützen, körperliche, seelische und geistige Ausgeglichenheit zu erlangen. Das ist die Basis für ein gesundes Leben. Ein gewisses Maß an „Stress" oder Anspannung gehört zum Leben dazu und ist sogar gesund. Krank macht es erst, wenn Du anschließend nicht in die Entspannungsphase kommst.

Der erste Schritt ist, dass Dich meine Worte inspiriert haben, Dich noch besser kennenzulernen, zu entdecken, was Dir guttut, und dass Du lernst, auf die Signale Deines Körpers zu achten und mit typgerechten Verhaltensweisen innere Ruhe zu finden. Auf keinen Fall sollte es in einen Gesundheitsstress ausarten, sondern Dir vielmehr Genuss, Freude und viel Entspannung bringen. Denn wenn Du weißt, wie Du Dich erfolgreich entspannen kannst, bist Du schon auf einem richtig guten Weg.

Du bist die wichtigste Person in Deinem Leben! Mache Deine Zufriedenheit und innere Balance zu Deiner Priorität.

Dr. med. Janna Scharfenberg

Die ganzheitlich praktizierende Ärztin mit Weiterbildung in Ayurvedischer Medizin ist auch Yogalehrerin und Autorin. Sie macht die jahrtausendealte Wissenschaft des Ayurveda mit zahlreichen Publikationen sowie in Online Kursen von ihrer Wahlheimat Zürich aus vielen Menschen zugänglich. Dabei geht es darum, Körper und Geist in Balance zu bringen, um gesund und glücklich zu leben.

www.drjannascharfenberg.com

„Die LebensHeldin!-Reise mit LebensHeldin! e.V. hat mir eine einzigartige Auszeit geschenkt: An einem unvergesslichen Wochenende in super Atmosphäre bin ich endlich zur Ruhe gekommen. Der Umgang mit den vielen starken Frauen war einmalig und eine absolute Bereicherung für mich. Ich habe wertvolle Impulse zur Angst- und Stressbewältigung bekommen und gelernt, dass Entspannung und Stressreduktion zu den wichtigsten Faktoren für meine Gesundheit gehören."

Simone

Teil 3

Das Geschenk Deines Lebens

Erkenne die Macht Deiner Gedanken
und ihren Einfluss auf Angst und Stress.

Durch Loslassen und Vergebung
kannst Du Deine Selbstheilungskräfte
aktivieren.

Ira Richter *1969

Ira ist 47 Jahre alt, als eine Brustkrebsvorstufe bei ihr diagnostiziert wird. Sie fühlt sich nicht wie eine Krebspatientin, geht zuversichtlich durch die Therapie und glaubt sich geheilt. Dabei überhört sie den Hilfeschrei ihrer Seele: Gibt es innere Sehnsüchte und Bedürfnisse, die sie bisher ignoriert hat? Erst als Metastasen festgestellt werden, sucht sie nach Gründen für ihre Krankheit.

Ich erkenne mich selbst

Die Reise zu mir ist Gesundheit

Ich habe alles, mache alles und bin völlig eingespannt mit Ehe, Kind und Beruf. Es ist nicht immer leicht, alles unter einen Hut zu bringen, und mir ist überhaupt nicht bewusst, wie oft ich mich mit meinen eigenen hohen Ansprüchen selbst unter Druck setze. Mein Perfektionismus raubt mir die Zeit, mich mit mir selbst zu beschäftigen. Führe ich überhaupt ein Leben nach meinen Werten, Wünschen und Bedürfnissen?

Unerschütterliches Grundvertrauen

Wir sind im Urlaub auf Spiekeroog, als mein Arzt mich anruft, um mir mitzuteilen, dass die Ergebnisse der letzten Untersuchung vorliegen. Mein Name ist Ira, ich bin erst 47 Jahre alt, als meine Welt zusammenbricht: Verdacht auf Brustkrebs.

Mein Mann und ich hüllen unsere achtjährige Tochter und uns selbst in einen wärmenden Mantel der Zuversicht, als sich der Verdacht bestätigt. Wir sind überzeugt, dass es immer einen Weg gibt und wir diesen gemeinsam gehen werden. Das macht uns stark und gibt uns ein unerschütterliches Grundvertrauen in meine Heilung: Aufgeben kommt nicht in Frage, es geht weiter und alles wird gut! Das ist für uns als Familie eine wichtige Botschaft, die uns durch diese herausfordernde Zeit trägt.

Krebs ist was für andere

Als der Brustkrebs diagnostiziert wird, spreche ich mir Mut zu: Ok, das ist jetzt schlimm, aber Du schaffst das – auch wenn Deine Brust abgenommen werden muss. Ich beschwichtige mich damit, dass ich ein Implantat bekomme und das bestimmt ganz toll aussehen wird. Aber leider entzündet sich meine Brust und das Implantat muss wieder entfernt werden. Auch beim zweiten Mal klappt es nicht und ich bin sehr enttäuscht, dass ich jetzt eine Epithese im BH tragen muss – doch letztlich kann ich auch damit leben.
Ich bin froh, dass ich keine Chemo machen muss, keine Bestrahlung brauche. Mit der Krankheit identifiziere ich mich überhaupt nicht, schließlich stehe ich mitten im Leben und bin viel zu jung und lebenslustig, um an Krebs zu erkranken, geschweige denn zu sterben. Krebs ist was für andere.

Ich lehne es ab, mich als Krebspatientin zu sehen, schließlich war ich nie krank, habe immer Sport gemacht und mich gut ernährt. Ich will leben! Punkt! Ich gebe mich den Behandlungen hin, will aber nichts mit der Krankheit zu tun haben und beschäftige mich gar nicht weiter damit, sondern lasse die Mediziner ihren Job machen.

Natürlich versuche ich, die Krankheit aufzuarbeiten und zu hinterfragen, was mir die Diagnose sagen will. Ich habe mal gehört, man soll schauen, was zwei Jahre vor der Erkrankung passiert ist. Und tatsächlich finde ich Erklärungen in mir, wie es soweit kommen konnte.
Mein Beruf raubt mir schon lange Energie und der Druck ist kaum auszuhalten.
Ich habe hohe Ansprüche an mich und bin sehr selbstkritisch, dadurch fällt es mir schwer, meinen eigenen Anforderungen gerecht zu werden. Immer will ich möglichst viel schaffen und möglichst viel machen.
Nicht nur meine Ehe leidet darunter, auch mein Körper, denn nachts liege ich häufig schlaflos im Bett, voller Selbstkritik und Selbstvorwürfen, weil ich das Gefühl habe, nicht gut genug zu sein.

Trotzdem ändere ich auch jetzt noch nichts, sondern lebe mein Leben weiter wie zuvor.

Ich überhöre den Hilfeschrei meiner Seele

Scheinbar habe ich den Wink mit dem Zaunpfahl nicht verstanden. Zweieinhalb Jahre später dann trifft es mich wie ein Schlag. In dem Moment, als ich das Wort „metastasiert“ höre, wird mir klar: Ich falle! Ich bin nicht gleich tot, sondern habe noch Zeit zum Nachdenken. Aber ich falle ins Bodenlose und weiß nicht, wie viel Zeit noch bleibt. Ich kann nicht einschätzen, ob da überhaupt noch welche bleibt. Das ist der Moment, in dem ich endlich aufwache.

Was ich jetzt brauche, sind Informationen. Ich stürze mich darauf, will mir so viel Wissen wie möglich über die Möglichkeiten der Heilung von metastasiertem Brustkrebs aneignen, ich forsche, recherchiere und spreche mit vielen Menschen. Im Internet versuche ich verzweifelt herauszufinden, was für mich der richtige Weg ist, aber es ist unglaublich schwierig herauszufiltern, was wirklich hilfreich ist. Ist es der Sport, die Ernährung oder die Psyche, oder ist es alles drei zusammen? Zumindest sind das die Komponenten, an denen ich selbst drehen kann, und nun gilt es herauszufinden, wo ich ansetzen kann.

Ich kämpfe um Leben und Tod und möchte am liebsten ein Studium machen, um zu erfahren, wie ich mich heilen kann. Was kann, was muss ich ändern?

Ich habe den Hilfeschrei meiner Seele zu lange ignoriert und nach meiner ersten Diagnose einfach weitergemacht wie vorher. Jetzt beginnt ein langer, schwieriger und herausfordernder Weg mit schmerzhaften Erkenntnissen und vielen kleinen Schritten, um mich selbst zu finden.

Mein Körper braucht mich

Normalerweise will ich immer alles alleine schaffen und keinem zur Last fallen, aber mir wird von vielen Seiten Hilfe angeboten und ich erlaube mir, sie anzunehmen. Es tut so gut, dass mir so viel Herzenswärme und Liebe entgegengebracht wird.

Diesmal komme ich nicht um eine Chemotherapie herum. Als Begleitung für den medizinischen Heilungsweg suche ich mir sofort eine Heilpraktikerin und lasse mich von ihrem naturheilkundlichen Wissen unterstützen.
Ich bin dankbar, dass mich meine wundervolle Nachbarin zu jeder Chemo fährt und bei allen medizinischen Untersuchungen und Besprechungen an meiner Seite ist.

Jetzt ist der Zeitpunkt, meinen täglichen Essensplan konsequent an die wirklichen Bedürfnisse meines Körpers anzupassen. Mein Mann ist bei meiner Ernährungsumstellung eine große Hilfe, er kauft ein, übernimmt das Kochen und sorgt dafür, dass es bei uns nur noch frisch zubereitete, gesunde Mahlzeiten gibt.

Während der Chemo bin ich sehr geschwächt, aber ich nutze jede Gelegenheit, um an der frischen Luft zu sein und so mein Immunsystem zu stärken. Meine Freundinnen wechseln sich ab, um mit mir eine Runde zu gehen, obwohl der Winter eisig kalt ist. Ich freue mich riesig über so viel Unterstützung und genieße die Zeit mit ihnen.
Ein Buch über Quantenphysik erklärt die Macht positiver Gedanken. Es ist für mich eine Offenbarung. Ich stelle mir vor, wie die Medizin während der Chemo durch meinen Körper fließt, meine Zellen heilt und dafür sorgt, dass sich meine Metastasen verkleinern, weniger werden, verschwinden. Ich manifestiere jeden Tag, dass sich die gesunden Zellen vermehren und die Oberhand behalten, dass ich meinen Körper von der Krankheit befreien kann. In dem Buch ist ganz verständlich beschrieben, wie mächtig unsere Gedanken sind und welchen Einfluss sie auf den Körper haben: Der Körper folgt dem Geist.

Ich sage mir mehrmals täglich: Ich bin gesund. Ich bin in Heilung. Das schenkt mir Kraft und ich spüre die positive Wirkung.

Was braucht mein Geist?

Es ist eine besondere Herausforderung für mich, damit umzugehen, dass sich enge Familienmitglieder zurückziehen. Gerade von ihnen hätte ich mir besondere Unterstützung gewünscht. Erst nach und nach wird mir bewusst, welche Lasten sie selbst tragen und dass sie drohen, unter der zusätzlichen Belastung durch meine Krankheit zu zerbrechen. Vielleicht ist diese Reaktion eine Art Selbstschutz für sie, weil sie Angst haben, mich zu verlieren?
Ich erkenne, dass ich mein Wohlergehen nicht von ihnen abhängig machen darf. Derweil finde ich Hilfe bei meinen Freundinnen. Sie sind immer für mich da und begleiten mich durch alle Höhen und Tiefen. Besonders bei meiner besten Freundin fällt es mir leicht, mich ganz zu zeigen und meine Ängste zu teilen. Sie baut mich auf, schenkt mir Energie und schafft es, dass ich an mich und meine Heilung glauben kann.
Durch den Austausch in den sozialen Medien erfahre ich, dass ich nicht allein bin: Viele junge Frauen, oft wesentlich jünger als ich, haben die Diagnose Brustkrebs bekommen. Das schockiert mich, gleichzeitig finde ich es schön, auf Frauen zu treffen, die meine Erfahrungen teilen, und mich mit ihnen auszutauschen. Fast bereue ich es, dass ich diesen Schritt nicht schon beim ersten Mal gewagt habe.
Schließlich finde ich sogar eine Selbsthilfegruppe für junge, brustkrebserkrankte Frauen, die perfekt zu mir passt: Die „Pinken Zitronen" bieten ein tolles Programm und viele sportliche Aktivitäten in meiner Region.

Erkennen, was ich nicht sehen wollte

Diesmal beginne ich auch eine Psychotherapie. Viele Erkenntnisse später weiß ich, wie wichtig so eine Therapie ist, eigentlich für jeden Menschen. Die Aha-Momente, die ich dort habe, sind überwältigend. Endlich erkenne ich, was ich vorher nicht gesehen habe oder was mir einfach nicht bewusst war:

Meine Neigung zur Verdrängung führte dazu, dass negative Erfahrungen mich langfristig belastet haben und immer wieder aufgeploppt sind. Heute weiß ich, dass man diese Erlebnisse anschauen, verarbeiten und auflösen muss. Inzwischen versuche ich zu erkennen, was ich daraus lernen kann.
Ich war immer bestrebt, den Erwartungen anderer gerecht zu werden und meinem Umfeld zu beweisen, dass ich alles allein schaffe: Alltag, Job, Familie. Das hat großen innerlichen Stress und Druck in mir ausgelöst.

Doch wer ist das eigentlich, der ständig diese hohen Ansprüche stellt?

Durch die Arbeit mit meiner Psychologin erkenne ich, dass es nur eine Person gibt, die dieses Erwartungsdenken hat: ich selbst! Nur ich habe unerfüllbare Ansprüche an mich gestellt, und gleichzeitig fiel es mir schwer, um Hilfe zu bitten.
Inzwischen bin ich überzeugt, dass ich meinen Körper mit meinem Verhalten jahrelang unter Dauerstress gesetzt habe. Das hat mein Immunsystem angreifbar gemacht, und das ist aus meiner Sicht einer der Auslöser für meine Krankheit.

Meditation statt Schlaflosigkeit

Tagsüber bin ich so beschäftigt, dass ich meine Ängste im Griff habe und keine Zeit zum Nachdenken finde. Ich versuche, meine Furcht nicht zu verdrängen, sondern arbeite daran, sie anzunehmen. Sie soll nicht die Oberhand in meinem Leben bekommen. Die Psychotherapie hilft mir dabei, die Ängste in einem geschützten Raum hervorzuholen und zu betrachten. Ich will keinesfalls, dass sie Priorität bekommen, doch nachts liege ich oft wach und meine Gedankenspirale arbeitet auf Hochtouren. Die Schlaflosigkeit belastet mich sehr und ich spüre, dass ich mich damit wieder selbst unter Druck setze.
Inzwischen habe ich aber ein wunderbares Hilfsmittel gefunden: Wenn ich nachts nicht zur Ruhe komme oder mich die Angst nicht schlafen lässt, höre ich eine geführte Meditation. Die sanften Worte beruhigen meinen Geist und entspannen mich: Alles ist gut, so wie es ist.
Ich mache mir keine Selbstvorwürfe. Und doch frage ich mich: Warum habe ich nicht früher über mich und mein Leben nachgedacht? Welche Muster haben sich seit meiner Kindheit eingeschlichen und mein wahres Ich verdrängt?

Die Heilung meiner Seele

Ich mache eine ehrliche Bestandsaufnahme und identifiziere die Energieräuber in meinem Leben. Erstmals frage ich mich: Was ist mir wichtig? Was sind meine Wünsche und Sehnsüchte? Wo stehe ich mir selbst im Weg und wie kann ich meine Zeit bewusster gestalten? Wozu sollte ich mir erlauben Nein zu sagen, um meinen Herzensweg zu finden?
Es fällt mir immer noch schwer, an meine eigene Kraft zu glauben. Ich habe mich und meine Bedürfnisse jahrelang angepasst, machte mir zu oft Gedanken darüber, was andere sagen, und dass sie über mich urteilen könnten. Ich befürchtete Kritik, wenn ich Dinge so gemacht habe, wie ich sie für richtig

hielt, oder auch mal Nein gesagt habe. Letztendlich habe ich wohl gedacht, dass ich nicht akzeptiert und anerkannt werde, so wie ich bin. Tief in mir steckt die Angst, nicht geliebt zu werden.
Es macht mich glücklich, als ich durch meine Krankheit erfahre, dass ich auch geliebt werde, wenn ich für mich einstehe.
Es ist der LebensHeldin!-Aha-Moment, in dem ich erkenne, dass ich auch mein inneres Kind heilen muss. Die Erfahrungen des LebensHeldin!-Wochenendes lassen mich erkennen, wie wichtig der Blick in die Vergangenheit ist, um in Zukunft ein glückliches Leben zu führen. Schon der erste Schritt, das Auflösen negativer Glaubenssätze aus meiner Kindheit, macht mir endlich klar:

Ich bin die Heldin meines Lebens!
Ich darf ich selbst sein und mein Leben nach meinen eigenen Wünschen und Werten führen.

Die Reise zu mir selbst

Ich will nun unbedingt herausfinden, was für mich gut ist, was ich verändern kann, um zu meiner Heilung beizutragen und mein Leben zu verbessern. Nachdem ich das erkannt habe, beginnt Schritt für Schritt die Veränderung:
Meinen Sport habe ich früher viel zu oft wegrationalisiert, um für die Anderen da zu sein. Inzwischen steht Ausdauer- und Krafttraining für mich an erster Stelle, erst dann kommt die Arbeit. Ich habe den Job gewechselt und meine Wochenarbeitszeit auf zehn Stunden reduziert. Mein Traum-Arbeitgeber ermöglicht mir, flexibel zu arbeiten, sodass ich meine Zeit noch besser nach meinen Kräften und Bedürfnissen einteilen kann.
Ich habe wunderbare Freundinnen, die mir in der Zeit meiner Krankheit viel nähergekommen sind und mich unterstützt haben. Das ist eine tolle Erfahrung und viele Freundschaften sind noch enger geworden. Auch als Paar und Familie sortieren wir uns neu für das, was wirklich wichtig ist: Respekt, gegenseitige Wertschätzung und die Liebe zu unserer Tochter.

Im Alltag achte ich verstärkt darauf, bei mir selbst zu bleiben. Wenn ich mich heute in einer Situation wiederfinde, die sich irgendwie komisch anfühlt, trete ich einen Schritt zurück und frage mich, ob ich gerade dabei bin, in alte Muster zu verfallen, um es anderen recht zu machen. Das passiert nach wie vor zu häufig, aber schon das Bewusstsein dafür schenkt mir den Mut zur Veränderung. Die Corona-Zeit hilft mir, es zu üben, mich abzugrenzen. Ohne Rechtfertigungszwang kann ich mich nun zurückziehen und darüber bestimmen, was ich nicht mehr machen möchte.

Erst vor kurzem bin ich auf das Buch *Neun Wege in ein krebsfreies Leben* gestoßen. Das hätte ich gerne gleich am Anfang entdeckt, um herauszufinden, in welche Richtung ich mich orientieren soll. Der Krebs hat mir die große Chance gegeben, einen Kurswechsel vorzunehmen und meine Werte zu entdecken. Ich habe mich gefragt, wo ich gegen meine inneren Werte gelebt habe, und dadurch ein besseres Gefühl für mich bekommen. Wie eine Detektivin habe ich mich auf die Suche nach meinen Gedankenfallen gemacht.

Heute bin ich dank der modernen Medizin frei von Metastasen. Es macht mich glücklich, dass ich durch meine Krankheit auch eine andere Sicht- und Lebensweise erlangt habe. Dass ich in die Lage versetzt wurde, neu über mich selbst zu denken, mich selbst und meine Bedürfnisse wichtiger zu nehmen und mein inneres Kind zu heilen.

Meine größte Erkenntnis ist, dass ich viel näher bei mir selbst sein darf und muss. Ich bin viel mehr, als ich mir in der Vergangenheit erlaubt habe. Dieses Bewusstsein darf und wird nicht enden. Ich bin bei mir angekommen und weiß jetzt, wer ich wirklich bin. Die Suche in mir selbst war eine große Herausforderung und viel Arbeit, sie war niemals einfach und hat viel Mut gekostet – aber die Heilung meiner Seele hat sich gelohnt und es hat mich unglaublich stark gemacht:

Die Reise zu mir selbst ist für mich Gesundheit!

Christina Mathesius *1969
Christina führt jahrelang ein Leben für andere, sie fühlt sich leer und ausgebrannt. Die 47-Jährige sehnt sich nach einem beruflichen Neustart, doch eine Routineuntersuchung wirft ihre Pläne über Bord: In ihrer Brust wird ein bösartiger Tumor entdeckt. Kann die Krebsdiagnose ihr den Mut schenken, endlich an sich zu denken und ihre Seele zu heilen?

Glaube, Liebe und Hoffnung

Mein Leben hat einen neuen Sinn

Der Anker symbolisiert als Wahrzeichen der Liebe tiefste Emotionen und gibt uns Schutz, Halt und Sicherheit. Als Kapitän unseres Lebensschiffs versuchen wir, nach jedem Sturm wieder den richtigen Kurs zu finden. Manchmal verlieren wir jedoch den Halt und werden schutzlos durch fremde Gewässer getrieben. Dann schenkt uns der Anker die Hoffnung, Geborgenheit in uns selbst zu finden.

Ein italienischer Rettungsanker

Über dem sardischen Fischerdorf liegt eine unerträgliche Hitze. Gedankenverloren folge ich meiner Familie über einen Kunsthandwerkermarkt, als plötzlich ein Auslagentisch mit Schmuckarmbändern meine Aufmerksamkeit erregt. Unscheinbare Stoffbänder mit winzigen Ankern – als Coach und Trainerin berühren sie meine Seele. Ich weiß, dass man Wünsche und Ängste verankern kann, um das Gefühlskarussell zu steuern. Kurzentschlossen kaufe ich zwei Bänder, eines für meine Tochter und eines für mich. Ich lege es ihr um das Handgelenk und verspreche ihr: „Ich werde alles Erdenkliche tun, um wieder gesund zu werden!"

Dieser Augenblick hat für uns beide etwas Stärkendes und Beruhigendes, auch wenn meine unbändige Angst vor dem Tod mich fest im Griff hat. Wann immer mich in den kommenden Wochen Panik überfällt, reicht ein Blick auf den Anker und ich sage mir selbst: Ich weiß nicht, wie das hier ausgeht, aber ich glaube ganz fest an die heilende Kraft in mir. Eines Tages werde ich sterben, aber bis dahin will ich jeden einzelnen Tag gelebt haben!

Mein Schiff verliert den Kurs

Mein Name ist Christina, ich bin Mutter von zwei Teenagern und mit 48 Jahren viel zu jung für eine Mammografie. Das hat jedenfalls meine damalige Frauenärztin gesagt. Einen Tag vor unserem Urlaub bekomme ich dennoch einen Termin für diese besondere Untersuchung, die zuvor ein halbes Jahr lang in meinem Kalender stand. Was als Routineuntersuchung geplant war, reißt mich mit aller Macht in die Tiefe: Brustkrebs.

Ich will unseren langersehnten Urlaub nicht absagen, denn ich bin davon überzeugt, dass die ganze Familie mit der neuen Situation am besten umgehen kann, wenn sie auf Reisen ist, anstatt während der Sommerferienzeit zuhause in den eigenen vier Wänden die nächsten Schritte abzuwarten. Deshalb nehme ich meinen ganzen Mut zusammen und fahre mit meiner Familie am nächsten Morgen nach Italien. Natürlich kann ich keinen einzigen Tag genießen, auch wenn ich versuche, meine Todesangst hinunterzuschlucken und das Beste aus dem gemeinsamen Urlaub mit Freunden zu machen.

Als Urlaubslektüre lese ich im Internet zunächst all die Horrorgeschichten über Krebserkrankungen, was meine Verzweiflung natürlich noch mehr anwachsen lässt. Leider bringt der langersehnte Anruf meiner Ärztin keine Erlösung – ein bösartiger Tumor hat sich in meiner Brust verankert, und erst nach einer Operation wird sich herausstellen, wie es wirklich um mich steht.

Die augenblickliche Situation ist für die ganze Familie grenzwertig, und jeder von uns versucht auf seine Weise, mit ihr umzugehen. Viele Worte über die Diagnose und die Zukunft zu verlieren, scheint mir wenig hilfreich. Mein Mann hat gerade einen weiteren Karrieresprung bis in den Konzernvorstand vor sich, da passt eine todkranke Frau nicht ins Bild. Für einen Topmanager hat nicht nur im Job, sondern auch im Privatleben alles perfekt zu sein! Wir vereinbaren, dass nur unser engster Kreis von meiner Krankheit erfahren soll.

Zurück in Basel – unserem derzeitigen Wohnort – übernehme ich wie immer das Ruder, damit zuhause alles weiterläuft und meine Kinder während meines Krankenhausaufenthalts gut untergebracht sind. In den nächsten Monaten wird Eingriff auf Eingriff, Operation auf Operation folgen. Wie gut, dass ich ein Organisationstalent bin und mein Mann weiterhin darauf zählen kann, dass ich alles regele.

Nicht alle scheinen überzeugt, dass eine Familien-Managerin mit Krebsdiagnose weiterhin selbstbestimmt entscheiden kann: „Du musst dich jetzt auf die Ärzte verlassen und genau das machen, was sie Dir sagen. Du als Laie kannst diese Verantwortung für Dich nicht übernehmen!" Als ich diesen Rat von meiner Freundin, einer Ärztin, bekomme, bin ich fassungslos. Warum soll ich plötzlich mein Leben in die Hände anderer legen und die Verantwortung für mich abgeben?

Wer ist Kapitän auf meinem Schiff?

Inzwischen suche ich im Internet gezielt nach positiven Berichten von Krebsüberlebenden und ihrem Heilungsweg. Das gibt mir neue Kraft und ich fasse einen wichtigen Entschluss: Ich setze meine Segel neu und werde gesund!

Dabei wird mir noch etwas klar: Nur ich alleine kann diese Segel setzen! Und nur ich bin diejenige, die das Ruder für meine Gesundung in der Hand hat. Es ist unmöglich, diese Verantwortung an die Mediziner, meinen Mann oder meine Familie abzugeben.
Ich beginne, mich umfassend zu informieren, und lese alles über die unterschiedlichen Therapiemöglichkeiten, in medizinischen, alternativ-medizinischen und auch in jeder Menge psychologischen Büchern. Als Krebspatientin bin ich mit den unterschiedlichsten Meinungen konfrontiert und erkenne, dass es keine Standardtherapie geben kann: Jedes Leben und jeder Mensch ist schließlich einzigartig. Die Ärzte können mich bei der Wahl meiner Therapie zwar unterstützen, aber die Entscheidung liegt am Ende doch immer bei mir.

Als zwei meiner drei Tumorboards die Empfehlung für eine Chemotherapie aussprechen, habe ich mir längst eine eigene Meinung gebildet. Ich will keinen Beschluss auf Basis von Statistiken, sondern eine individuelle Behandlung auf Basis meiner Bedürfnisse.

Eine Chemotherapie richtet sich mit aller Macht gegen die Zellen meines Körpers, nicht nur die kranken Tumorzellen werden getötet, sondern mein gesamtes Immunsystem wird für mindestens ein halbes Jahr lahmgelegt. Das will ich auf keinen Fall, sondern genau das Gegenteil: achtsamer mit

mir umgehen und meine inneren Abwehrkräfte stärken. Außerdem spüre ich inzwischen genau, dass es meine Seele ist, die nach Heilung schreit. Seit der Krebsdiagnose kommt es mir vor, als habe mein Körper einen Weg gesucht, um mit meiner schon so lange andauernden, ungesunden Lebensmüdigkeit umzugehen. Und wenn meine Erkrankung mit meiner Psyche zusammenhängt, dann kann die Chemo vielleicht die Symptome überdecken, aber sie wird mich nicht heilen.

Ich als Kapitän übernehme das Ruder

Ich habe das Gefühl, dass ich den Krebs auf gewisse Weise annehmen muss, statt mich vor ihm zu fürchten. Er ist ein aufmerksamer Wächter und wird nun bis zum Ende meines Lebens auf mich aufpassen, damit ich in Zukunft so lebe, wie es mir und meiner Persönlichkeit entspricht.
Wenn ich jetzt sterben müsste, dann hätte ich mein Leben doch noch gar nicht gelebt. Aber ich will endlich MEIN Leben leben und nicht mehr das Leben für andere oder deren Erwartungen!
Ich lehne die Schulmedizin nicht grundsätzlich ab. Es steht für mich außer Frage, die Bestrahlungen zu machen und die nächsten fünf Jahre das Antihormonmittel Tamoxifen einzunehmen, da mein Tumor hormonell bedingt ist.
Meine Einstellung bekräftigt mich in meiner Entschlossenheit, auf mein Bauchgefühl zu hören. Auch die behandelnde Chefärztin versteht nach meinen ausführlichen Erläuterungen meinen erfolgreichen

Widerstand gegen die Chemotherapie. Sie ist mit dem von mir gewählten Weg einverstanden, wenn ich zwei strenge Auflagen erfülle:

1. Für den Rest meines Lebens soll ich mindestens zwei bis drei Mal in der Woche Ausdauersport treiben, denn es gibt medizinische Studien, dass regelmäßiger Ausdauersport das Wiedererkrankungsrisiko ganz erheblich senkt.

2. Ich darf niemals zunehmen, da sich Krebszellen im Körperfett ansammeln.

Beides scheint mir machbar. In den nächsten Wochen beginne ich mit dem Laufen und stelle auch meine Ernährung entsprechend um, zunächst Schritt für Schritt und sehr behutsam – bis ich feststelle: Laufen ist für mich die beste Medizin! Ich renne meiner Angst einfach davon. Und ich muss bis zur völligen Erschöpfung rennen, um wieder an meine völlig erkalteten Gefühle zu kommen und meinen Körper zu spüren!
Jetzt muss ich „nur" noch die Ursache finden, warum ich so krank geworden bin.

Die Vergangenheit hat mich am Haken

Ich will nicht, dass irgendjemand mitbekommt, wie leer und ausgebrannt ich mich fühle. Meine Umwelt soll denken, dass ich eine starke, selbstbewusste Frau bin, das habe ich mir über Jahre antrainiert. Aber jetzt kann ich nicht mehr. Ich beschließe deshalb, mir bei einer Psycho-Onkologin Hilfe zu suchen.
Die Therapeutin reist mit mir in die Vergangenheit und in nur 60 Minuten wird mir bewusst, dass sehr, sehr einsame Jahre hinter mir liegen.

Nach der Geburt unserer Kinder habe ich meine erfolgreiche Berufslaufbahn und damit auch meine diesbezüglichen Träume und Wünsche aufgegeben – zugunsten der Karriere meines Mannes und eines glücklichen Familienlebens. Ich bin der Anker in unserer kleinen Familie und nehme diese Rolle sehr ernst.

Von meinem Umfeld, insbesondere von meinen Eltern, bekomme ich für meinen gewählten Lebensentwurf keinerlei Anerkennung. Sie fragen nicht, ob ich glücklich bin, sondern tun nur kund, dass ich mein Potenzial nutzlos verschenken würde. Das bringt mich immer wieder in große Gewissenskonflikte, denn auch mein Mann, der in einer sehr traditionellen Familie aufgewachsen ist, hat entsprechende Erwartungen an mich und unser Familienleben. Ich fühle mich über die Jahre immer mehr hin- und hergerissen zwischen meinen eigenen Wünschen und Vorstellungen und den Erwartungen meiner Umwelt an mich. Mein Selbsthass wächst. Ich dränge meine eigenen Gefühle komplett zurück und lasse mich sehr von dem Weltbild anderer beeinflussen. Irgendwann habe ich vergessen, die Verantwortung für mich selbst zu übernehmen, und lebe nur noch für andere. Der Zweifel an meinem Lebensmodell wird über die Jahre immer größer. Ich habe alles – und bin doch todunglücklich.

Der Austausch mit der Psychologin hat etwas Heilendes und Erleichterndes. Hier erfahre ich ein Geheimnis, das meinen Blick auf mich selbst komplett verändert: Ich bin nicht allein! Immer dachte ich, alle anderen Frauen in meiner Situation wären glücklich und nur ich sei unfähig, ein erfülltes Leben zu führen. Jahrelang habe ich meine Träume und Wünsche irgendwo ganz hinten in meinem Herzen vergraben. Rührten sie sich doch mal, sagte ich mir selbst mahnend: Christina! Du hast zwei gesunde, intelligente Kinder und einen erfolgreichen Mann, die Dich brauchen, damit die Familie funktioniert. Für eigene Träume ist es zu spät. Das hier ist jetzt Dein Leben, und es gibt viele Frauen, die gerne mit Dir tauschen würden. Also finde Dich damit ab!

Trotzdem: Die negativen Gefühle aus der Vergangenheit belasten mich sehr und nach zwei Sitzungen beende ich die Therapie, denn instinktiv spüre ich immer deutlicher, dass nur ich alleine mir helfen kann.

Die Untiefen meiner Seele

„Willst Du leben oder willst Du sterben?" Bei dieser Frage denke ich keinesfalls nur an die Ereignisse der letzten Wochen, denn eigentlich fühlt sich meine Krebserkrankung nur wie eine weitere Etappe auf einem schleichenden Abschied an.
Mein Perfektionismus und mein unglaublicher Anspruch, immer den Erwartungen anderer gerecht zu werden, führten dazu, dass meine Seele verkümmerte. Während ich meinen Mann und meine Kinder intensiv unterstützte, ihre Lebenskarrieren voranzutreiben, begann ich selbst, mich langsam und ganz leise aufzulösen. Ich hörte auf, über meine Gefühle zu sprechen, spürte mich nur noch, wenn eine Migränewelle mich überrollte, und verstummte schließlich ganz. Über meinen gesamten Körper legte sich nach und nach eine seltsame, bleierne Schwere.

Ein Leuchtturm für andere Frauen

Ich will mich nicht mehr abfinden. Meine Krebserkrankung zeigt mir, dass mein Leben viel zu schnell vorbei sein kann – ohne dass ich wirklich gelebt habe. Meine Vergangenheit kann ich nicht ändern, aber ich kann sie neu bewerten, und ich weiß, dass Gegenwart und Zukunft in meiner Hand liegen.

Es überrascht mich, dass ich mit meiner Zerrissenheit nicht alleine bin. Gleichzeitig macht es mir Mut, endlich an mich zu denken und den Sinn meines Daseins neu zu definieren. Dieses Wissen sorgt für eine 360-Grad-Wendung in meinem Leben: Ich will gesund werden! Ich will zum Leuchtturm für all die Frauen werden, die ihr Licht nicht mehr sehen.

Ein neuer Kurs in meinem Leben

In diesem Augenblick wird mir zweifelsfrei klar, dass es an mir liegt, welche Richtung ich einschlagen möchte. Kurz vor meiner Brustkrebserkrankung habe ich eine Coaching-Ausbildung gemacht, um endlich beruflich neu durchzustarten – jetzt werde ich zu meinem eigenen Coach!

Als erstes verabschiede ich mich von negativen Formulierungen. Den Gedanken „Ich will nicht sterben" ersetze ich durch „Ich will leben!", „Ich will nicht krank sein" durch „Ich will gesund sein!" Ich nehme mir vor, dass auf jede negative Erinnerung eine positive folgen soll. Bei jeder meiner täglichen Joggingrunden erinnere ich mich bewusst an alle Stürme meines Lebens.

Dieses bewusste Erinnern und Forschen in den Tiefen meiner Seele, nicht nur nach Kränkungen und erlittenem Unrecht, sondern ganz bewusst auch nach glücklichen oder gelungenen Momenten, verändert etwas in mir. Ich spüre tief im Inneren, wie lebenswichtig und heilsam das für mich ist. Es dauert dennoch lange, bis ich den Mut aufbringe, alte Muster und Erwartungen hinter mir zu lassen. Ich werfe vieles über Bord, gehe selbst fast unter, und manchmal scheint Aufgeben verlockender als Weitermachen, während ich in meinen Tränen fast ertrinke.

Diese Zeit, in der ich wieder zu mir selbst finde und neuen Kontakt mit meinen Bedürfnissen und meinem Körper aufnehme, ist die intensivste meines Lebens. Nach so vielen Jahren kann ich endlich spüren, wie hilflos sich das verletzte Kind in mir gefühlt hat. Ich schließe Frieden mit der Vergangenheit und bin bereit für eine Zukunft, in der ich lerne, mich selbst zu mögen und meine Wünsche klar und deutlich gegenüber mir und gegenüber meiner Außenwelt zu formulieren. Ich lerne, Nein zu sagen, auch wenn es mein Gegenüber verletzt. Ich lerne auch, dass es zuerst mir gut gehen muss, bevor ich für andere da sein kann.

Mein Anker ist Liebe!

Inzwischen schütze ich mich sehr bewusst und konsequent vor Menschen, die mir nicht guttun oder mich unglücklich machen. Sowohl in der Familie als auch im Freundeskreis hat das zu harten Brüchen geführt, doch statt unterzugehen habe ich einen neuen Kurs eingeschlagen. Ich beginne, meinem Leben voller Vorfreude entgegen zu segeln. Heute versprühe ich selbst eine andere, eine positive Energie. Dadurch ziehe ich Menschen mit der gleichen positiven Energie in mein Leben und dafür bin ich sehr dankbar.

Ich bin davon überzeugt, dass Körper, Geist und Seele eine Einheit bilden und gemeinsam geheilt werden müssen. Ich habe meine Stimme und die Verbindung zu meinem Körper wiedergefunden und erkenne, dass es niemals zu spät ist, die Segel neu zu setzen. Meine Erfahrungen habe ich beim Schreiben des Buches *Meilenweit Leben oder wie ich meinen Krebs im Wald stehen ließ* verarbeitet. Heute lebe ich ein glückliches, selbstbestimmtes Leben. Ich bin als Business-Coach und Speaker erfolgreich und habe mich unabhängig gemacht von der Meinung anderer.

Die Narben meiner rechten Brust zeigen mir alles, worauf es ankommt: Wie zart und zerbrechlich ich einerseits bin, wie stark und widerstandsfähig andererseits. Vieles habe ich mir in der Vergangenheit zugemutet und angetan, noch mehr habe ich überstanden, und in Zukunft will ich nur eines: leben!

Der einfache silberne Anker an dem dunkelbraunen Stoffarmband hat mir sehr viel bedeutet. Mit seinem überaus bescheidenen Material erinnerte er mich während meiner Krankheit immer wieder an das, was wirklich wesentlich ist. Zum Beispiel ich.
Er hat mir Hoffnung, Festigkeit und Halt geschenkt, als ich völlig verloren durch den Ozean meines Lebens trieb. Er hat mir geholfen, den Glauben an mich und die Liebe zu mir selbst wiederzufinden.

Ein halbes Jahr nach meiner Diagnose verschenke ich das Armband spontan an eine Bekannte, deren Ehe gescheitert ist:

Du brauchst einen Anker!

Simone Wiesen *1988

Die 30-jährige Simone führt ein Leben auf der Überholspur, die Arbeit mit einer 60- bis 80-Stunden-Woche ist ihr Lebensmittelpunkt. Als sie einen Knoten in ihrer Brust ertastet, glauben alle, er wäre harmlos, aber Simone besteht auf einer Stanz-Biopsie. Die Diagnose Brustkrebs verändert alles für sie: Simone verliert ihren Job, Freunde und ihren Partner. Doch statt zu verzweifeln, entdeckt sie sich neu.

Mein Lebensbaum

Nach der Krankheit bin ich neu erblüht

Der Baum ist das Symbol für mein Schicksal: Will er den Winter überleben, wirft er alles ab, was er nicht mehr braucht. Er zieht sich in sich zurück, um dann im Frühjahr wieder aufzublühen und seine ganze Pracht zu entfalten.

Haare, Fingernägel, Teile meines Lebens - auch ich habe alles abgeworfen, damit ich mich auf mein Inneres konzentrieren und neu entfalten kann. Die Diagnose Brustkrebs entwurzelt mein Leben, mein Freund und ich trennen uns, ich verliere meinen Job. Im Grunde genommen wird jeder Ast meines vorherigen Lebens durch diese Krankheit einfach abgeschnitten.

Es klingt vielleicht doof, aber heute bin ich meinem Brustkrebs sehr dankbar.

Bäume spüren Veränderungen

Ich bin eine erfolgreiche Managerin in der Modebranche und lebe in einer glücklichen Beziehung, als bei mir mit nur 30 Jahren Brustkrebs diagnostiziert wird. Mein Name ist Simone. Mein Leben verdanke ich meiner Intuition und meinem Selbstbewusstsein gegenüber einem überheblichen Professor, der mich einfach wieder nach Hause schicken wollte.
„Komplett harmlos", meint meine Frauenärztin, und als der Knoten in meiner Brust ein paar Wochen später immer noch da ist, heißt es erneut: „Keine Sorge, das ist völlig harmlos." Das kann ich nicht glauben, ich spüre, dass da etwas ganz und gar nicht in Ordnung ist. Deshalb bestehe ich auf eine weiterführende Untersuchung im Brustzentrum, wo mich der Professor nach dem Ultraschall unfreundlich anraunzt, ich solle gefälligst wieder nach Hause gehen, der Knoten sei komplett harmlos. Er ist also der Dritte, der diese Meinung vertritt. Doch statt vor Freude zu jubeln, beharre ich auf einer Stanzbiopsie und behaupte mich so gegen seine barsche Abfuhr. Das niederschmetternde Ergebnis „Brustkrebs" erreicht mich einige Tage später, im Urlaub.

Entwurzelt

„Wie sollen wir jetzt mit Dir umgehen? – Was können wir tun, was brauchst Du?" Es ist kein Mitleid, sondern Mitgefühl, was meine Freundinnen mir entgegenbringen. Ich bin sehr dankbar für ihre

Reaktion, auch wenn ich noch gar nicht weiß, was ich jetzt und in Zukunft brauche oder was nicht. Ich wünsche mir einfach, dass sie für mich da sind, mich mit schönen Erlebnissen ablenken, mit mir zusammen durch diese schwere Zeit gehen.
Auch mein Freund verspricht, immer für mich da zu sein und mich durch diese herausfordernde Phase zu begleiten. Er weiß noch nicht, was auf ihn zukommt – im Gegensatz zu mir. Ich weiß, was es heißt, hilflos zuzuschauen und nichts tun zu können, denn ich habe meine Mutter an den Krebs verloren. Ihre Krankheit und ihren frühen Tod zu verarbeiten, war für uns alle schwierig, besonders für meinen Vater. Als ich ihn anrufe und ihm mitteile: „Papa, es ist Krebs", antwortet mir eine erschütterte Stille. Ich spüre seine große Angst, mich auch noch zu verlieren.
Mein Bruder schottet sich komplett ab, nachdem er von meiner Diagnose erfahren hat. Er bringt es nicht mal fertig, sich telefonisch zu melden. Das verletzt mich so tief, dass es auch mir schwerfällt, Kontakt zu ihm aufzunehmen. Ich wünsche mir so sehr, dass ich das alles nicht alleine durchstehen muss, dass mein Vater und mein Bruder an meiner Seite sind.
Warum muss ich immer die Initiative ergreifen, wenn ich emotionale Unterstützung von meiner Familie brauche? Letztlich bin ich diejenige, die auf die beiden zugeht und ihnen sagt, was ich mir wünsche, was ich mir erhoffe und von ihnen brauche. Unsere Aussprache bewirkt viel, wir erkennen alle, dass wir uns gegenseitig brauchen, um meine Krankheit zu bewältigen. Danach wird es leichter zwischen uns, und doch bleibt bei mir das Gefühl, dass ich weiterhin auch für sie stark sein muss. Das belastet mich sehr.

Tiefe Narben und Verletzungen

Es ist ein hormonbedingter Brustkrebs. Ich habe lange die Anti-Baby-Pille genommen, und das scheint für die Mediziner die einfache Erklärung für meine Diagnose zu sein. Ich bin darüber extrem geschockt, wenn ich ehrlich bin. In der Jugend habe ich die Pille bedenkenlos verschrieben bekommen, und auch über den schädlichen Einfluss von hormonellen Belastungen in Lebensmitteln und Kosmetika fehlte mir das Bewusstsein und auch das Wissen. Das soll sich im Laufe meiner Therapie ändern.
Während die Ärzte das Ergebnis meiner brusterhaltenden Operation wunderschön finden, kann ich ihre Begeisterung nicht gerade teilen – aber das liegt wohl im Auge des Betrachters. Mehrere Wochen nach der Operation erfahre ich endlich, dass mein Krebs nicht genetisch bedingt ist und ich meine Brüste in ihrem neuen Zustand behalten darf. Gott sei Dank. Nach und nach gewöhne ich mich an ihren Anblick, sie gehören jetzt zu mir.
Die anschließende dosisdichte Chemotherapie vertrage ich relativ gut. Vielleicht liegt es daran, dass ich meinem Körper mit Bewegung, gesunder Ernährung und Akupunktur ein besonderes Wohlfühlprogramm schenke? Ich sage mir, selbst wenn es nur Einbildung durch den Placebo-Effekt ist, es ist egal. Alles, was mir guttut, mache ich jetzt.
Mein Freund unterstützt mich anfangs liebevoll und begleitet mich zu jedem Arzttermin. Irgendwann spüre ich aber immer stärker, dass er der seelischen Belastung nicht mehr standhält. Unsere Fernbeziehung macht es nicht leichter. Als ich ihn an einem Wochenende besuche, mit Narben am

Körper, schwach und ohne Haare, schafft er es nicht mal mehr, mich in den Arm zu nehmen. Das ist so schlimm für mich, für uns beide, dass wir uns kurze Zeit später voneinander trennen. Ich fühle mich unendlich leer, verletzt und meiner Weiblichkeit beraubt.
Als wäre das nicht genug, muss ich auch noch mit Stigmatisierung und Ausgrenzung fertig werden. An einem besonders warmen Tag laufe ich ohne Perücke an einem Spielplatz vorbei. Ein kleiner Junge kickt seinen Ball in meine Richtung, den ich ihm lächelnd zurückspiele. Während der Kleine sich ganz lieb bedankt, ruft seine Mutter mit entsetztem Blick auf mich: „Geh da nicht hin, die Frau ist krank!" Sie jagt ihrem Kind regelrecht Angst vor mir ein. Macht sie sich überhaupt eine Vorstellung, was ihre Worte in mir anrichten und was in dem Moment in mir vorgeht?

Wispernden Blättern lauschen

Mit der Krankschreibung und mit den ganzen Therapien bin ich von meinem bisherigen Leben quasi komplett abgetrennt und habe plötzlich sehr viel Zeit, die ich irgendwie füllen muss. Die Krankheit zwingt mich, mich mit mir selbst zu beschäftigen. Hinzugucken, was mein Leben ausmacht. Innezuhalten und herauszufinden, ob das, was ich da mache, mich eigentlich erfüllt.
Früher habe ich keinen Dialog dieser Art mit mir selbst geführt. Okay, ich kannte meine beruflichen Ziele, aber ich habe nie richtig in mich hineingespürt. Nun beginne ich, meine Seele zu öffnen und in mich hineinzuhorchen. Es sind sehr leise Töne, wie das Wispern der Blätter in den Bäumen. Bedingt durch die Diagnose muss ich mir Zeit für mich nehmen und in meinem Leben einiges verändern, vor allem verändere ich mich selbst.

Mein Leben auf der Überholspur mit einer 60- bis 80-Stunden-Woche und dem entsprechenden Lifestyle einer Karrierefrau gibt es nicht mehr. Plötzlich sind schon die kleinen Dinge für mich superschwierig. Alles, was ich früher einfach so getan habe, ist auf einmal mit großer Anstrengung verbunden. Dabei fallen mir Kleinigkeiten auf, die ich vorher nie wahrgenommen habe. So schwer es mir anfangs fällt, nach und nach stelle ich fest, dass ich die neue Ruhe und Bedachtsamkeit genieße und auch nicht mehr missen möchte, selbst wenn mein Leben wieder ein bisschen mehr an Fahrt aufnimmt.

Neue Kräfte spüren

Bewegung an der frischen Luft und mein neues Denken über mein Dasein helfen mir, meine Traumata zu verarbeiten und Energie zurückzugewinnen, aber die Beweglichkeit meines Körpers wird durch die Folgen der Therapie zunehmend eingeschränkt. Ich traue mir noch nicht zu, wieder zum Sport zu gehen und meine Schwäche in der Öffentlichkeit zu zeigen, da entdecke ich einen Online-Yoga-Kurs speziell für Frauen mit Brustkrebs. Das passt perfekt zu meinen Bedürfnissen: Ich kann das Angebot immer dann nutzen, wenn ich mich fit genug fühle und mir Zeit für meinen Körper und meine Seele schenken möchte.

Christine, die Trainerin, erzählt in dem Einführungskurs von ihrer eigenen Brustkrebs-Erfahrung und beeindruckt mich damit sehr: „WOW, was diese Frau alles geleistet hat!" Erst später wird mir bewusst, dass auch ich es bin, die so viel leistet. So habe ich das bisher noch nie gesehen. Ich gratuliere mir zu dem, was ich selbst bereits geschafft habe auf dem Weg zu meiner neuen Gesundheit, zu meinem neuen Ich.

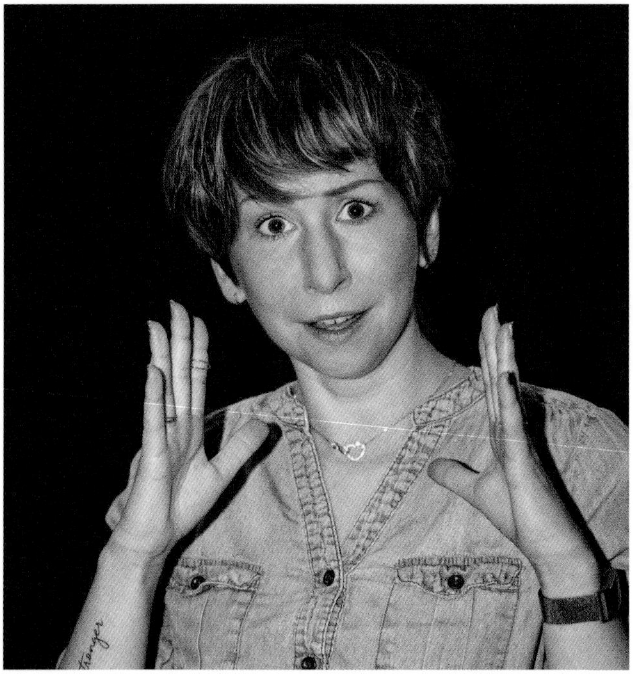

Neue Wurzeln schlagen

Während meiner Therapie beschäftige ich mich intensiv mit den Themen Bewegung, Ernährung und Stressmanagement bei einer Krebserkrankung. Außerdem leide ich unter dem sogenannten Chemo-Brain, das heißt, die Chemotherapie zerstört nicht nur die Krebszellen, sondern auch meine Gehirnzellen. Ich kann mich immer schlechter konzentrieren und an viele Dinge einfach nicht erinnern. Mir wird klar, dass ich etwas für mein Gehirn tun muss, um es wieder fit zu machen, deshalb suche ich im Netz nach einem Angebot mit Themen, die mich interessieren. Dabei stoße ich auf ein Fernstudium zum Gesundheits-Coach, was mich spontan begeistert: Das ist jetzt genau richtig für mich! Das Studium macht mir viel Spaß, das neue Wissen hilft mir dabei, alte Verhaltensmuster abzulegen, und wer weiß, vielleicht ergibt sich irgendwann sogar beruflich etwas daraus.
Trotz meiner Narben, dem Verlust meiner schönen langen Haare und allen anderen tiefgreifenden Veränderungen habe ich vor allem eins gelernt: mich selbst zu lieben. Erst während meiner Therapie ist mir wirklich bewusst geworden, wie wenig mein vorheriges Leben mit Selbstfürsorge zu tun hatte, wie viele meiner Handlungen eher selbstzerstörerisch waren und mir nicht guttaten.
Menschen, die früher perfekt in mein Leben passten, sind mir fremdgeworden. Durch meine Erkrankung sind langjährige Freundschaften einfach auseinandergegangen, während Menschen zu richtig engen Freunden geworden sind, zu denen ich vorher nur ein lockeres Verhältnis hatte.

Wachstum neuer Zellen

Seit der Diagnose ernähre ich mich mit allem, was das gesunde Zellwachstum fördert, und gehe jeden Tag in die Natur, um meine Zellen mit frischem Sauerstoff zu füllen. Gerade dann, wenn ich nach der

Chemo am liebsten nur auf der Couch liegen, nichts machen und niemanden sehen will, gehe ich raus. An manchen Tagen gehe ich genau einmal durch den Garten, danach bin ich erledigt.
Bis ich es eines Tages wieder in den Wald schaffe. Dort fühle ich mich wie früher als Kind in unserem Dorf. Wie habe ich es geliebt, über die Feldwege zu streifen, Rehe und Schmetterlinge zu beobachten, die Vögel zwitschern zu hören. Wann habe ich aufgehört, diese Wunder der Natur wahrzunehmen? Langsam kehrt das Bewusstsein für die Schönheit des Lebens zurück, und auch meine Kraft kommt wieder. Täglich setze ich mir neue Ziele: Bis zu dieser Lichtung, bis zu jenem Baum möchte ich es schaffen!
Ich freue mich über die Sonnenstrahlen, die Blumen und die Bäume, die ihre Lebensenergie mit mir teilen. Vor meiner Diagnose habe ich die Jahreszeiten überhaupt nicht bewusst wahrgenommen und schon gar keine Glücksgefühle für die kleinen und großen Geschenke der Natur empfunden.

Jetzt sehe ich alles anders: Die Kulisse ist sozusagen zum Leben erwacht.

Die Schönheit meines Lebensbaums

Meine wertvollste Erkenntnis ist, dass es mich glücklich macht und erfüllend ist, Zeit mit mir selbst zu verbringen. Inzwischen bin ich es mir wert, mich und meine Bedürfnisse an erste Stelle zu stellen. Mir ist bewusst geworden, dass es kein Egoismus, sondern Selbstliebe ist, wenn ich es mir gönne, mich um mich selbst zu kümmern.
Der Krebs wird immer da sein. Aber nicht er bestimmt mein Leben, sondern ich selbst, denn jetzt weiß ich, dass ich stärker bin. Klar, ich habe sichtbare Stellen am Körper, mit Wassereinlagerungen oder Narben – aber es sind Narben, die meine Lebensgeschichte erzählen und meine Schönheit neu definieren. Seit einigen Monaten habe ich einen neuen Freund, der mich immer wieder daran erinnert, im Hier und Jetzt zu leben. Er liebt den Wald, genau wie ich, zusammen können wir Bäume umarmen, reden und schweigen. Ich habe wunderbare neue Freundinnen dazu gewonnen, die ich während der Therapie kennengelernt habe.
In meinem beruflichen Alltag ist es ruhiger geworden, ich arbeite nur noch Teilzeit. Dafür habe ich jetzt Zeit für meine Hobbys, meine Freunde und die Familie. Und diese Zeit plane ich mir bewusst ein und genieße sie. Ja, es hat sich wahnsinnig viel gedreht. Aber es ist auch alles gut so, wie es ist. Und mittlerweile habe ich mich als Gesundheitscoach mit LEBENSKRAFT (www.lebenskraft-gesundheitscoach.de) selbständig gemacht. So kann ich meine Kompetenzen als Ernährungsberaterin, Fitnesstrainerin und Resilienztrainerin vereinen.
Durch einen Sturm bekommen Bäume stärkere Wurzeln. Auch meine Wurzeln sind stärker geworden, ich weiß nun, dass mich so leicht nichts umwirft. Die Äste meines Lebens haben neue Triebe bekommen, die Knospen brechen in voller Pracht auf und beginnen zu blühen. Es macht mich glücklich und dankbar zu sehen, zu welcher ungeahnten Schönheit mein Lebensbaum heranwächst.

Mein Lebensbaum trägt neue Knospen.

stronger

Meike Hencke *1981
Im hektischen Alltag fehlt oft die Zeit, wertzuschätzen, was unser Körper für uns tut. Dass es nicht selbstverständlich ist, jeden Morgen fröhlich aus dem Bett zu hüpfen, wird Meike klar, als sie mit 35 Jahren die Diagnose Brustkrebs erhält. Die Krankheit ist der Wendepunkt in ihrem arbeitsreichen Leben. Meike erkennt, dass ihr Körper ein wahrer Held ist, und fragt sich, wie sie ihn am besten unterstützen kann.

Ohne Rettungsweste über den Ozean

Die außergewöhnliche Reise von Meike und George

„Ich muss jetzt in dieses Schlauchboot und einmal quer über den Ozean. Ich weiß nicht, wie es ausgehen wird; ich weiß nicht, ob ich auf der anderen Seite ankomme. Ich weiß nur, dass ich keine Wahl habe. Ich muss da jetzt rüber und ich lade Euch alle ein, mitzukommen, aber ich verstehe auch, wenn Euch die Wellen zu hoch sind und Ihr diese Überfahrt nicht mit mir antreten wollt, denn ich habe keine Rettungsweste."

Ein blinder Passagier

Mit diesen Worten lade ich all meine Freunde und meine Familie ein, mich auf meiner Reise mit George, meinem Tumor, zu begleiten. Und sie steigen alle ein in mein kleines, wackliges Schlauchboot. Zu diesem Zeitpunkt haben wir alle noch keine wirklichen Lebenskrisen erlebt. Schwere Krankheiten mit potenziell tödlichem Verlauf kamen in unserem Universum nicht vor. Zumindest nicht unter uns. Wir waren doch jung, lebten gesund und gingen zur Vorsorge. Mein Name ist Meike, ich bin zum Zeitpunkt meiner Brustkrebsdiagnose 35 Jahre alt und habe das große Glück, von wunderbaren Menschen umgeben zu sein. „Wir schaffen das!", sagen sie. Und „Go home, George!" brüllen sie in ihre Telefone, als ich zu meiner ersten Chemo muss.
Erst kurz zuvor habe ich mich aus einer langjährigen, sehr ungesunden Beziehung befreit und bin eigentlich gerade wieder bereit, ins Leben zu springen. So mitten rein. Aber die nächste kräftezehrende Beziehung wartet schon auf mich: George hat sich so gut versteckt, dass er bei der routinemäßigen Kontrolluntersuchung zunächst nicht gefunden wird. Aber ich weiß, dass er da ist, schließlich habe ich ihn unter der Dusche ertastet. Zwei Monate später fühle ich ihn wieder und mein Bauch sagt mir, dass das keine zyklusbedingte Verhärtung ist. Dieses Mal entkommt er dem Ultraschall nicht.

Als die Ärztin mir mitteilt: „Sie haben Brustkrebs!", wird plötzlich alles ruhig. Ich warte, dass sich der Boden unter mir öffnet und ich in ein dunkles Loch falle, einfach falle, falle. Es passiert nicht. Und wenn ich ehrlich bin, bin ich davon gar nicht so überrascht.

Das ist der Moment, in dem mein Tumor George, mein Körper und ich – wir drei – eine WG gründen und gemeinsam auf eine außergewöhnliche Reise gehen.

Klare Kommandos an Bord

Von Anfang an bin ich sehr klar und sortiert. Noch am selben Abend fange ich an, mit George Gespräche zu führen. Sage ihm, dass ich verstanden habe, dass er da ist. Und dass das für den Moment okay ist. Dass ich nicht gegen ihn in den Krieg ziehen werde. Dass er ein Teil von mir ist – aus meinen eigenen Zellen habe ich ihn gebaut. Und ich umarme ihn und meinen Körper, schicke Liebe und werde nicht zulassen, dass er rebelliert.

Ich stelle einen Plan auf, für mich, meine Familie und meine Freunde: Keiner darf im Internet recherchieren, die Tumorbeschaffenheit und meine Überlebenswahrscheinlichkeit interessieren mich nicht. Die Warum-Frage streift mich bloß kurz, zieht nur an mir vorbei. Warum ich? Warum nicht ich?! Niemand hat Schuld. Meinen ganzen Fokus richte ich auf den Heilungsprozess und auf positive Menschen und Energien um mich herum. Auf keinen Fall soll meine Krankheit als Sensation geteilt werden. Kein Mitleid, nur Mitgefühl. Niemand soll mich bedauern und denken: „Die arme Meike, sie ist sterbenskrank!", sondern stattdessen: „Meike erfährt Heilung, Meike gesundet, Meike wird geholfen."

„I am the master of my fate; I am the captain of my soul." In großen Lettern prangen diese Worte auf meinem Krankenhaus-Ordner, der mich zu jeder Behandlung begleitet. Diese Abschlusszeilen des Gedichts *Invictus* von William Ernest Henley waren schon lange ein Lebensmotto für mich. Aber erst jetzt verstehe ich die Worte wirklich, ihre wahre Bedeutung. Erst jetzt wird ihnen Leben eingehaucht und sie werden zur Botschaft. An die Ärzte, an den Krebs, an die ganze Maschinerie um mich herum, deren Motor gerade erst gestartet wurde: „ICH bin der Meister meines Schicksals, ICH bin der Käpt'n meiner Seele!"

Sturmgewalt und Tropenglut

Vor mir liegen mindestens 9 Monate Behandlungsdauer mit 16 Chemotherapien, zwei operativen Eingriffen und 24 Bestrahlungen. Mein Körper wird aufgeschlitzt, ihm wird literweise Blut abgenommen, es werden Zugänge gelegt, Kontrastmittel, radioaktives Mittel und Herzstressmittel injiziert. Er wird in Röhren geschoben, zwei Mal setzt man ihn unter Vollnarkose und er wird Strahlung ausgesetzt. Und dann kommt das Gift.

Die Chemotherapie ist grausam. Mit jedem Mal wird mein Körper schwächer, hat weniger Reserven. Chemo Nummer vier ist die härteste. Sobald der Tropf komplett in mich reingelaufen ist, bin ich schon in der Hölle. Ich kann mich nicht erinnern, dass es mir davor in meinem Leben körperlich schon jemals so schlecht ging. Die Nebenwirkungen sind anders als alles, was ich bis dahin erlebt habe.

Erbarmungslos, ohne Gnade, erniedrigend, gewaltig. Ich verliere völlig die Kontrolle über meinen Körper, sämtliche Kraft und Energie entweicht. Ich bin nur noch die Hülle, die dafür sorgt, dass der Organismus, so gut es geht, mit Nahrung, Wasser und Schlaf versorgt wird. Die Übelkeit kriecht in mir hoch und bleibt. Sie bleibt viel zu lang. Stunden, Tage, Wochen. Mir ist so schlecht, dass ich mir

nichts mehr wünsche, als endlich zu erbrechen, um Erleichterung zu fühlen. Aber das passiert nicht. Ich kann meine Hände und Füße nicht mehr fühlen – sie sind taub, steif und dick. Mein Herz rast. Es wird noch tagelang bummern und sich aufbäumen.
Mein Kreislauf sackt völlig weg, existiert nicht mehr. Mein Körper glüht und schreit ununterbrochen nach Nahrung und Wasser, will Energie, um das Gift loszuwerden. Alles, was ich esse und trinke, schmeckt scheußlich bitter und nach Metall, und nichts davon hilft, um der Übelkeit zu entkommen. Mir ist schwindelig und irgendwann liege ich ausgelaugt und erschöpft auf dem Badezimmerboden. Ich bin zu kraftlos, um zu weinen. Ich will auch gar nicht weinen. Das alles soll einfach nur aufhören, ich möchte einfach nur ein ganz normales Leben zurück.

Bitte verlass mich nicht!

„Lieber Gott, verlass mich nicht! Lieber Gott, bitte, verlass mich nicht!", flüstere ich. Ich umarme meinen Körper und entschuldige mich bei ihm für alles, was ich ihm gerade antun muss. Danke ihm dafür, wie großartig er mich durch alles hindurch trägt, und verspreche ihm, dass ich künftig besser auf ihn aufpassen werde.
Tagelang befinde ich mich in dem Nebel – lasse mich von der Übelkeit und der Schwäche in die Knie zwingen, lasse den Kampf in mir wehrlos zu. Ich liege da und warte, dass es endlich vorbei geht. Als das Gift langsam meinen Körper verlässt, bleibe ich völlig erschöpft zurück. Gespenstische Ruhe in mir. Wie nach einem sehr langen Tauchgang ohne Sauerstoff stoße ich durch das Wasser an die Oberfläche und sauge die Luft ein. Ganz langsam setze ich mich wieder zu einem normalen Menschen zusammen.

Nach und nach, Stück für Stück. Aus dem Spiegel blickt mir ein völlig farbloses, fast graues Wesen mit tiefen Schatten unter den Augen und blauen Lippen leblos entgegen. Und dann kann ich wieder stehen, beginne ich, wieder zu funktionieren. Ich drehe die Musik laut auf und tanze durch das Wohnzimmer. Mit George, mit dem Leben und mit dem Tod.
Aber an manchen Tagen verlässt auch mich mal der Mut. Dann wünschte ich, ich hätte George gar nicht gefunden. Dann müsste ich jetzt auch nicht all diese Qualen durchleiden und wäre vielleicht irgendwann einfach tot umgefallen. Ich weiß natürlich, dass das Quatsch ist, und zweifle nicht einen Moment daran, dass meine Zeit noch nicht gekommen ist. Ich weiß, dass ich „hier unten" noch nicht fertig bin. Aber der Tod scheint mir manchmal die einfachere Alternative. Überhaupt merke ich, wie ich um das Thema herumschleiche. Ausweichend und neugierig zugleich.
Wie wäre es denn für mich, wenn ich jetzt wirklich sterben müsste? Was passiert dann? Habe ich Angst vor dem Tod? Erstaunt bemerke ich, dass ich gar keine Bucket List, keine „Letzte-Wünsche-Liste" habe. Dass ich nicht das Gefühl habe, dass mir etwas fehlt, dass ich irgendwas verpasst habe oder gar noch nicht geschafft oder noch nicht erreicht habe. Es gibt keinen Mangel in meinem Leben, es ist alles da, was ich brauche. In dem Moment fühle ich mich unfassbar reich, und das gibt mir einen unglaublichen Frieden.

Ich mache alles, was ich tun kann, um gesund zu werden, aber alles darüber hinaus liegt nicht in meiner Hand. Über meinen Tag X wird auf einer anderen Ebene entschieden, und wenn ich jetzt gehen müsste, wäre das in Ordnung.

Leuchtraketen und Notsignale

Ich glaube daran, dass Krankheiten nicht einfach so passieren und dass man auch nicht ohne Grund an bestimmten Stellen im Körper erkrankt. Die weibliche Brust steht für Fürsorge. In der Vergangenheit habe ich mir selbst eindeutig zu wenig davon geschenkt. Alle anderen waren zuerst dran. Mein Bedürfnis nach Wertschätzung und Anerkennung von außen ist groß, sodass ich mich in vielen Bereichen regelrecht immer wieder selbst überhole und verausgabe, beruflich wie privat. Im Grunde habe ich mir selbst auferlegt, die vermeintlichen Erwartungen aller an mich erfüllen zu müssen.
Jahrelang versuchte mein Körper alles, um gesund zu bleiben, egal, wie ich ihn behandelte. Ob ich ihn kritisierte oder ihn wieder einmal über seine Grenzen hinaus peitschte. Schon vor meiner Brustkrebserkrankung schickte er mir viele Signale, um mir zu zeigen, dass ich ein Leben gegen mich selbst führe, dass er und meine Seele leiden. Ich überhörte sie alle: Mandel- und Kehlkopfentzündungen, zahlreiche Magen-Darm-Infekte, Erschöpfungszustände und schließlich sogar eine Rippenfellentzündung, die so sehr schmerzte, dass ich weder gehen noch stehen oder sitzen konnte. Für alles gab es ein Medikament, damit ich schnell wieder funktionieren konnte. Denn ich bin Teil unserer Leistungsgesellschaft und da gibt es keinen Stillstand. Da ist kein Raum für Schwäche.
Als aber George in mein Leben tritt, habe ich keine Wahl mehr: Ich muss innehalten. Und während ich in eine Zeitlupe katapultiert werde, pulsiert das Leben vor meiner Haustür weiter. Ich erinnere mich, wie fassungslos ich im ersten Augenblick versuche, zu begreifen, dass ich jetzt in diesem Va-

kuum lebe, während „da draußen" einfach alles weiterläuft wie bisher. Aber ich erinnere mich auch an einen meiner ersten Gedanken unmittelbar nach Überbringung meiner Krebsdiagnose: Da ist ein Aufatmen, Erleichterung macht sich breit. Endlich Stille. Endlich habe ich Zeit für mich!

In den kommenden Wochen und Monaten zeigt mein Körper mir, was für ein Held er ist. Bestmöglich unterstütze ich ihn mit Fasten, Sport, Entgiftung und gesunder Ernährung. Wenn er Pausen braucht, gebe ich ihm Pausen. Aber dann machen wir weiter. Er und ich. Wenn er zittert, der Kreislauf uns verlässt, beruhige ich ihn. Ich erkläre ihm, dass ich ihm nicht schaden will. Dass ich all das tue, um ihm zu helfen. Ihn bestmöglich auf den nächsten Schritt auf unserer Reise vorbereiten will. Nur ein einziges Mal in all der Zeit streikt er – die Leukozyten sind fast auf Null, es wird kurz gefährlich. In der restlichen Zeit marschiert er aufrecht durch die anstrengende Behandlung, lässt sich alles gefallen. Nie zeigen meine Blutwerte irgendeine weitere Mangelerscheinung. Jedes Herzecho ist unauffällig. Auf dem Monitor sehe ich die Herzklappen pulsieren, als würden sie mir applaudieren. Schritt für Schritt nehmen wir jede Hürde, haken die einzelnen Meilensteine ab. Das Ziel immer klar vor Augen: Gesund werden. Leben.

Mann über Bord oder Ankunft in Wunderland

Die WG wird aufgelöst. George geht. Zurück bleiben mein Körper und ich. Die Trennung wurde fast unbemerkt vollzogen. Wir haben uns auseinandergelebt. Als meine Behandlung abgeschlossen ist, ist mein Körper gezeichnet, er hat Narben und ein paar Kilos mehr. Aber: Ich bin noch da.

Wenn ich es schaffe, wenn ich überlebe, hatte ich mir während der Chemotherapie versprochen, dann fahre ich ans andere Ende der Welt. Wacklig, schwach und mit raspelkurzen Haaren steige ich also direkt im Anschluss an die Therapie in ein Flugzeug nach Neuseeland. Ganz allein. Mutig und riskant vielleicht und irgendwie auch ein bisschen verrückt. „Typisch Du!", sagen meine Freunde.
Wir haben es wirklich geschafft, mein Körper und ich. Am Anfang zaghaft, dann geht mehr. Wir wandern, steigen auf Berge, lassen uns von der Sonne wärmen. Die Gelenke werden kräftiger, die Schmerzen lassen nach, die Strecken, die wir schaffen, werden länger. Es ist ein Wunder, was mein großartiger Körper für mich geleistet hat und wie er sich zurück ins Leben kämpft.

Georges Erbe

Eine meiner großen Erkenntnisse aus dieser Reise im Schlauchboot über den Ozean: Das Aufschieben von Dingen funktioniert nicht! Wie alle anderen Menschen bin auch ich endlich. Man sollte nicht immer nur brav sein, die Pflichten erfüllen und darauf warten, dass in der Konsequenz das Glück an die Tür klopft. Ich glaube, man muss auch mal aufstehen und losgehen, um sich ein bisschen was davon zu holen. Man darf das Bewusstsein haben, dass man auch das Recht hat, sich ein Stück vom Kuchen mit der Sahnehaube zu nehmen, und nicht immer zum Randstück greifen muss. Ohne George hätte ich das vielleicht nie begriffen.

Er ist zwar gegangen, aber seine Botschaften bleiben. Jeden Tag erinnere ich mich an unsere bittersüße Reise. Er gab mir Flügel, als meine Beine mich nicht mehr tragen konnten. Er gab mir Stille, als ich sie am meisten brauchte. Er ließ mich das Leben noch mehr lieben, als ich es ohnehin schon tat. Natürlich möchte ich jetzt gesund bleiben und meinen Körper und meine Seele bestmöglich behandeln und nähren. Doch es fällt mir oft schwer, das in meinem stressigen Berufsalltag umzusetzen, denn ich habe nicht die Wahl, völlig aus dem alten Leben auszubrechen. Aber ich versuche, Dinge zu erleben und umzusetzen, wenn ich merke, dass sie in mir Freudenfunken tanzen lassen. Ich warte nicht mehr auf Erlaubnis oder jemanden, der mich begleitet. Wenn da ein Konzert ist, das ich sehen möchte, aber niemand mitkommen will, dann gehe ich allein hin und komme mit einer Handvoll neuer Freunde wieder heraus. Ich lasse mich unter anderem zur Ernährungsberaterin und Yoga-Lehrerin ausbilden. Ich gehe allein auf Reisen. Dinge, über die ich früher vermutlich nicht mal nachgedacht hätte.

„Irgendwie fängt irgendwann irgendwo die Zukunft an, ich warte nicht mehr lang!", sang Jan Delay damals, während wir mit Partyhütchen auf den Köpfen beobachten, wie der letzte Tropfen Chemogift in mich hineinläuft.

Ich warte nicht mehr – jetzt wird gelebt!

Anja Caspary *1964
Für die 50-jährige sportbegeisterte Anja hat die Gesundheit ihres Körpers Priorität. „Vor 20 Minuten war ich noch das blühende Leben. Und jetzt bin ich todkrank?", schießt es Anja durch den Kopf, als beim Mammografie-Screening der Brustkrebs entdeckt wird. Doch der Verlust ihrer Brüste tritt in den Hintergrund, als die nächste Schreckensnachricht auf sie wartet.

Das Leben ist kostbar

Erst der Tod zeigt mir die wahre Schönheit des Lebens

Meine eigene Brustkrebserkrankung verblasst angesichts des neuen Schocks: Bei meinem Mann wird ein halbes Jahr nach meiner Diagnose ein inoperabler Hirntumor diagnostiziert. Die Ärzte wissen nicht, wie lange er noch leben wird, aber es ist klar, dass unsere gemeinsame Zeit bald zu Ende ist. Der Gedanke an den Abschied ist so schmerzhaft, dass ich ihn nicht in Worte fassen kann.

Liebe ist nicht unmöglich

Ich wollte nie so sein wie meine Mutter. Sie war sich selbst gegenüber nicht ehrlich, nicht geradeheraus und ohne Grundvertrauen in ihre Partner. Ihre Beziehungen endeten jedes Mal in Eifersucht, Vorwürfen und Rechtfertigungen. In den 1960er-Jahren wurde ich als Kind geschiedener Eltern wie eine Aussätzige behandelt – einen anderen Namen als die Eltern zu tragen, galt als großer Makel. Gleichzeitig hat mich die Außenseiterposition aber auch trotzig und stark gemacht: Ich bin eine Kämpferin, wollte immer „meine Frau stehen" und habe mich mit feministischem Ehrgeiz von der typischen Frauenrolle distanziert. Ich glaube aber nicht, dass ich damit meine „weiche Seite" unterdrückt habe, für mich fühlt es sich nicht so an. Die beiden Scheidungen meiner Mutter jedoch haben damals meinen Glauben an die Liebe zerstört. Lange Zeit dachte ich, echte Liebe zwischen Mann und Frau sei gar nicht möglich, deshalb wollte ich niemals heiraten.

Bis ich meinen Mann kennenlernte. Von Anfang war es ganz leicht, ihn zu lieben und zu akzeptieren, wie er ist, weil er das auch bei mir machte. Mit ihm ist mein Leben schöner als alleine und ich habe durch ihn erkannt, dass bedingungslose Liebe nicht unmöglich, sondern ein Geschenk ist.

Mein Todesurteil?

Mein Name ist Anja, zu meinem 50. Geburtstag bekomme ich nicht nur Geschenke, sondern auch zum ersten Mal eine Einladung zur Mammografie. Ich denke, das geht sicher schnell, und fahre in der Mittagspause zur Radiologie-Praxis. Als es nach dem Screening heißt, dass eine Aufnahme wiederholt werden muss, lehne ich entschieden ab: „Ich will mich doch nicht mit Röntgenstrahlen verseuchen lassen, womöglich kriege ich davon Krebs." Die betretenen Blicke des Personals bemerke ich gar nicht. Jetzt sitze ich vor der Ärztin und bin vollkommen schockiert. In beiden Brüsten sind Krebstumore, und ich habe nichts davon gemerkt, nichts ertastet, habe keine Schmerzen. Das ist mein Todesurteil!, ist der erste Gedanke, der mir durch den Kopf schießt.

Meine Mutter hat mir beigebracht, dass Krebs nur Leute kriegen, die alles in sich reinfressen. Ich dagegen sage immer, was ich denke, und bin total ehrlich. Und jetzt Krebs? Ich fühle mich kerngesund, und jetzt soll ich sterben?

Meine Kinder und mein Mann sind ebenfalls fassungslos, als sie von der Diagnose hören. Keiner in unserer Familie ist vorher mit Krebs in Berührung gekommen. Mein 20-jähriger Sohn denkt, genau wie ich, sofort an Tod. Meine Tochter ist erst 13 Jahre alt und mit der Situation überfordert.
Es gibt uns allen Halt, dass ich gleich einen Plan habe.

Die Dinger müssen ab

Ich bin extrem sportbegeistert und mache seit über 30 Jahren Yoga. Um aktiv zu bleiben, hat die Gesundheit meines Körpers für mich höchste Priorität, deshalb will ich auf keinen Fall eine Chemotherapie, die meine gesunden Zellen zerstört, oder eine Bestrahlung, die ja auch gesundes Gewebe

kaputt macht: Ich möchte meinen Körper nicht schädigen, er soll nicht mit irgendwelchen Giften verseucht werden.

Der Arzt rät mir zu einer standardmäßigen Operation mit anschließender Bestrahlung. Doch das kommt gar nicht in Frage: Für mich ist klar, die Dinger müssen einfach ab! Weg damit! Meine Brüste kommen mir so vergiftet vor, als würde der Tod in ihnen lauern. Ich will keinen Tag länger warten, damit sich der Krebs nicht noch weiter ausbreiten kann.
Warum denken so viele Menschen, dass eine Frau nicht ohne Brüste leben kann? Meine Brüste waren super zum Stillen meiner Kinder und natürlich sind sie auch toll beim Liebesspiel, durch die Stimulation der Brustwarzen kann man ja schon fast einen Orgasmus kriegen. Aber durch den Krebs ist für mich der Zeitpunkt gekommen, mich von ihnen zu trennen.

ICH entscheide, wie ich die Behandlung haben will, denn es geht um MEINEN Körper, um MEIN Leben! Ich will mich nicht dafür rechtfertigen müssen, weder vor meinem Mann noch vor meinem Arzt. Aber das muss ich auch gar nicht. Der Arzt meint sogar, dass es nicht wenige Frauen gibt, die sich zu dem radikalen Schritt entschließen und danach einen Wiederaufbau machen. Beim nächsten Termin erklärt er mir die geplante Rekonstruktion meiner Brüste.
Bis dahin dachte ich, sie werden aus Körperfett irgendwie hin modelliert, aber das geht ja nur, wenn

man genug davon hat, um daraus einen Busen neu zu formen. Für schlanke Frauen können es daher nur Silikon-Implantate sein – also eine belastende Operation mit dem Ergebnis, dass ich anschließend zwei lange Narben und Hügel aus Plastik ohne Brustwarzen habe? Kommt nicht in Frage!
Mein Mann versteht mich: Ich soll das machen, was für mich und meinen Körper am gesündesten ist. Ihm ist meine Gesundheit wichtiger als mein Aussehen.

Mein neues Ich

Durch die Brustamputation komme ich um die Bestrahlung herum und die Gefahr eines Rezidivs ist kleiner. Ich bereue die Entscheidung nicht, hätte mich aber nicht so unter Druck setzen müssen. Der Arzt hat mir auch keine alternativen Behandlungsmethoden vorgestellt. Im Nachhinein finde ich es übertrieben, dass alles so schnell gehen musste, und denke, die Panik war unnötig, denn Krebs entsteht über Jahre.

Ich fühle mich nicht krank, deshalb fange ich nur zwei Wochen nach der Operation wieder an zu arbeiten. Ausgestattet mit einem Spezial-BH mit Brustprothesen sehe ich aus wie früher, das ist wirklich cool.

Aber, die Silikonbrüste gehören nicht zu mir, das bin nicht ich, ich komme mir irgendwie falsch vor. Ich fühle mich wie in einer Faschingsverkleidung, in der ein Mann eine Frau spielt.
Nach nur zwei Tagen verzichte ich auf die Prothesen und fühle mich seitdem absolut wohl in meiner Haut. An mir soll alles echt sein, ich möchte auch keine Schönheitsoperation durchführen lassen oder mir die Haare färben, ich werde nun mal älter und das kann man auch sehen. Und jetzt habe ich keine Brüste mehr, das ist mein neues Körperbild und es gehört zu mir.

Ich hatte Glück, die Lymphknoten waren nicht befallen, das heißt, der Krebs hat nicht metastasiert und ich brauche keine Chemotherapie. Doch ich lehne nach der Operation die empfohlene Einnahme von Tamoxifen konsequent ab: Ich habe nie die Antibabypille genommen, weil ich nicht in meinen Hormonhaushalt eingreifen wollte, deshalb sträubt sich alles in mir dagegen, meinen Körper mit Anti-Hormonen künstlich in die Wechseljahre zu versetzen. Außerdem schrecken mich die möglichen Nebenwirkungen mehr ab, als dass mich das Versprechen meines Arztes beruhigen kann, damit den Krebs in Zukunft im Griff zu haben. Ich will das Zeug nicht einnehmen, weil mein Körper nicht leiden soll. Ich liebe ihn und will, dass er gesund und leistungsfähig ist.

Der Arzt hat kein Verständnis für meinen Standpunkt, er beruft sich auf Studien, die belegen, dass ein Rezidiv damit vorprogrammiert ist. Meine laienhafte Meinung besagt, dass diese Studien eben nicht unsere Einzigartigkeit berücksichtigen. Frauen mit anderen Tumorarten und schon erfolgten Streuungen werden zusammen mit mir in einen Topf geworfen, dabei sind wir doch alle anders, und ich glaube auch, dass die innere Einstellung eine wichtige Rolle im Heilungsprozess spielt. Wenn ich so negativ gegen das Medikament eingestellt bin, kann das nicht gut gehen.

Sollte der Brustkrebs in fünf Jahren wiederkommen, werde ich mich nicht darüber ärgern, dass ich das Tamoxifen nicht genommen habe. Es ist für mich im Moment genau die richtige Entscheidung und ich stehe zu den Konsequenzen. Damit trennen sich die Wege von mir und meinem Arzt endgültig. Doch es ist mir wichtig, wahrhaftig mir selbst gegenüber zu sein und mich in meiner Haut wohlzufühlen. Um mit mir selbst im Reinen zu sein, treffe ich lieber auch mal unliebsame Entscheidungen. Mir ist es wichtig, zu zeigen, dass ich nicht perfekt bin, und ich muss mich nicht dafür schämen, dass ich anders aussehe. Ich habe kein Problem damit, meine Narben in der Öffentlichkeit zu zeigen, in der Sauna oder oben ohne am Strand. Damit möchte ich auch allen anderen Mut machen.

Mein Ziel: Gesundheit

Mein Ziel ist es, so gesund zu werden, dass ich kein Rezidiv bekomme und mein Körper stattdessen in Zukunft entartete Zellen angreift und zerstört, sie also gar nicht irgendwo andocken lässt.

Ich will alles erfahren über Krebs und lese viel darüber, von *Der König aller Krankheiten* bis zu Büchern mit esoterischen Ansätzen, die vermitteln wollen, dass die Krankheit in einem selbst entsteht und man hinterfragen soll, wo sie herkommt. Ich glaube allerdings, es ist einfach Schicksal.

Die Ärzte sagen nach der Operation: „Seien Sie glücklich, Sie sind nun gesund. Machen Sie weiter, essen und trinken Sie, was sie möchten. Lassen Sie es sich gut gehen!“ Aber ich habe es mir vorher immer sehr gut gehen lassen, deshalb werde ich misstrauisch. Ich will unbedingt etwas tun, damit der Krebs nicht wieder kommt, und da bleibt aus meiner Sicht nur eine Veränderung in meiner Ernährung.

Deshalb suche ich mir Unterstützung bei Therapeuten, die ebenso denken wie ich. Eine Heilpraktikerbehandlung wird zwar von meiner Krankenkasse nicht bezahlt, aber ich erkenne einen großen Mehrwert für meine Gesundheit in ihrer Lehre. Die Sinnhaftigkeit der Therapie überzeugt mich, ich lasse Nahrungsmittelunverträglichkeiten sowie Allergien testen und Schwermetalle ausleiten. Anschließend werde weitere Tests gemacht, ob ich irgendwo im Körper, vielleicht im Gebiss, noch Entzündungsherde habe, die eliminiert werden müssen, um das Risiko einer Wiedererkrankung zu senken.

Vorher war mir nicht klar, dass es nicht unbedingt offensichtlich ist, welche Nahrungsmittel einem Körper nicht guttun. Zuerst lasse ich alles weg, worauf mein Körper allergisch reagiert hat, ohne dass ich es bemerkt habe. Dass ich beispielsweise keine Eier essen sollte, habe ich nicht gewusst. Also keine Eier, aber auch keine Milchprodukte und kein Gluten, kein Brot.

Was nirgendwo steht, entscheide ich für mich selbst: keinen Alkohol mehr, keinen Krümel Zucker und keinen Honig. Nichts Süßes außer Obst, weil Krebszellen sich von Kohlenhydraten, also auch von Zucker ernähren. Meine Theorie, dass ich damit mögliche Krebszellen aushungere, ist nicht belegt. Aber mir hilft es, so zu denken.

Jeden Morgen trinke ich frisch gepressten Gemüsesaft. Ich gebe mir selbst bei Bedarf Procain- und Vitamin C-Infusionen und mache eine Mistel-Therapie. Ich faste regelmäßig, mache Kaffeeeinläufe zur Entgiftung, nehme täglich einen Löffel Flohsamen zu mir sowie Probiotika, um meinen Darm zu unterstützen. Seitdem ich mein Immunsystem so umfassend stärke, habe ich auch keine Erkältung mehr gehabt.

Nahrungsmittel können mehr als alles andere im Körper eine positive Wirkung erzielen. Eigentlich ist es so logisch, wir können beeinflussen, was wir essen und was das bewirkt. Ich weiß nicht, ob diese ganzen Maßnahmen gegen den Krebs helfen, aber es gibt mir das gute Gefühl, das Bestmögliche zu tun. Ich sehe meine Ernährung als Medizin, um mich gesund zu erhalten.

Sein Todesurteil

Dann, ein halbes Jahr nach meiner OP, wird bei meinem Mann ein inoperabler Hirntumor diagnostiziert. Die Ärzte wissen nicht, wie lange er noch leben wird, aber es ist klar, dass er bald stirbt. Ich wünsche mir, dass wir noch eine schöne Zeit miteinander haben, doch plötzlich geht alles sehr schnell. Nachdem mein Mann einen epileptischen Anfall hat, ist er von einem Tag zum anderen pflegebedürftig, sein Wesen nicht wieder zu erkennen.

Plötzlich bin ich zuhause für alles verantwortlich, alles, was wir vorher zu zweit gemacht und entschieden haben, liegt jetzt bei mir. Das fängt beim Einkaufen an und endet bei den Reparaturen in unserer Wohnung.

Meine eigene Erkrankung tritt damit total in den Hintergrund. Ich kann nicht aufhören zu weinen, jeden Tag, jeden Abend, immer und überall, wo die Kinder es nicht sehen können. Ich bin so unglücklich wie niemals zuvor, dabei habe ich meine eigene schockierende Krebsdiagnose noch lange nicht richtig verkraftet. Körperlich vielleicht schon, aber mein Geist bestimmt nicht. Ich bin psychisch so am Ende, dass ich fast erwarte, ein Rezidiv zu bekommen, weil in allen Ratgebern steht, dass seelische Belastungen die Wiedererkrankungsrate deutlich erhöhen können. Mir hilft es, mir bewusst zu machen, dass Frauen im Krieg es viel schlimmer hatten als ich, die ihre Männer und Kinder verloren haben, ausgebombt wurden. Diese Gedanken tragen dazu bei, dass ich mich beruhige und sicher bin: Man kann alles überleben und ertragen, und ich werde wieder gesund.

In der Folgezeit versucht jeder von uns auf seine Art, mit den furchtbaren Ereignissen fertigzuwerden. Mich rettet, dass ich weiterhin zur Arbeit gehe und damit ein Stück Alltag habe, wie ich ihn seit Jahren kenne. Mir ist egal, was andere darüber denken, denn für mich ist es in dem Moment überlebenswichtig, allein schon, um mich abzulenken. Für ein paar Stunden am Tag verdränge ich, dass ich Krebs hatte und mein Mann im Sterben liegt. Meinen Kindern geht es genauso, sie gehen weiterhin zur Schule und zur Uni, dort finden sie ein Stück Normalität.

Wir haben kein schlechtes Gewissen, denn mein Mann hätte nichts lieber gewollt, als dass es uns gut geht. Es ist schlimm genug, was gerade passiert, wir brauchen dringend diese Ablenkung. Die Erkenntnis, dass das Leben weitergeht, das Leid zeitweise zu vergessen und auch mal schallend zu lachen, tut uns gut; es hilft, Abstand vom Tod zu bekommen. Gleichzeitig stehen uns viele liebe Menschen zur Seite, die sehr hilfsbereit sind und uns Kraft geben: Verwandte, Freunde, Nachbarn, Ärzte. Die letzten zehn Tage verbringt mein Mann im Hospiz, er kann sich kaum mehr bewegen, braucht Windeln. Es riecht unangenehm in seinem Zimmer, denn wenn jemand stirbt, beginnt der Körper schon vorher zu verwesen. Es ist kaum erträglich. Hagens Tod ist der schlimmste Moment meines Lebens. Gleichzeitig bin ich dankbar für seine Erlösung.

Auf der Suche nach Lebensfreude

In unserer Gesellschaft wird Schwäche oft verachtet, dabei ist das Zeigen von Schwäche die größte Stärke. Es ist hart, aber man muss quasi die Welle über sich hereinbrechen lassen und abwarten, bis die Sonne wieder scheint. Ich bin erstaunt, dass ich ohne Ende weinen kann, und hätte gleichzeitig nie gedacht, was ich alles aushalten kann.

Ich muss ganz schnell versuchen, unser Leben irgendwie wieder „normal" werden zu lassen. Mein Mann ist tot, Krebs ist kein Tabu-Wort, und das, was jetzt ist, ist unser neues Leben. Wir alle müssen lernen, das zu akzeptieren, und gemeinsam einen Weg finden.
Ich hätte es nie gedacht, aber es funktioniert.

Trotz der dramatischen Veränderungen ist der Kern in mir derselbe geblieben und mir hilft es sehr, dass ich Kinder habe, für die ich da sein muss: Sie kennen kein Leben ohne ihren Vater und brauchen jetzt besonders viel Stabilität und Halt. Für sie ist alles viel schlimmer als für mich, und sie werden noch mehr aus der Bahn geworfen, wenn ich meine Lebensfreude nicht wiederfinde.
Das spornt mich an, die positive Seite in mir zu suchen, schließlich bin ich kein anderer Mensch geworden, nur weil ich tragische Dinge erlebt habe. Ich finde mein ehemaliges Selbst und kehre es heraus: die alte Anja, die oft Quatsch macht, schmutzige Witze erzählt und viel lacht.

Leben ist JETZT

Als mein Mann gestorben ist, habe ich wieder angefangen, mich meinem Tagebuch anzuvertrauen. Manchmal weiß ich gar nicht, was ich schreiben möchte, aber in dem Moment, wo ich die Feder auf das Papier setze, fließen die Sätze aus mir heraus. Damit lerne ich mich auch selbst immer besser kennen. Mein Tagebuch wird mein Psychologe.

Es hilft auch, meine Situation im Vergleich zu anderen Menschen zu sehen, damit ich nicht im Selbstmitleid versinke. Anderen geht es oft viel schlechter, und so bringe ich meinen Fokus wieder in Relation: Ich bin nichts Besonderes, nur weil ich Krebs hatte und mein Mann plötzlich gestorben ist. In

jedem Menschen lauert ein verborgener Schmerz, es ist nicht alles, wie es scheint. Das schenkt mir Trost, denn ich merke, dass ich nicht allein bin. Mit diesem Bewusstsein ist mein eigenes Leid nicht mehr so groß, es wird ganz, ganz langsam kleiner.
Das Leben findet in der Gegenwart statt. Es bringt doch nichts, daran zu denken, was in ein paar Jahren ist, vielleicht existiere ich dann gar nicht mehr. Ich habe schon immer so gedacht, aber der Tod meines Mannes hat das noch verstärkt. Das Leben kann einfach viel zu schnell vorbei sein.
Mir ist es noch wichtiger geworden, den Augenblick zu genießen und das zu machen, was sich gut anfühlt und worauf ich Lust habe. Ich will einfach keine schlechten Schwingungen um mich herum haben, sondern ich muss mich wohlfühlen in meiner Haut.

Ich mag Action. Andere würden das vielleicht als Stress empfinden, aber ich liebe Trubel, egal ob im Job oder zuhause. Meine Arbeit als Radiojournalistin finde ich toll, wenn ich moderiere, ist das schon eine Art Adrenalin-Kick, weil in der Live-Situation immer irgendetwas passieren kann. Ich laufe unter Stress zur Höchstform auf, mir macht es erst richtig Spaß, wenn ich kurzfristige Entscheidungen treffen muss, alles ganz schnell gehen oder spontan geändert werden soll. Oder wenn die Kinder krank sind und ich alles organisieren muss. Ja, ich hatte und habe ein stressiges Leben, aber dass empfinde ich nicht als negativ, sondern eher als belebend.

Ich kann aber auch sehr gut einfach mal nichts tun, und bevor ich einfach nur vor dem Fernseher rumhänge, lese ich lieber oder gehe an die frische Luft. Ich jogge jeden Tag, schwimme sogar mitten im Winter im See und fühle mich dadurch lebendig.

Ich versuche, jeden Tag zu meditieren und mich auf meinen Atem zu konzentrieren, um meinem Gehirn eine Ruhepause zu gönnen und mich auf mein Inneres zu fokussieren. Ich behandle mich gut und habe mich gern.

Früher war es für mich selbstverständlich, gesund zu sein. Es war selbstverständlich, meine Familie um mich zu haben und mich aufs Alter mit meinem Mann und späteren Enkeln zu freuen. Mir war nicht bewusst, wie schnell alles vorbei sein kann.
Die pure Existenz sollte man feiern. Diese übertriebene Selbstoptimierung und das ständige Funktionieren-Müssen, das schon bei den Kindern anfängt, ärgert mich. Selbst Kinder dürfen gar nicht mehr krank werden. Früher, da hatte man manchmal eine Kinderkrankheit und war 3 Wochen zu Hause. Heutzutage muss ja schon fast das Schuljahr wiederholt werden, wenn ein Kind mal eine Woche fehlt. Alles muss perfekt sein, die Noten, der Körper, die Vita. Deshalb werden diese ganzen Unterdrücker-Medikamente genommen. Dabei gehört Krankheit ja absolut dazu zum Leben. Von Anfang an, kaum sind wir auf der Welt, ist es eigentlich immer ein Wechsel von Kranksein und Gesundsein, und daran muss man sich vielleicht manchmal erinnern. Es ist nicht normal, dass immer alles nur gesund und perfekt ist.

Es macht mich jetzt glücklich, dass ich gesund bin, dass ich überhaupt lebe und meine Kinder noch erlebe. Erst nachdem mein Mann so überraschend gestorben ist, wurde mir klar, dass nichts selbstverständlich ist. Die meisten Alltagsprobleme sind eigentlich für die Katz – das Schöne ist doch, überhaupt da zu sein.

Jeder Tag des Lebens ist kostbar!

Das Wunderwerk in unseren Zellen

Gesundheit beginnt im Kopf

Isabella Ladines und Silke Linsenmaier in Kooperation mit Goran Stojmenovic

Mitochondrien sind die Kraft- und Energiequelle unseres Körpers – diese Wunderwerke in den Zellen erzeugen unsere Lebensenergie. Sie haben außerdem eine sehr wichtige Funktion für unsere Gesundheit, weil sie rechtzeitig den natürlichen Tod entarteter Zellen einleiten können, bevor diese sich in Krebszellen verwandeln. Wenn die Mitochondrien jedoch durch Schäden und Übersäuerung des Körpers diese Fähigkeit verloren haben, können Tumorzellen überleben und sich vermehren.
Geschädigte Mitochondrien führen zu einer unzureichenden Leistung der Körperzellen, eine Leberzelle entgiftet langsamer, eine Hautzelle altert schneller, Krankheiten entstehen. Gesunde Mitochondrien hingegen können unserem Körper zu optimaler Leistungsfähigkeit und Heilung verhelfen.

Der faszinierende Körper

Werfen wir einen Blick in unser Inneres, um das komplexe System unseres Körpers zu verstehen:
Die Versorgung der Organzellen mit Nährstoffen und der Abtransport der Zellausscheidungen erfolgen ausschließlich über das Bindegewebe. Es ist Teil des riesigen Faszien-Netzes in unserem Körper, das sich unmittelbar unter der Haut befindet. Das Bindegewebe ist ein weit unterschätztes System, das fast überall zwischen den Organen und Gefäßen zu finden ist. Es ist den Zellen vorgelagert, und wenn es verschlackt, können unsere Puffersysteme nicht mehr richtig arbeiten. Lebenswichtige Informationen sowie Mikronährstoffe können nicht mehr an die Körperzellen abgeben werden.

Das vegetative Nervensystem wiederum steuert alle faszinierenden Abläufe im Körper, auf die wir willentlich keinen Einfluss haben, z.B. den Herzschlag, die Darmfunktion oder die Hormonproduktion, aber auch die gesamte emotionale Ebene. Alle Impulse, die auf unseren Körper einwirken, haben einen Einfluss auf das vegetative Nervensystem, das im Bindegeweberaum endet.

Unser Stoffwechsel benötigt ein optimales Verhältnis zwischen Säuren und Basen als Voraussetzung für Gesundheit. Um eine gesunde Balance aufrechtzuerhalten, arbeiten verschiedene Regulationsorgane und sogenannte „Puffersysteme“ zusammen. Dieses komplexe System wird auch als Säure-Basen-Haushalt bezeichnet, in den verschiedene Organe, insbesondere Lunge und Niere, sowie das Blut und unser Bindegewebe eingebunden sind. Sie übernehmen unterschiedliche Funktionen und unterstützen bzw. entlasten sich gegenseitig. Neben einer ausreichenden Nährstoff- und Sauerstoffzufuhr ist für den Säure-Basen-Haushalt ein ausgeglichener pH-Wert von höchster Wichtigkeit.
Viele denken dabei an den pH-Wert im Blut, doch es geht vielmehr um den pH-Wert im Bindegewebe, der durch unsere Ernährung, unsere Lebensweise und verschiedene Erkrankungen beeinflusst wird.

3 Fragen an Deine Gedanken

1. Wie denkst Du über Dich?
2. Wenn Du Dich selbst lieben würdest, wie würdest Du mit Dir sprechen?
3. Wie stellst Du Dir Dein zukünftiges Ich vor?

Das beste System kollabiert bei Überlastung

Unser Körper entgiftet über Haut, Lunge, Leber und Nieren. Wenn sich jedoch zu viele Schadstoffe in unserem Organismus befinden oder die Puffersysteme nicht richtig funktionieren, werden überflüssige Abfallstoffe und Säuren im Bindegewebe abgelagert. Der größte Treiber für daraus resultierende Faszien- und Bindegewebsprobleme sind negative körperliche und seelische Stressbelastungen. Das bedeutet, je mehr Zellgifte durch falsche Nahrungsmittel, Umweltbelastungen oder negative Emotionen im Bindegewebe abgelagert werden, desto stärker wird die Übersäuerung des Gewebes. Das kann zu Entzündungen sowie zum Verkleben der Faszien führen und die Grundlage für chronische Krankheiten bilden, weil die Zellgifte den Stoffwechsel der Zellen nicht nur erschweren, sondern ihn langfristig auch massiv behindern.

Die Steuerung des Gleichgewichts zwischen Säuren und Basen im Körper ist eine der wichtigsten Funktionen des Bindegewebes. Die Säuren werden im Bindegewebe und in der Muskulatur zwischengespeichert, bevor sie über den Schweiß ausgeleitet werden. Außerdem werden sie in Form von Kohlendioxid „abgeatmet", durch die Harnsäure mit dem Urin ausgeschieden und über den Stuhl abgeführt. Unser Körper ist ein wahres Wunderwerk im Säure-Basen-Ausgleich, die Pufferkapazität des Organismus scheint unerschöpflich. Ungesunde Ernährung, Stress, Bewegungsmangel, selbst Drogen- und Alkoholexzesse brauchen lange, um die Funktionsfähigkeit unseres Körpers negativ zu beeinflussen. Aber jedes noch so gut funktionierende System stößt bei dauerhafter Überlastung an seine Grenzen und kollabiert irgendwann.

Übersäuerung macht krank

Die meisten Menschen haben verlernt, auf die Warnsignale ihres Körpers zu hören, sie ignorieren diese einfach oder versuchen, ihnen mit Medikamenten entgegenzuwirken. Sogar Dauerstress, Ängste, alltägliche Sorgen oder einfach nur negative Gedanken können zu Entzündungen und Schmerzen durch Übersäuerung führen. Sie zeigen, dass der Körper sich selbst heilen möchte und unsere Unterstützung braucht.

Die Mitochondrien, die sich in jeder Körperzelle befinden, sind besonders gefährdet durch eine Übersäuerung, denn wenn der Körper übersäuert ist, können lebenswichtige Nährstoffe die Zellen nicht mehr erreichen – die Folge: Die Mitochondrien sterben ab. Das kann sich anfangs in einem Energieverlust bemerkbar machen, der zunächst oft als harmloser Erschöpfungszustand abgetan wird. Weitere Zeichen können schnelle Ermüdbarkeit, Stimmungsschwankungen, vermehrtes Schwitzen sowie Haar- und Nagelprobleme sein.

ACHTUNG!

Wenn das Bindegewebe vergiftet und überlastet ist, können die Zellen nicht richtig versorgt werden, und ihre Energie-Kraftwerke, die Mitochondrien, sterben!

Ein übersäuerter Körper wird diese Zustände bei einem gleichbleibenden Lebensstil nicht ins Gleichgewicht bringen können. Bei einer Krebserkrankung wird eine Übersäuerung durch die charakteristischen Stoffwechselvorgänge der entarteten Zellen sogar noch begünstigt. Das Ziel einer Tumorzelle ist die Zerstörung der Mitochondrien, und eine Übersäuerung unterstützt sie, denn Krebszellen benötigen ein saures Milieu und Zucker-Proteine, um zu wachsen.

Symptome einer Übersäuerung können beispielsweise chronische Müdigkeit und Abgeschlagenheit, Probleme mit Haut, Haaren und Nägeln, chronische Entzündungen und unspezifische Verdauungsprobleme, negative Emotionen und ein geschwächtes Immunsystem sein. Solche Beschwerden sollten unbedingt beachtet werden.

Was uns „sauer" macht

Unsere ERNÄHRUNG und die Erhaltung unserer Lebensfunktionen sind die wichtigsten Einflussfaktoren des Säure-Basen-Haushaltes. Mit Deiner Nahrung kannst Du also entscheidenden Einfluss auf Deine Gesundheit nehmen.

Heutzutage nehmen wir überwiegend säurebildende Lebensmittel tierischen Ursprungs (Fleisch und Milchprodukte) sowie leicht verdauliche Kohlenhydrate in Form industriell verarbeiteter, zuckerhaltiger Lebensmittel wie Nudeln, Pizza und Fertigprodukte zu uns. Unser Stoffwechsel kann diese Produkte jedoch schlecht verarbeiten, sie fördern die Übersäuerung im Körper und können chronische Entzündungsprozesse auslösen.
Übrigens: Häufige Diäten oder drastische Fastenkuren können ebenfalls zu einem unausgeglichenen Säure-Basen-Haushalt führen.

Doch nicht nur die Ernährung hat großen Einfluss auf die Gesundheit. Wir leben in einer Zeit, in der STRESS bei der Arbeit, in der Familie und in der Umwelt viele Menschen betrifft. Besonders Frauen sind häufig extremen Stressbelastungen durch die Vereinbarung von Kindern, Haushalt und Beruf ausgesetzt. Stress kann das vegetative Nervensystem stark triggern und gehört damit zu den größten Belastungsfaktoren.

Einen weiteren Einfluss können die HORMONE haben, denn bei starker körperlicher Belastung erhöht sich der Cortisol-Spiegel – Cortisol ist das Stresshormon, das von der Nebenniere gebildet wird – und der Körper schüttet mehr Adrenalin und Noradrenalin aus.

Bewegungsmangel schädigt bekanntermaßen die Gesundheit, führt zu einem Abbau der Muskulatur und Gewichtszunahme. Weniger bekannt ist, dass auch ZU VIEL SPORT schaden kann, wenn eine übermäßige Überlastung vorliegt; diese kann den Körper übersäuern und damit krank machen.

Wer kennt ihn nicht, den Muskelkater nach einer anstrengenden Sporteinheit. Hobbysportler gönnen dem Körper meistens genug Erholung und nehmen das Training erst schmerzfrei wieder auf. Ehrgeizige Sportler mit straffem Trainingsplan nehmen sich allerdings selten Zeit für ausreichende Erholungsphasen. Für sie ist es häufig schwerer, einen ausgewogenen Säure-Basen-Haushalt aufrechtzuerhalten, weil es bei intensivem Sporttraining im anaeroben Bereich zur Ansammlung von Säuren im Bindegewebe kommen kann. Die Muskeln werden buchstäblich „sauer“ und die Zellen möglicherweise in ihrer Funktion eingeschränkt. Hoch forderndes Training kann so die Leistungsfähigkeit unserer körpereigenen Kraftwerke – der Mitochondrien – schädigen, ihre Fähigkeit, sich vor schädlichen äußeren Einflüssen, den freien Radikalen, zu schützen, kann darunter leiden. Ein Marathonlauf beispielsweise kann ca. 30% der Mitochondrien zerstören, und es dauert sehr lange, bis sich der Körper wieder regeneriert.

Statt gesundheitsfördernd kann Leistungssport daher sogar eher schädigend sein: Zu viele freie Radikale können zu Stressbelastungen im Stoffwechselsystem führen. Sie sind nicht nur ein Risikofaktor für vorzeitiges Altern, sondern auch für Organschäden und sogar für Krebs.

Werde zur Heldin Deines Lebens

Viele Frauen erkennen, dass eine Brustkrebsdiagnose ein Hilfeschrei und ein höchstes Alarmzeichen des Körpers sein kann. Sie wissen, dass sie ihre Lebensweise verändern müssen, aber ihnen fehlt das Wie.
Das Warum ist klar: Leben! Mit den folgenden Tipps möchten wir Dich motivieren, neben den wichtigen medizinischen Maßnahmen selbst zu Deinem Heilungserfolg beizutragen und zur Heldin Deines Lebens zu werden:

Basenreiche Ernährung und Fasten für Deine Gesundheit

Mit Deiner Ernährung kannst Du aktiven Einfluss auf Deine Gesundheit nehmen, denn mit einer basenreichen Kost ist es möglich, bestimmte Reperaturprozesse im Körper anzustoßen. Eine ausgeglichene, basische Ernährung sollte aus etwa einem Drittel säurebildenden und zwei Drittel basischen Lebensmitteln sowie einer ausreichenden Flüssigkeitszufuhr bestehen.

Entdecke, wie köstlich basenbildende Nahrungsmittel sind:

- Gönne Dir täglich mikronährstoffreiche und basische Lebensmittel, vor allem frisches Gemüse, Obst und Kräuter, Tee und Mineralwasser.
- Vermeide industriell verarbeitete Lebensmittel und reduziere den Verzehr von Fast Food, Fertigprodukten und Genussmitteln auf ein Minimum.

Übrigens: Auch gesunde Lebensmittel können die Wirkung von Krebsmedikamenten beeinflussen. Deshalb ist es ratsam, sich bei einer (onkologischen) Ernährungsberatung Hilfe zu suchen und einen individuellen Ernährungsplan ausarbeiten zu lassen.

Ein Gedanke ändert alles:
„Ich verwöhne mich und meinen Körper mit gesundem Essen statt mit Süßigkeiten."

Fasten ist eine sehr gute Methode zur natürlichen Entsäuerung und um die Mitochondrien dazu anzuregen, sich zu optimieren: Wenn wir kaum Nahrung zu uns nehmen, senken wir die Energiezufuhr und der Körper beginnt, Fette zu verbrennen. Um durch die veränderte Stoffwechsellage Energie zu produzieren, werden der Körper auf eine Art Notversorgung eingestellt und der gesamte Zuckerhaushalt heruntergeschraubt, was zu Entsäuerung führt.

Doch Achtung! Die Fettverbrennung geschieht in den Mitochondrien. Bei Menschen, die bereits so übersäuert sind, dass die Mitochondrien schon geschädigt sind, kann eine Fastenkur großen Schaden anrichten, weil die Notversorgung Stress und Alarm im Körper auslöst. Betroffene sollten deshalb nur unter professioneller Begleitung ein Heilfasten-Programm durchlaufen.

Gesundheit beginnt im Kopf

Der zweite wichtige Aspekt zur Gesundung beginnt im Kopf und mit folgenden Fragen:

- Was stresst mich und wie kann ich Stress und negative Gedanken reduzieren?
- Welche belastenden Emotionen aus der Vergangenheit (möglicherweise sogar aus der Kindheit) muss ich loslassen?

Suche Dir Hilfe und Unterstützung im beruflichen, familiären oder sozialen Umfeld, um Stress, Selbstüberschätzung und überzogene Ansprüche an Dich selbst zu reduzieren. Ausreichender Schlaf ist ebenfalls wichtig, aber lasse Dir nicht einreden, dass Du eine bestimmte Anzahl an Stunden Schlaf brauchst: Der Körper erholt sich auch in Ruhe- und Entspannungsphasen.

Führe ein Dankbarkeits-Tagebuch und lenke damit Deine Gedanken auf die positiven Erlebnisse und Erfahrungen – wenn es Dir am Anfang schwerfällt, Dankbarkeit zu empfinden, nimm 3 Minuten lang bewusst Dein Umfeld wahr, atme dabei tief ein und aus und schenke Dir selbst ein Lächeln.

Atme bewusst!

Das beste und einfachste Mittel, um den Körper dabei zu unterstützen, basischer zu werden, ist unser Atem. Diese einfache Übung ist für jeden jederzeit möglich – egal ob im Krankenhaus, während der Chemo oder zuhause:
Achte täglich 10 Minuten lang auf eine tiefe Bauchatmung mit sechs bis acht Atemzügen pro Minute. Diese Atemübung hat mehrere positive Vorteile: Zum einen wird das vegetative Nervensystem positiv beeinflusst und Stress reduziert, zum anderen wird sehr viel Kohlendioxid ausgeatmet, was ja auch eine Säure ist.

Übrigens: Tiefes Atmen hilft Dir auch in allen belastenden Situationen und beruhigt, wenn Ängste auftauchen.

Bewegung für Körper, Geist und Seele

Dass Sport nicht nur während der Krebstherapie, sondern generell gut für Körper und Seele ist, wurde durch etliche Studien belegt. Bewegung ist ein wirkungsvoller Bestandteil der Gesundung, denn von moderatem Sport profitiert der gesamte Organismus. Selbst regelmäßige Spaziergänge an der frischen Luft haben einen positiven Effekt, um Deine Energie anzukurbeln und die Zellneubildung zu aktivieren.

Sportliche Aktivitäten in Verbindung mit regelmäßigen Entspannungsphasen können Dir außerdem helfen, Stress zu reduzieren, und gleichzeitig die Ausschüttung von Glückshormonen fördern. Bewegung und Schwitzen (z.B. durch Sport, Sauna, Dampfbäder) unterstützen zudem das Lymphsystem sowie die Leber- und Nierenfunktion in Form des Abtransports von Stoffwechselendprodukten aus dem Gewebe – und damit die Ausscheidung von schädlichen Säuren.

Intensives Atmen in den Bauch, viel frische Luft und regelmäßiges Ausdauertraining mit bewusster Atmung fördert den Ausgleich des Säure-Basen-Haushalts.

In Dir steckt viel mehr, als Du glaubst

Du kannst also eine ganze Menge zu Deinem Heilungsprozess beitragen. Vielleicht macht es Dir Angst, weil es scheint, als müsstest Du Dein ganzes Leben auf den Kopf stellen. Diese Angst möchten wir Dir nehmen: Beginne mit kleinen Veränderungen, beispielsweise mit dem bewussten Atmen. Wenn Du das in Deinen Tagesablauf integriert hast, verändere eine Mahlzeit am Tag. Schritt für Schritt hilfst Du so Deinem Körper im Heilungsprozess. Suche Unterstützung in Deinem Freundes- und Familienkreis und nimm die Angebote von LebensHeldin! e.V. wahr. In Dir steckt viel mehr, als Du glaubst!

Entdecke Deine innere Heilerin!

Dr. med. Goran Stojmenovic

Der Mediziner leitet eine ganzheitlich orientierte, allgemeinmedizinische Praxis in München, die neben moderner schulmedizinischer Diagnostik und Therapie auch viele Verfahren im Bereich der funktionellen Medizin anbietet. Sein Ziel ist es, durch ganzheitliche Betrachtung die körperliche und seelische Gesundheit der Menschen wiederherzustellen.

https://landwehrpraxis.jimdo.com/

„Lebensfreude pur. Ich habe mich schon lange nicht mehr so lebendig gefühlt."

Sabine

Heilende Hände

Wie Du neues Vertrauen in Deinen Körper gewinnen kannst

Die medizinische Betreuung einer Brustkrebspatientin hört im Allgemeinen nach Operation, Chemotherapie und Bestrahlung auf, also wenn alle Maßnahmen abgeschlossen sind, die den Tumor betreffen. Doch der Weg zurück zur Gesundheit, zum Wohlbefinden im eigenen Körper und somit zu einer neuen Normalität ist damit noch lange nicht abgeschlossen.

Zu den körperlichen Nachwirkungen und Langzeitfolgen kommen die Herausforderungen, sich mit sich selbst zu beschäftigen und sich den eigenen Emotionen, Ängsten und Sorgen zu stellen.
Wir müssen uns als Frau neu kennenlernen und unseren Körper mit all seinen Narben und Veränderungen spüren, ihn akzeptieren und lieben lernen. Wir können ein neues Selbstbewusstsein entwickeln, indem wir uns selbst wieder bewusst werden und uns dann auch trauen, das mit anderen Menschen zu teilen.

„Nach einem Sturz oder einer Verletzung nehmen wir Kinder und Partner ganz intuitiv in den Arm und legen unsere Hände schützend auf schmerzende Stellen. Diese ‚heilenden Hände' gehören zu den ältesten bekannten Behandlungsmethoden der Menschheit. Sie finden sich schon in Zeichnungen und Überlieferungen aus dem alten Ägypten und Indien."

Silke

Heilung braucht Entspannung

Osteopathie kann hier einen wertvollen Beitrag leisten. Durch die „heilenden Hände" unterstützt die Osteopathin das vegetative Nervensystem beim Loslassen. Die Brustkrebspatientin kann eine tiefe Entspannung spüren, oft breitet sich eine wohlige Wärme in ihrem Körper aus, manchmal entsteht ein Gefühl, als ob etwas aus dem Gewebe abfließt. Das Vertrauen in die Gesundheit des eigenen Körpers kann zurückkehren und damit neuer Lebensmut. All das sind Zeichen der vegetativen Umschaltung von Überlebenskampf und Angst auf Heilung und Lebensfreude.

Im Fluss zu Deinem neuen Selbst

Auf körperlicher Ebene kann die osteopathische Behandlung Dich bei unterschiedlichsten Symptomen unterstützen. Schwellungen und Lymphstau führen zu Spannung und Schmerzen im Bereich der Brust und der Schulter-Arm-Region. Narbengewebe, Spannung und Verklebungen im faszialen Bindegewebe behindern den lymphatischen Abfluss sowie die Mikrozirkulation in den kleinsten Blutgefäßen. Die Behandlung entstaut und verbessert den Flüssigkeitsaustausch. Dadurch kann das Gewebe wieder mit Nährstoffen und Sauerstoff versorgt werden und die Stoffwechselendprodukte können leichter aus dem Gewebe abtransportiert werden.

Dieser Vorgang kann folgendermaßen verdeutlicht werden: Stellen wir uns einen kleinen Bachlauf vor. Das Wasser fließt klar und ruhig, wenn eine freie, gleichmäßige Wasserströmung möglich ist. Behindern kleine Steine oder Äste den Lauf, staut sich das Wasser und Blätter, Pollen oder Staub lagern sich ab. Nach einiger Zeit wird diese Region immer voller, und es kann zu Schlammbildung kommen. Aus diesem Grund ist es so wichtig, den freien Fluss der Flüssigkeiten im Körper zu unterstützen, z.B. durch regelmäßige Bewegung und Aktivität.

Bring Dein Leben wieder in den Fluss.

Silke Laudenbach

Silke Laudenbach ist eine erfahrene Osteopathin und Heilpraktikerin. Bei Brustkrebserkrankungen ergänzt die Osteopathie die medizinische Therapie. Sie zielt darauf ab, den Gesamtzustand der Frau zu verbessern, ihre Selbstheilungskräfte zu aktivieren und das Vertrauen in den eigenen Körper zu stärken. Silke Laudenbach ist Mitarbeiterin in der Hamburger Praxis Johannes Fetzer.

www.johannes-fetzer.com

Teil 4

DU bist die Heldin Deines Lebens

Wie Du Dein Leben aus eigener Kraft verändern kannst, ohne auf andere angewiesen zu sein.

Hör auf Dein Herz und entdecke Dein Potenzial.

Erschaffe Dein neues glückliches Leben.

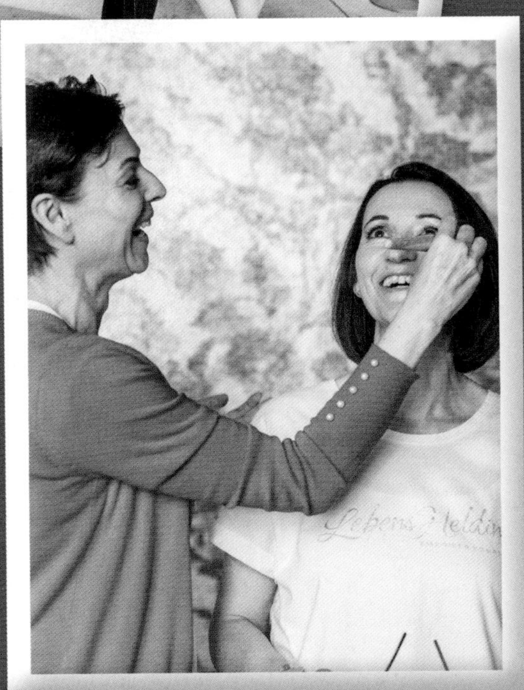

Susan Uhlemann *1970
Susan vermutet einen Milchstau, als sie beim Stillen ihres 9 Monate alten Sohnes eine Veränderung ihrer Brust wahrnimmt. Drei Tage später wird bei der 36-Jährigen Mutter Brustkrebs diagnostiziert. Wird sie erleben können, wie ihre Kinder aufwachsen? Susan wird bewusst, wie zerbrechlich das Leben sein kann, und trifft die klare Entscheidung für ein neues Denken.

Narben aus Gold

Die Goldspur meiner Lebens-Risse

Bruchstellen durch die Verschönerungen mit Gold und Silber zu etwas Positivem werden zu lassen, ist in Japan eine jahrhundertealte Tradition. Man nennt diese Kunst Kintsugi.

Aus Zerbrochenem entsteht etwas Wunderschönes. Einen Riss in einer Schale oder eine zerbrochene Tasse zu reparieren, macht diese einzigartig. „Narben aus Gold" sind ein Sinnbild für mein Leben: das Bewusstsein für die Perfektion im Unvollkommenen, in Liebe und Hingabe.

Das Leben ist schön und zerbrechlich

Ich stille meinen jüngsten Sohn, als ich eine Veränderung in der Brust bemerke, vermutlich einen Milchstau. Der Knoten wird auch nach Tagen nicht kleiner, deshalb vereinbare ich einen Termin bei meiner Gynäkologin, die mich nach einem Ultraschall direkt an das Brustzentrum überweist. Nach der Untersuchung dringt wie durch Watte das Wort „Brustkrebs" zu mir hindurch. Ich weiß, was das heißt. Gleichzeitig ist es für mich nicht greifbar. Der Schock, das Unfassbare. Das kann nicht sein. Mein Name ist Susan. Ich bin erst 36, Mutter von zwei kleinen Söhnen, mein Leben darf nicht einfach so zerbrechen.

Wie durch dichten Nebel wähle ich nach dem Termin einen weiten Umweg nach Hause. Es ist dunkel, ich bin allein. Ich schreie meine Angst, meine Wut, meine Trauer in die menschenleeren Weinberge Stuttgarts. Ich fühle mich verzweifelt und hilflos wie nie zuvor.

Zuhause wartet mein Mann auf mich, seine Umarmung schenkt mir Zuversicht und das tiefe Vertrauen, nicht allein zu sein. Einerseits ist da bei uns beiden eine unvorstellbare Traurigkeit, auf der anderen Seite eine große Ruhe. Das hat mich so eingehüllt. Gemeinsam versuchen wir, das Unfassbare zu fassen und zu greifen, zu verstehen.

Es tut so weh. Das Wort „traurig" kann es gar nicht ausdrücken, es ist viel zu wenig. Eigentlich ist es wirklich unglaublich schmerzvoll und angstvoll.

Das Zusammensetzen der Scherben

Mein Behandlungsplan steht ziemlich schnell fest: OP, Chemo, Bestrahlung. Es geht alles recht zügig, aber das passt zu mir. Ich suche so viele Informationen wie möglich im Internet über Heilungschancen und Therapieformen. Irgendwann entscheide ich mich, keine Foren mehr aufzusuchen – die vielen negativen Geschichten verunsichern mich und machen mir Angst. Das ist genau die richtige Entscheidung. Von dem Moment an werde ich ruhiger und verlasse mich auf meine eigene Intuition und meinen Körper. Und dann marschiere ich da durch.

Während der Akut-Zeit regelt mein Therapieplan die Abläufe. Ein Termin folgt dem nächsten, was mir in diesem Moment hilft und allem einen nötigen Rahmen gibt. Die Lymphknoten sind nicht betroffen, der Fokus liegt auf der Heilung meiner Brust. Ich spreche mir selbst Mut zu, indem ich mir sage: „Ich habe NUR Brustkrebs." Ich mache relativ viel mit mir selbst aus, nur meine engsten Vertrauten wissen, wie es wirklich in mir aussieht.

Das Verschönern der Bruchstellen

Meine Familie und meine Freunde sind für mich stark, geben mir Halt und kümmern sich liebevoll um meine Kinder. Wenn es mir während der Chemo-Zyklen schlecht geht, ist immer jemand da, betreut mich und schenkt meinen Jungs schöne Erlebnisse.
Das vermittelt auch den Kindern tiefes Vertrauen. Wenn sie mich im Krankenhaus besuchen, bedecke ich mit meinem Bademantel die Drainagen. Sie merken zwar, dass es mir nicht gut geht und ich sie gerade kaum auf den Arm nehmen kann. Sie nehmen wahr, dass Mama krank ist, aber dadurch, dass sie so behütet und von ihren Freunden und lieben Menschen umgeben sind, sind sie irgendwie beschützt. Wir wachsen alle noch enger zusammen, es entsteht ein wunderbares neues Miteinander.

Es tut mir so leid, dass ich meinen Lieben solchen Kummer mache. Darüber zu sprechen fällt mir immer noch schwer. Erst lange Zeit nach meiner Therapie verstehe ich, was die Erkrankung mit meinem Mann, meinen Eltern, meinem Bruder, den Schwiegereltern gemacht hat. Dass auch in ihnen etwas zerbrochen ist.
Meine Eltern führen eine Art Tagebuch, ein Fotoalbum. Für mich ist es lange Zeit zu schmerzvoll, es anzuschauen oder zu lesen. Erst mit dem Lesen dieses Albums habe ich wirklich verstanden, wie viel Kraft und Stärke es sie gekostet hat, diesen Weg mit mir zu gehen.

Kintsugi verändert die Perspektive

Die Hoffnung, die Umarmungen, die Liebe meines Mannes und meiner Kinder tragen mich durch die schwere Therapiezeit. Der unschuldige, selbstverständliche Umgang meiner kleinen Söhne mit mir schenkt unglaublich viel Kraft. Gleichzeitig wächst die unerträgliche Vorstellung, sie nicht aufwachsen zu sehen.

Ich suche Hilfe bei einer Psycho-Onkologin. Bei ihr habe ich einen Platz zum Traurigsein, an dem ich mich fallen lassen und meine Ängste zeigen kann. Diese Frau ist Gold wert, sie vermittelt mir eine ganz neue Perspektive und dreht meinen angstvollen Blick auf die Chemotherapie einfach um.

Sie visualisiert mit mir, dass die Flüssigkeit kein Gift ist, sondern eine heilende Wirkung hat, die alle meine Zellen erreicht. Diese Traumreise zeichnet sie für mich auf, ich höre sie so oft wie möglich und spüre, wie stark mich ihre Worte machen. Die positive Sicht hilft mir immer wieder aus den dunklen Tiefen heraus.
Die Psycho-Onkologin stellt mir auch die Frage, was ich wirklich will, in und von meinem Leben. Darüber habe ich eigentlich noch nie richtig nachgedacht, ich lebte einfach. Sie hilft mir dabei, meine Lebensziele zu erkennen und aufzudecken. Meine Ziele sind zunächst zu klein, um wirkliche Lebensziele zu sein. Ich traue mich nicht, weiter zu denken als bis zur Einschulung meiner Kinder. Aber die Psycho-Onkologin motiviert mich, größer zu denken, mir vorzustellen, was ich wirklich will. Sie macht mir klar, dass ich einen wirklich starken Grund haben muss, um weiterzuleben.

Und das ist er, mein starker Grund:
Meine Kinder so lange zu begleiten,
dass sie ein selbständiges Leben führen können.
Ich will emphatische, kluge junge Männer in die Welt geben.
Die genug Liebe mitbekommen haben, dass diese sie weiterträgt.
Das ist mein Ziel, und es darf wachsen und sich erweitern.

Aus Zerbrochenem entsteht etwas Neues

„Warum ich?“ Diese Frage stelle ich mir nicht. Vielleicht spüre ich, dass sie mir nicht guttut, dass sie mich nicht nach vorn blicken lässt. Es ergibt für mich auch keinen Sinn, nach Gründen zu fragen oder mit meinem Schicksal zu hadern. Ich kann die Vergangenheit nicht ändern. Mein Lebensmotto lautet: „Jetzt ist das Leben.“ Natürlich hat meine Brustkrebsdiagnose viel Leid gebracht, doch gibt es irgendjemanden, dessen Leben nach Plan verläuft?

Mitten in der Therapie bin ich tief in meinem Leid, von Dankbarkeit für die Erfahrungen kann keine Rede sein.

Erst viel später treffe ich die für mich lebensverändernde Entscheidung für ein neues Denken. Das hilft mir, das Leben zuzulassen, anzunehmen und Dankbarkeit zu empfinden für alle Erfahrungen, die ich mache. Das hilft mir zu erkennen, dass nicht alles nur schlecht ist. Es ist auch gut.
In diesem Prozess hinterfrage ich meine erlernten Denkmuster. Wem dienen meine negativen Gedanken, Ängste und Sorgen, und wie kann ich diese Gedanken durch andere, positive ersetzen? Ich entscheide mich, meinen weiteren Lebensweg mit Zuversicht und Offenheit zu gehen. Das beeinflusst bis heute jede meiner Entscheidungen, auch meinen Kindern gegenüber. Ich stelle bestimmte Regeln oder Gebote auf den Prüfstand und wähle die Lebensfreude. Als Familie treffen wir die Wahl zugunsten von Erlebnissen, die unsere Herzen erfüllen und uns glücklich machen. Ich glaube, ohne

meine Diagnose hätte ich diese Lebensfreude, Offenheit und Toleranz nicht entwickelt. Ich glaube, dass mich das positive Denken und eine zuversichtliche Herangehensweise gesund halten.

Die Schönheit des Unvollkommenen

Früher habe ich geglaubt, ich brauche keine Ruhepausen. Als Event-Managerin habe ich einen Beruf, der schnelle Entscheidungen verlangt und in dem es oft stressige Momente gibt. Ich finde es spannend und schön, eher einen Schritt schneller als langsamer durch mein Leben zu laufen, und bin gern die Erste, um alles zu organisieren. Das liebe ich besonders an meinem Beruf. Durch die Krankheit erfahre ich jedoch, Stress neu zu bewerten und zu erkennen, wann ich meine Grenzen überschreite. Ein wenig Perfektionismus darf schon sein, aber es geht darum, die goldene Mitte zu finden. Das ist eine Kunst, die ich seitdem täglich lerne.

Ich wäre gern noch geduldiger und gelassener. Bei Meditationen schlafe ich immer noch ein, doch ich spüre, wie gut mir die Verbindung zu meinem Körper tut, wie wertvoll es ist, einfach innezuhalten und zu atmen. Ich nehme meinen Alltag und meine Arbeitswelt zunehmend anders wahr und mache

zwischendurch kleine Pausen. Ich erlaube mir, auch mal mitten am Tag für fünf Minuten nur aus dem Fenster zu schauen.

Meine Narben sind mit Gold bedeckt

Mein Glaube an die Liebe hat sich total verstärkt: Liebe ist alles! Das Wissen darum ist nicht nur ein großes Glück, sondern auch eine unfassbare Kraft, die mich trägt.
Mein Mann und ich sind damals gemeinsam durch dieses Tal gegangen. Das hat uns stark gemacht für all die Anstrengungen und Widrigkeiten, die zum Leben dazugehören und die das eigentliche Leben ja erst ausmachen. Es hat uns die Kraft gegeben, den Krebs gemeinsam zu überstehen, miteinander im Gespräch zu bleiben und immer wieder zu uns zurückzukehren.

Ich bin heute bewusster, einfühlsamer und liebevoller, nicht nur anderen gegenüber, sondern vor allem auch mir selbst gegenüber. Ich höre aufmerksamer auf die Signale, die mein Körper und meine innere Stimme mir senden. Mir ist wichtig, dass auch meine Kinder lernen, ihren Körper wahrzunehmen und auf sich achtzugeben.

Mein Leben hat Risse bekommen, als ich dachte, dass nichts mein Glück zerstören kann. Kintsugi beschreibt die hohe Kunst, in kaputten oder zerbrochenen Sachen die wahre Schönheit zu entdecken, das Zerbrechen als Teil der eigenen Geschichte zu sehen und nicht als etwas, das verschleiert werden soll. Ich brauchte großen Mut, mich dem Bruch zu stellen, meinen Perfektionismus zu erkennen und ihn loszulassen. Durch LebensHeldin! e.V. habe ich 15 Jahre nach meiner Diagnose erkannt, dass meine Narben eine Goldspur in meinem Leben hinterlassen haben.

Der Prozess erforderte Geduld und Achtsamkeit – doch aus dem Zerbrochenem entstand etwas Wunderbares und Neues, was ich nie erwartet hatte. Das macht mich unendlich dankbar und glücklich. Ich glaube an meinen Weg, an die Kraft meiner positiven Gedanken und an die Liebe, die ich in mir trage.

Sie schenkt mir immer wieder neue Lebensenergie.

TORTUE
HAMBURG

Andrea Cordes *1960
Andrea ist 38 Jahre alt, als sie einen Knoten in ihrer Brust ertastet – nur einen Monat nach ihrer jährlichen Vorsorgeuntersuchung. Die Prognosen der Ärzte sind niederschmetternd, doch Andrea gibt nicht auf und sucht nach neuen Therapiemöglichkeiten. Sie will sich ihre Lebensfreude bewahren und sich ein neues glückliches Leben erschaffen.

Auf Regen folgt Sonnenschein

Sie sagten „Regeln Sie alles", doch ich stellte neue Regeln auf

Ich sitze auf der Dachterrasse meiner Wohnung und genieße den Blick. Ich liebe meine Stadt! Wir haben das große Glück, seit Kurzem in der Hafencity zu wohnen, und können von uns direkt aufs Wasser gucken. Ich liebe das Licht, wie es sich auf dem Wasser spiegelt. Ich mag aber auch die Stimmung, wenn es total neblig ist. Dieser Wechsel – das alles gehört für mich zum Leben dazu.

Doch vor allem: Ich lebe!!! Vor 22 Jahren sah das ganz anders aus. Wenn du schon einmal da oben angeklopft hast und so viele Jahren danach immer noch hier sitzt, dann empfindest du tiefe Dankbarkeit. Mein wunderbarer Mann, den ich nur durch Zufall kennengelernt habe, meine Söhne und meine Enkelkinder – meine Familie erleben zu können, das macht mich unfassbar glücklich. Jeden Tag!

Eine Gewitterfront zieht auf

Mein Name ist Andrea und ich bin 38 Jahre alt, als ich 1998, kurz vor Weihnachten, meine Diagnose erhalte: Brustkrebs. Trotz OP und Chemotherapie geben sie mir noch ein halbes Jahr – maximal! Vor der OP verabschiede ich mich unter der Dusche weinend von meiner Brust. Irgendwann später zeichne ich mich. Nackt. *Abschied von meiner Brust* ist der Titel. Die Zeichnung ist nicht besonders toll, aber emotional enorm wichtig für mich.

Die erste Zeit nach der Diagnose ist eigentlich nur davon geprägt, mich auf das Ende vorzubereiten. Das macht etwas mit dir, wenn man dir sagt: „Regeln Sie alles." Zum Beispiel kaufe ich keine Klamotten mehr – es lohnt sich ja nicht. Abgesehen davon habe ich auch kein Interesse, etwas zu kaufen. Ich habe ganz andere Sorgen.

Es ist unglaublich wertvoll, Familie und Freunde zu haben, die dich auffangen und einfach für dich da sind, ohne permanent zu fragen. Ich bin dankbar für dieses große Geschenk und die unschätzbare Hilfe, die ich damals hatte und bis heute habe.

Die Wolkendecke reißt auf

Durch Zufall erfahre ich von einem neuen Medikament gegen Brustkrebs. Es befindet sich in der Entwicklung und ist bisher nur in den USA zugelassen. Wir fahren nach Berlin zu dem Professor, der das Programm betreut. 1999 bin ich die erste Frau in Deutschland, die dieses Medikament bekommt – heute ist es die Standardmedikation für Frauen mit HER2-positiven Tumoren. Wieder zuhause betreut mich mein Kardiologe weiter – man weiß, dass die Behandlung mein Herz schädigen wird. Doch bei der Prognose meiner Ärzte habe ich wahrhaftig nichts mehr zu verlieren!

Als ich nach einem halben Jahr merke, dass ich noch hier bin und es doch noch weitergeht – wie lange auch immer –, fange ich an, wieder „normal“ zu leben. Meine Haare wachsen, das gibt mir ebenfalls ein Stück Normalität zurück. Es ist sogar ein richtig gutes Gefühl, weil mich das sehr beeinträchtigt hat: Es macht den Krebs nach außen so sichtbar. Wenn ich sehe, wie stolz und mutig die Frauen sich heute ohne Haare zeigen – das war zu meiner Zeit nicht so.

Ich lasse meine Brust wieder aufbauen. Jetzt lohnt es sich ja. Ich möchte kein Silikon, und so wird der Aufbau aus meinem Rückenmuskel vorgenommen – mit einem sehr guten kosmetischen Ergebnis!

Eine dunkle Sturmwolke bleibt

„Der Krebs ist nicht heilbar. Er wird mit Sicherheit wiederkommen. Sie werden nicht alt werden!“ Immer wieder höre ich diese Sätze. Was ist alt? 40, 50, 60? Oder 30? Ich weiß es nicht.

Ich habe Angst und große Zweifel an der Diagnostik. Mein Vertrauen ist weg. Obwohl ich meinen Knoten schon sehr früh entdeckt hatte, wurde ich über viele Monate nicht ernst genommen. Ein Gynäkologe wird sogar unverschämt: „Fummeln Sie mal nicht immer mit den Fingern daran rum." Die Angst bleibt. Sie begleitet mich die ganze Zeit. Bei jeder Kontrolle. Bei jedem Abtasten. Ist wirklich alles in Ordnung? Haben sie sich nicht geirrt?

Zu Anfang meiner Krankheit schreibe ich. Meine Notizen nenne ich *Mein Weg zurück ins Licht.* Doch meine Kinder sind 9 und 11 Jahre alt, als ich meine Diagnose bekomme, und während der Zeit der Pubertät bin ich als Mutter voll gefordert. Da ist kein Platz mehr für anderes, schon gar nicht fürs Schreiben. Trotzdem bin ich mir sicher: Es gibt immer einen Weg zurück ins Licht.

Kraftvolle Energie

Mein erste Ehe gerät in eine Schieflage. Eine schwierige Situation. Ich bin eingeschüchtert, fühle mich klein, und mir fehlt der Mut, mich zu trennen. Ich kämpfe und sehe zu, wie ich meine Jungs da gut durchbringe. Als Mutter kümmere ich mich um sie statt um mich. Die Kinder haben Priorität. Bleiben oder gehen? Für irgendetwas anderes habe ich keine Kraft. Der Krebs rutscht ganz in den Hintergrund – ich habe einfach keine Zeit für ihn.

Doch meine Krebserkrankung hat mir auch gezeigt, wie stark ich bin, und eines Tages finde ich den Mut, zu gehen. Ich nehme nichts mit. Gar nichts. Meine Jungs sind inzwischen 17 und 19 Jahre alt. Mit großen finanziellen Schwierigkeiten fange ich in einer klitzekleinen Wohnung noch einmal ganz von vorne an. Trotzdem bin ich unendlich stolz auf mich: Ich habe es geschafft! Nach und nach nehme ich wieder das Schöne um mich herum wahr und fange an, mich mehr UM MICH zu kümmern.

Klare Luft nach frischem Regen

Ich weiß genau, was ich jetzt machen möchte: am Flughafen arbeiten. Das war immer mein Traum, schon nach der Schule wollte ich dort eine Ausbildung machen. Doch das war zu meiner Zeit nicht möglich, also habe ich im Reisebüro gelernt. Aber jetzt! Ich ergreife die Chance und bewerbe mich auf eine Anzeige. Und es klappt tatsächlich!

Mein Job macht mich stolz und sehr glücklich: Ich arbeite in Wechselschicht, im Passagier-Service und an den Infoschaltern. Im VIP-Service betreue ich Politiker, Stars und Sternchen. Herr Gorbatschow und das dänische Königspaar, Thomas Gottschalk und Anne-Sophie Mutter. Meine Spezialausbildung im Kriseninterventions-Team des Flughafens ermöglicht es mir, nach dem Renteneintritt auf einem Friedhof in der Beisetzungs- und Trauerbegleitung zu arbeiten und später im Krankenhaus Menschen mit Demenz sowie palliative Patienten und deren Angehörige zu begleiten.
Meine Fähigkeit, Menschen dort abzuholen, wo sie sind, und ein Stück zu begleiten, empfinde ich als ein großes Geschenk.

Wettergegerbt und sturmerprobt – meine Patina

Ich gehöre zu den Leuten, deren Anamnese-Zettel schon zu drei Vierteln voll ist. Manches davon ist sicher eine Folge meiner Krebstherapien. Herzbeschwerden und chronische Schmerzen „von Hacken bis Nacken". Durch Arthrose und Fibromyalgie stehe ich manchmal auf wie eine alte Frau. Aber bei den Songs von Helene Fischer, da kann ich nicht stillsitzen! Ich muss tanzen! Dann tut mir nichts weh und ich kann sogar hüpfen! Manch einer würde den Kopf schütteln ... Doch das ist mir egal, denn es tut gut! Und was mir gut tut, kann mir nicht schaden.

Nur meine Angst- und Panikstörung bremst mich oftmals aus. Meistens geht es um meine Familie, um gesundheitliche Themen oder Geldsorgen, wenn die Angst durchbricht. Wie so ein kleiner Igel, der sich in meinem Bauch eingenistet hat und mir signalisiert: „Ich bin aber noch da." In meinen Therapiesitzungen lerne ich, diese Situationen zu erkennen. Doch nicht immer gelingt es mir, rechtzeitig zu reagieren. Mit meinem Gewicht hadere ich manchmal, aber mit keiner meiner Falten! Die gehören zu mir. Ich weiß, ich muss meinem Körper vertrauen und auf seine Signale achten. Ich höre ja immer, wie er mit mir spricht. Nur mit der Umsetzung hapert es leider. Ich bin so furchtbar schnell erschöpft. Diese Fatigue begleitet mich schon die ganzen Jahre. Ich möchte so viel machen und mein Kopf ist voller schöner Ideen. Ich wünschte, ich hätte wieder Kraft für mich, um sie alle zu realisieren.

Sonne ist nicht selbstverständlich

Ich habe ein verrücktes Leben gehabt. Immer nur auf der Sonnenseite ist sowieso kaum einer. Sonne ist nicht selbstverständlich und man kann dankbar sein, wenn man ein paar Strahlen erwischt. Ich weiß, dass es immer weitergeht, ich muss nur an mich selbst glauben. Auf gar keinen Fall aufgeben oder die Zuversicht verlieren. Das Tolle ist doch, dass jeder noch so kleine Schritt mich auf dem Weg zu mir ein Stückchen weiterbringt.
Heute weiß ich, dass ich mich jahrelang in einer toxischen Beziehung befand. Angst ist Teil meines Lebens. Doch seither ist viel Positives passiert, weil ich den Mut und die Stärke bewiesen habe, mich neu zu orientieren. Dadurch bin ich 2015 meiner großen Liebe begegnet. Mein Leben lang war ich vorsichtig und vernünftig – und mit einem Mal ist alles anders: Wir wissen, dass wir zusammengehören, und heiraten ziemlich schnell. Diese wunderbare Beziehung ist geprägt von Liebe, Vertrauen und Respekt füreinander. Kein Geschrei, kein Streit, kein Stress – sie ist ein Geschenk!

Und ich bin froh, LebensHeldin! e.V. gefunden zu haben. Ich habe eine Menge Psychologie hinter mir, unzählige Sitzungen bei irgendwelchen Therapeuten, aber nichts hat mich so weit nach vorne gebracht wie die HerzensZeit und die SofaRetreats von LebensHeldin! e.V.

Hier möchte ich mich engagieren und anderen Frauen Mut machen.

Caroline Georgy *1967
Caroline stillt ihren jüngsten Sohn, als ihr Arzt eine Brustentzündung diagnostiziert. Viel zu spät stellt sich heraus, dass es eine besonders aggressive Art von Brustkrebs ist. Die Überlebenschancen der 37-Jährigen sind gering, es scheint hoffnungslos. Doch die junge Mutter will sich nicht unterkriegen lassen und hat nur ein Ziel: Sie möchte ihre Kinder aufwachsen sehen.

Diamanten sind die Splitter gefallener Sterne

Der kostbare Schatz erstrahlt in mir

Seit Jahrhunderten verzaubern uns Diamanten mit ihrer Brillanz und faszinierenden Schönheit. Für die alten Griechen waren Diamanten Tränen der Götter, für die Römer Splitter gefallener Sterne. Der Diamant ist „König der Edelsteine", er gilt als eines der wertvollsten Geschenke der Natur. In seinem Urzustand ist er ein hässlicher brauner Klumpen, der wert- und nutzlos scheint. Die Schönheit eines Diamanten, dieses Funkelnde, Glitzernde und Strahlende kommt erst zum Vorschein, wenn man ihn bearbeitet und schleift. Und das tut weh.

Rohdiamanten finden sich im Gestein erloschener Vulkane

Mein Sohn Otis ist noch nicht einmal ein Jahr alt, als ich beim Abstillen bemerke, dass meine rechte Brust immer größer statt kleiner wird. Mein Gynäkologe behandelt monatelang eine Brustentzündung, und als ich endlich den Arzt wechsle, wirft der nur einen Blick auf die Brust und greift sofort zum Telefon. Ich habe keine Ahnung, was seine Reaktion zu bedeuten hat. Angst bekomme ich trotzdem. Ich heiße Caroline, bin gerade 37 Jahre alt geworden und Mutter von zwei kleinen Söhnen.

Die Koffer für unseren Sylt-Urlaub sind bereits gepackt, als ich aus heiterem Himmel die Diagnose „Brustkrebs" bekomme. Wir müssen unsere Pläne auf der Stelle ändern. Statt Sandkörnern und Nordseewind weht nun der Geruch von Krankenhaus und Tod in mein Leben. Ich habe einen hochaggressiv-entzündlichen, hormonabhängigen Tumor. Meine Überlebenschancen sind gering.

Keiner macht mir Hoffnung. Im Krankenhaus schauen mich alle mitleidig an. Falls ich sterbe, will meine Schwester die Kinder nehmen. Das kommt für mich nicht in Frage, ich will meine Kinder selbst aufziehen! Ich fühle mich völlig allein, trotz meines großen Familien- und Freundeskreises. Meinem Mann fällt es schwer, mit meiner Diagnose umzugehen. Und wer fragt mich?

Als mein Therapieplan feststeht, bin ich wie versteinert: Zuerst eine Chemo und danach soll die Brust abgenommen werden. Mein Leben, wie ich es kenne, gibt es nicht mehr.
Ich spüre, wie die Flüssigkeit der Chemotherapie in meinen Körper strömt, und bin voller Angst, dass sie mir mehr schadet als hilft. Diese Einstellung mag nicht hilfreich sein, aber ich kann keinen anderen Gedanken fassen. Dennoch schlägt die Therapie gut an und der Tumor schrumpft. Nun soll noch viermal ein anderes Gift folgen! Ich stehe kurz vor einem Nervenzusammenbruch. Ich fühle mich komplett ausgeliefert, wenn ich stundenlang über der Toilette hänge oder zu schwach bin, um meinen Kindern die Schuhe zuzubinden. Die Kontrolle zu verlieren bedeutet für mich den Verlust meiner Sicherheit.

Diamanten gelten als Beschützer vor allem Übel

Mein Körper sträubt sich gegen die Weiterführung der Therapie, und nach dem zweiten Mal streike ich. Die Ärzte finden das unverantwortlich, doch ich fühle, dass mir die Chemo nichts mehr bringt.

Und tatsächlich soll mein Bauchgefühl recht behalten: Der Tumor ist unverändert. Mit der Beendigung der Chemo hole ich mir ein Stück Selbstkontrolle zurück und sorge für eine schnellere Genesung. Für mich ist das wichtig.

Eines meiner schlimmsten Erlebnisse ist die Heimkehr nach meiner ersten Anschluss-Heilbehandlung. Meine Familie erwartet mich am Bahnhof und ich bin überglücklich: Nach sechs Wochen kann ich endlich meine Kinder wieder in die Arme schließen! Doch mein jüngster Sohn schaut mich an wie eine Fremde. Er erkennt mich nicht! Der Schmerz durchdringt mein ganzes Sein. Wie viel Leid muss ich noch ertragen? Ich fahre nie wieder ohne meine Kinder zur Kur.

Meine Kirchengemeinde ist mein Rettungsanker in dieser schweren Zeit. Die Gemeinschaft trägt mich mit gemeinsamen Gebeten und positivem Zuspruch. Hier bekomme ich die Liebe und Wärme, nach der ich mich so sehr sehne.

Diamanten entstehen unter starkem Druck und bei glühender Hitze

Nach der Amputation meiner Brust werde ich durch die Hormontherapie direkt in die Wechseljahre katapultiert. Der totale Hormonentzug erscheint mir wie eine eigenständige Krankheit. So habe ich mich noch nie erlebt, nicht einmal während der Pubertät. Ich kann gar nichts mehr kontrollieren, habe ständig schlechte Laune, Ängste, Knochenschmerzen, Schlafstörungen und Hitzewallungen – das ganze Programm.

Damit bin ich eine Belastung für die ganze Familie: nicht nur krank, sondern auch noch unerträglich. Fast zwei Jahre halte ich durch, doch dann ist Schluss! Ich will keine Zicke mehr sein, sondern die lebensfrohe Caroline, die noch immer in mir steckt. Deshalb beende ich die Hormontherapie.
Wieder sind die Ärzte entsetzt über meine Entscheidung. Kurze Zeit später feiert mein Körper die Rückkehr zur Normalität und ich bekomme meine Tage wieder. Das schockiert die Mediziner noch mehr, denn wenn die Hormone in meinem Körper zurück sind, kann der Tumor auch wieder wachsen. Theoretisch.

Mir wäre viel Leid erspart geblieben, wenn mein Arzt nicht so lange auf Brustentzündung therapiert hätte. Ich suche mir einen Fachanwalt für Medizinrecht und schließlich gewinne ich den Prozess. Damit kann ich ein Zeichen setzen und andere Frauen ermutigen, ebenfalls um ihr Recht zu kämpfen.

Die Entschädigung macht die Situation nicht besser, denn meine Onkologin versetzt mir erneut einen Schock: „Bei Ihnen müssen wir 20 Jahre warten, um sagen zu können, dass Sie gesund sind." Nicht fünf oder zehn, sondern 20! Ist ihr eigentlich klar, was diese Worte in mir auslösen? Rückfälle sollen doch fünf Jahre nach einer Krebserkrankung weniger wahrscheinlich sein.
Immerhin spricht sie nach 15 Jahren die erlösenden Worte: „Sie sind geheilt."

Dem Diamanten werden besondere Kräfte zugeschrieben

Ein Brustaufbau macht mir große Angst. Aus einem Muskel oder meinem Bauch eine neue Brust formen lassen? Alternativ irgendwelches Fremdmaterial in meinem Körper, um wieder „komplett“ zu sein? Ich bin völlig verunsichert und scheine sowieso ein hoffnungsloser Fall zu sein. „Sie leben nicht lange, da lohnt sich keine Rekonstruktion.“

Zehn Jahre lang lebe ich mit einer sehr großen Brust auf der einen und einem flachen Stück Haut mit großer Narbe auf der anderen Seite. Ich mag mich nicht mehr nackt zeigen, auch nicht unter Frauen, weder beim Sport noch in der Reha. Anderen scheint das nichts auszumachen, doch mir ist das unangenehm. Ich war immer so stolz auf meinen Körper.

Die Brustprothese schenkt mir zwar einen Hauch von Normalität, aber ich kann keine Mode mit Dekolleté mehr tragen. Meine Weiblichkeit fehlt mir. Im Badeanzug fühle ich mich unwohl, ich mag den Stil nicht und muss immer aufpassen, dass nichts verrutscht.

Nach einigen Jahren mache ich eine DNA-Analyse, bei der sich herausstellt, dass ich das BRCA2-Gen in mir trage. Wieder holt mich die Angst ein. Jetzt ist so viel Zeit vergangen und ich will auf keinen Fall riskieren, dass der Brustkrebs wiederkommt. Ein neuer Arzt schlägt mir vor, das Drüsengewebe der gesunden Brust zu entfernen und die andere Brust wieder aufzubauen. Damit überzeugt er mich. Ich hätte es nie erwartet, doch ich bin von dem Ergebnis meiner Silikonbrüste überwältigt. Was vorher undenkbar war, wird wieder Teil meines Lebens: Sauna, Strand und ohne Scham beim Sport, im Fitness-Studio oder beim Schwimmen mit meinen Kindern. Zum ersten Mal seit Jahren fühle ich mich wieder sexy und begehrenswert. Ich bin glücklich. Schlag auf Schlag habe ich ein neues Körpergefühl, ein neues Lebensgefühl und neue Energie. Für mich ist klar: Jetzt ist alles vorbei, jetzt komme ich in meine Kraft zurück. Mein neues Leben geht los!

Ein Rohdiamant wird geschliffen, um zu strahlen

Die Spätfolgen der Therapie begleiten mich noch lange. Am schlimmsten ist das Fatigue-Syndrom. Diese bleierne Müdigkeit erwischt mich oft wie aus dem Nichts und macht mich komplett arbeitsunfähig. Ich fühle mich uralt, dabei bin ich doch noch so jung. Nicht mal 40, aber schon in den Wechseljahren und Rentnerin. Alles in mir sträubt sich dagegen.

Mit einem großen Energieaufwand und vielen Rückschlägen suche ich nach der Kraft und Stärke, die in mir verborgen ist. Noch während der Therapiezeit erfülle ich mir einen Traum: Ich mache eine

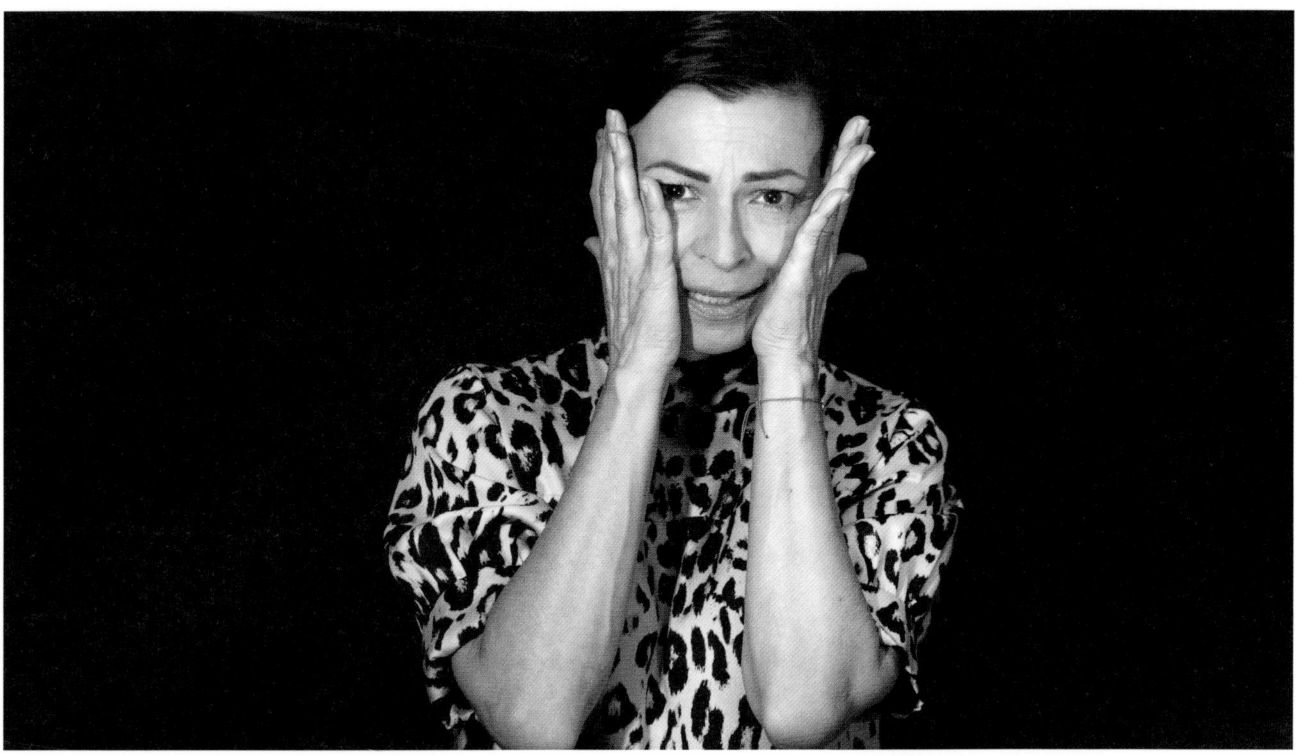

Ausbildung zur Visagistin. Das eröffnet mir eine völlig neue Welt, gibt mir neuen Lebensmut und eine Perspektive für eine sinnstiftende Zukunft.

Inzwischen bin ich selbständige Unternehmerin für nachhaltigen Konsum und ethischen Lifestyle. In Zusammenarbeit mit LebensHeldin! e.V. wächst auch mein Herzensprojekt: Anderen Frauen kostbare Wohlfühl-Momente während und nach einer Chemotherapie zu schenken. Ich biete zum Beispiel Hautpflege- und Schminkkurse an, um den Frauen zu zeigen, wie schön sie sind. Nach meinen Schulungen sind sie viel fröhlicher und zuversichtlicher. Sie gehen mit einem neuen Selbstbewusstsein aus dem Kurs, weil sie den strahlenden Diamanten in sich wiederentdecken. Das erfüllt mich mit großem Glück und tiefer Dankbarkeit.

Ein Diamant verleiht magische Kräfte

Ich setze alles daran, um meine Gesundheit wieder herzustellen, lese viele Bücher über erfolgreiche Heilungswege, spreche mit Experten und nehme Kontakt zu Frauen auf, die wieder gesund geworden sind. Aus allen Tipps und Empfehlungen suche ich mir das Passende für mich raus:

Ich stelle meine Ernährung komplett um und ergänze meine Nahrung mit natürlichen Vitalstoffen, um mein Immunsystem zu stärken und das gesunde Zellwachstum zu unterstützen. Außerdem praktiziere ich Qi Gong in der freien Natur und organisiere mir eine Haushaltshilfe, die mich entlastet.

Eine weitere Tür öffnet sich: die Heilung meiner Seele. Oft hatte ich das Gefühl, nur zu funktionieren. Ich habe die traumatische Krebserkrankung überstanden, meine Kinder mit Freude großgezogen und wieder angefangen zu arbeiten. Meine eigenen Wünsche und Bedürfnisse habe ich aber oft nicht wirklich wahrgenommen und unbewusst in den Hintergrund gedrängt.

Durch das Unternehmen, für das ich arbeite, komme ich auf den Weg der Persönlichkeitsentwicklung und nehme begeistert Coaching-Angebote wahr. Ich möchte mich immer besser kennenlernen und herausfinden, was noch alles an Potenzial in mir steckt. Ein markanter Teil meiner Persönlichkeit ist die Offenheit zur stetigen Weiterentwicklung und meine positiv-dankbare Haltung. Auch die Kreativität und die Veränderung durch das Überwinden innerer Grenzen sowie das Stecken von Zielen gehören zu meiner Lebensphilosophie.

In einem Coaching werde ich in einer Art Traum in meine Kindheit zurückgeführt, die ich als glückliche Zeit in Erinnerung habe. Meine alleinerziehende Mutter liebt uns sehr, doch sie ist auch sehr eingespannt und hat wenig Zeit für uns drei Kinder.
In dem Traum sehe mich alleine in meinem Zimmer sitzen und spielen. Das berührt mich sehr. Schlagartig wird mir bewusst, was ich bisher nicht erkannt habe: Das kleine Mädchen dort fühlt sich so verloren, ihr fehlt Liebe und Aufmerksamkeit. Ich empfinde tiefes Mitgefühl mit diesem einsamen Kind. Auf einmal erinnere ich mich, dass ich als Kind und Jugendliche sehr oft krank war. Immer, wenn es

mir nicht gut ging, schenkte Mama mir ihre kostbare Zeit, kümmerte sich nur um mich. Sie las mir sogar vor und war hundertprozentig für mich da. Wenn ich krank war, bekam ich ihre ungeteilte Liebe und Aufmerksamkeit.
Dieser Zusammenhang erschreckt mich zutiefst: Kann das der Grund sein, warum ich Krebs bekommen habe? Die Beziehung zu meinem Mann ist zum Zeitpunkt der Diagnose schlecht. Glaube ich etwa, dass ich mit einer schlimmen Krankheit nicht verlassen werden kann? Hat mein Unterbewusstsein so krass reagiert?

Nach und nach erkenne ich tiefsitzende Muster und Blockaden.

Durch traumatische Erlebnisse wie die Krankheit, die schwierigen Jahre danach und andere schwere Lebensphasen erkenne ich, dass Selbstliebe nichts mit Egoismus zu tun hat. Es ist eine irre große Erkenntnis: Ich selbst bin die wichtigste Person in meinem Leben und nur, wenn es mir gut geht, kann ich mich auch um andere kümmern. Unterstützt von dem LebensHeldin!-Programm entdecke ich immer mehr den Schatz, der in mir steckt, die starke und mutige Frau.

Krisen sind nötig, um den Diamanten in uns zu formen, und je mehr Herausforderungen wir überwinden, desto schöner erscheinen wir. Dann, wenn wir den Mut und die Ausdauer haben, uns „schleifen" zu lassen, die Krisen anzunehmen. Es braucht Zeit und es braucht diese schweren Phasen. Leider. Es ist nicht schön, doch heute bin ich dankbar für diesen Prozess.

Durch die Krankheit habe ich ein neues Leben geschenkt bekommen. Ich habe gelernt, dass ich selbst fühlen darf, um zu verstehen. Dass ich liebenswert bin, dass ich wichtig bin, dass ich sein darf, wie ich bin. Dass es an mir liegt, Verantwortung für mein Leben zu übernehmen. Bevor man das nicht fühlt, kann man es auch nicht glauben.
Und selbst wenn es dann so weit ist, ist die Liebe nicht einfach da. Selbstliebe und Selbstfürsorge muss man jeden Tag üben. Für mich ist das ein Prozess, ein Weg, den ich angefangen habe zu gehen. Er ist wunderschön und auch mal voller Splitter. Manchmal ist Entwicklung schmerzhaft, dann bin ich voller Zweifel und möchte am liebsten stehenbleiben oder umkehren. Nein! Das kommt nicht in Frage. Ich gehe mutig weiter. Mein Weg ist noch lange nicht zu Ende, und ich gehe weiter, um den kostbaren Schatz in mir immer mehr funkeln zu lassen und mich so zu lieben, wie ich bin. Darauf freue ich mich, und ich bin dankbar für mein Leben.

Der Diamant in mir funkelt in einem neuen Licht!

Kendra Zwiefka *1981
Kendra ist verzweifelt, als sie als junge Frau ihre Mutter verliert. Jahrelang verdrängt sie den Schmerz und baut Schutzmauern um ihr Herz, bis sie mit 37 Jahren die Diagnose Brustkrebs erhält. Ergänzend zur medizinischen Therapie begibt sich Kendra auf ihren spirituellen Heilungsweg: um die Mauern einzureißen, sich selbst neu zu entdecken und ihre Seele zu heilen.

Mein spirituelles Erwachen

Durch meine Augen blicke ich in meine Seele

Ein früher Januarmorgen 1999. Es ist dunkel und bitterkalt. Ich liege mitten auf der Landstraße und warte darauf, von einem Auto überrollt zu werden. In mir ist nur Traurigkeit und Leere. Ich kann nicht mehr, ich will gehen ...

Wo bin ich? Es riecht nach Krankenhaus. Schemenhaft erkenne ich meinen Vater hinter einer Glasscheibe. Weint er? Meine Augen schließen sich wieder. Hier will ich nicht bleiben. Ich spüre ein wunderbar weißes Licht, da möchte ich hin! Ich flehe: Nimm mich mit! Bitte, nimm mein Leben! Ich werde gehen, aber lass Mama leben! Doch sie schicken mich zurück: „Nein, Kendra. Deine Zeit ist noch nicht gekommen. Du hast hier noch eine große Aufgabe. Irgendwann wirst auch Du gehen, aber nicht jetzt."

Ich schicke Dir einen Engel

Ich heiße Kendra und bin 37 Jahre alt, als ich im Mai 2018 einen Knoten in meiner Brust bemerke. Da kann nichts sein – ich ernähre mich gesund, bin viel an der frischen Luft und nehme hochwertige Nahrungsergänzungsmittel. Bestimmt habe ich einfach zu viel Sport gemacht. Ich vergesse das wieder – als Ehefrau und zweifache Mutter bin ich ohnehin 24 Stunden an sieben Tagen die Woche aktiv. Wie der Duracell-Hase aus der Werbung. Trotzdem habe ich immer das Gefühl, ich bin nicht gut genug. Es reicht nicht, was ich tue. Ich muss mehr Geld verdienen, die perfekte Mutter sein, die perfekte Ehefrau, die perfekte Hausfrau, und in meinem Job soll ich auch perfekt funktionieren.

Einen Monat später stelle ich beim Duschen entsetzt fest, dass aus dem Knoten in meiner Brust ein tischtennisballgroßer Knubbel geworden ist! Es ist Sonntag und ich muss mich gedulden. Obwohl ich in der Nacht nicht schlafen kann, versuche ich ruhig zu bleiben, bis die Praxis am nächsten Morgen besetzt ist. „Sofort vorbeikommen." Mein Frauenarzt weiß, dass meine Mutter und meine Tante an Brustkrebs gestorben sind. Ultraschall und Abtasten. „Da ist was. Zur Abklärung brauchen wir eine Mammografie."
In der Radiologie warte ich vor dem Arztzimmer und traue meinen Augen nicht: Eine Ärztin kommt auf mich zu. Mit ihrem Kurzhaarschnitt und der Perlenkette sieht sie aus wie meine Mama. „Leider muss ich Ihnen mitteilen, dass Sie Brustkrebs haben." Ein sehr schnell wachsender, bösartiger Tumor.

„Haben Sie sich schon für ein Brustzentrum entschieden?" Ich bin völlig überfordert. Doch ich vertraue ihr und bitte sie um Rat.

Schutzengel gesucht

Ich rufe meinen Mann an. An meiner Stimme erkennt er sofort, was los ist. Während ich auf ihn warte, wähle ich eine andere Nummer: „Hallo Papa, hier ist Kendra. Ich habe Brustkrebs." Weinend breche ich zusammen, doch mein Vater versucht, mich aufzubauen: „Kendra, das mit Mama ist fast 20 Jahre her. Die Medizin ist heute so viel weiter, das schaffen wir gemeinsam!"

Als meine Mutter an Brustkrebs stirbt, bin ich 17 Jahre alt. Obwohl ich alles mitbekomme – die Chemotherapie, den Haarverlust und die Übelkeit – werde ich als Nesthäkchen nicht eingeweiht, wie es wirklich um sie steht. Sie ist bereits zu Hause und steht unter Morphium, als sie mich zu sich ruft: „Kendra, ich werde sterben." Zwei Tage später ist sie tot. Das werde ich meinen Kindern nicht antun! Ich bin mir sicher: Egal, was die Diagnose ergibt, wir werden unseren Kindern sofort die Wahrheit sagen.

Durch meinen Job im Network Marketing bin ich in den sozialen Medien sehr aktiv und halte meine Community über mein Leben auf dem Laufenden. Auch jetzt nehme ich meinen ganzen Mut zusammen und gehe unter Tränen auf Facebook live: „Ja, ich habe Brustkrebs. Es ist bösartig. Und wenn mir irgendjemand da draußen irgendwie helfen kann – bitte melde Dich." Mir geht es nicht um Aufmerksamkeit. Ich will kein Mitleid. Ich möchte einfach nur jemanden finden, der sich mit meiner Diagnose auskennt. Ich habe doch niemanden mehr, den ich fragen kann.

Auf der Suche nach dem anderen Teil meiner Seele

Eine WhatsApp-Nachricht erreicht mich: „Kendra, ich glaube, ich kann Dir helfen." Schon bei unserem ersten Telefonat spüre ich eine unglaubliche Verbundenheit mit Cornelia: Mutterersatz, beste Freundin und Seelenpartnerin. Ich spüre, ich kann ihr vertrauen. Später finden wir heraus, dass ihre Mutter bei der Geburt meiner Mama Hebamme war. Unsere Mütter haben unsere Verbindung wohl im Himmel eingefädelt.

Während meiner Erdung erzähle ich Cornelia alles. Von mir, von meinem Leben und vor allem von meinem großen Geheimnis, über das ich aus Angst vor Verurteilung seit 20 Jahren schweige: Mit 17 hatte ich einen Unfall, der kein Unfall war. Kurz zuvor hatte ich geträumt, dass meine Mama sterben wird. Ich wusste, es würde passieren. Ich war verzweifelt. Damals hatte ich Probleme mit meinem Freund, kein gutes Verhältnis zu meinem Vater, und meine Mutter war todkrank – ich fühlte mich unendlich alleine. Ich sah nur diesen Ausweg: Mit der Absicht zu sterben habe ich mich auf die dunkle Landstraße gelegt.

Erst als ich Cornelia diese Wahrheit anvertraue, erkenne ich, welch große Last von mir abfällt. Ich fühle mich befreit von all den Lügen und Geschichten, die ich mein ganzes Leben lang erzählt habe.

Ein paar Tage später kann ich es meinem Mann erzählen, und irgendwann fasse ich mir ein Herz und rede auch mit meinem Vater. Er nimmt mich in den Arm: „Ich habe es geahnt."

Meine Seele darf endlich heilen

Die spirituelle Erfahrung nach meinem Suizidversuch habe ich verdrängt, so wie ich immer alles verdrängt habe, bis meine Seele mir signalisiert: „Jetzt ist Schluss." Cornelia erklärt mir, dass neben der medizinischen auch die seelische Heilung eine große Rolle spielt. Spiritualität ist die Fähigkeit, an eine geistige Ebene zu glauben – jeder Mensch kann sich für den spirituellen Weg und eine bewusstere Lebensweise entscheiden.
Obwohl ich nicht genau weiß, was Seelenarbeit bedeutet, spüre ich: Das ist meine Chance. Ich habe den Mut, es zuzulassen, denke nicht lange darüber nach und nehme den Weg der Spiritualität einfach an. Heute bin ich mir ganz sicher: Hätte ich Cornelia nicht gehabt, wäre ich nicht mehr hier.

Die Gespräche mit ihr geben mir Kraft für die OP und die nachfolgende Therapie. Als die ersten Haare ausfallen, weine ich. Doch Cornelia tröstet mich: „In Deinen Haaren stecken all Deine traurigen Erinnerungen und Krankheiten. Es ist nicht schlimm, dass Du sie verlierst. Du darfst loslassen, damit

„Ich bin fest davon überzeugt, dass der größte Reichtum, den wir je haben können, der Frieden in unserem Herzen ist. Dafür gilt es allerdings für uns, alte Erfahrungen, Vorwürfe und Schuldzuweisungen loszulassen, indem wir vergeben – uns selbst, anderen und dem Leben."

Laura Malina Seiler

Neues wächst." Ich weine nicht mehr um meine Haare, nicht als der Friseur sie abrasiert und auch sonst nicht mehr. Im Badezimmer blicke ich in den Spiegel. Ich sehe keine Haare – aber riesengroße braune Augen, durch die ich tief in meine Seele blicken kann.

Hinter meiner Fassade erkenne ich MICH. In diesem Moment verliebe ich mich in mich selbst, in mein Sein und in mein Licht. Ich spüre: Das ist mein Weg, jetzt fange ich an zu leben! Ich zeige mich so, wie ich bin – ohne Haare – draußen und in den sozialen Medien. Ich mache sogar mitten in der Chemo meinen Führerschein.
Es ist das schönste Geschenk, hier auf der Welt zu sein.

Engel-Landeplatz

Ich lerne wunderbare Menschen kennen, die mich unterstützen. Ich werde das Gefühl nicht los, dass meine Mama nach wie vor ihre Hand über mich hält und mir bestimmte Menschen sendet: die Ärztin, die mir die Diagnose überbringt; den Onkologen, der mich einfach in den Arm nimmt: „Wir schaffen das zusammen." Den wunderbaren Engel, der sich um den ganzen Haushalt und um meine Kinder kümmert. Danni, die sich über Facebook meldet. Sie hat die gleiche Diagnose wie ich, ist mir auf dem Therapieweg einen Schritt voraus und nimmt mich an die Hand: „Ich bin für Dich da, wir machen das zusammen." Und Cornelia, die mir vor allem die Liebe zu mir selbst zurückgibt. Diese heilende Kraft der Selbstliebe hilft mir unglaublich in der Zeit der Therapie.

Egal, wo ich hinkomme, ich bin der Sonnenschein. Jeder Arzt, jede Krankenschwester und alle Patienten merken, wie positiv ich bin und wie gut es mir geht. Während die anderen sich über die Nebenwirkungen ihrer Therapien austauschen, bin ich ganz still. Jemand fragt: „Kendra, hast Du nichts?“ Tatsächlich habe ich kaum Nebenwirkungen und kann schon nach der zweiten Chemotherapie das Cortison absetzen.

Normalerweise empfehlen Onkologen die Teilnahme an einer Selbsthilfegruppe. Zu mir sagen sie: „Sie brauchen das nicht.“ Auch in der Reha werde ich – im Gegensatz zu allen anderen – nie zu einem psychologischen Gespräch gebeten. Offenbar wirkt mein spiritueller Weg bereits.

Ich aktiviere meine Selbstheilungskräfte

Noch nie zuvor hatte ich so viel Zeit für mich. Ich beschäftige mich intensiv mit dem Thema, eigne mir spirituelles Wissen aus Büchern und Hörbüchern an, nehme an Online-Kursen teil und beginne ein zweijähriges Coaching bei Cornelia. Die Erkenntnis, dass jede Krankheit – egal ob Krebs, Hashimoto oder Herzinfarkt – etwas mit der Seele zu tun hat, bestärkt mich. Ich beginne genau hinzu-

schauen und an mir zu arbeiten. Ich weiß jetzt, wenn ich immer alles verdränge, kann ich nicht heilen. Vielleicht gibt es deswegen so viele Rezidive?

Als mir klar wird, dass die Verantwortung für MEINE Gesundheit und Heilung BEI MIR liegt und ich sie beeinflussen kann, nehme ich mir vor, den Knoten im November nicht mehr fühlen zu können. Und wirklich: Fünf Monate später ist der Tumor zwar noch auf dem Ultraschall erkennbar, man kann ihn aber nicht mehr ertasten. Unfassbar!!!

Seit meinem SPIRITUELLEN ERWACHEN starte ich in jeden Tag voller Dankbarkeit mit einer Meditation. Manchmal machen sogar meine Kinder mit. Dann folgt mein Mantra unter der Dusche und ich weise mein geistliches Team an, mir meinen Tag mit Licht und Liebe, mit Freude und Leichtigkeit zu füllen. In meinem Leben ist jetzt so viel Liebe und Geborgenheit, so viel Mut und Selbstvertrauen, und vor allem so viel Zeit für mich selbst.

Selbstliebe ist meine heilende Kraft

Durch meine Diagnose habe ich großartige Menschen kennengelernt. Das Team von LebensHeldin! e.V. lädt mich im November 2018 zum ersten LebensHeldin!-Wochenende ein. Alle anderen Teilnehmerinnen haben ihre Therapie schon hinter sich, ich bin die Einzige, die noch mitten in der Chemo ist und ohne Haare teilnimmt. Ein wunderbares Erlebnis!

Am Ende fragen Silke und Isabella, ob ich Lust hätte, als Teil des Teams LebensHeldin! e.V. die Social-Media-Arbeit zu unterstützen. Ich bin begeistert. Das ist genau das, was ich machen will: Ich möchte rausgehen. Ich möchte den Menschen von meiner Reise erzählen und ihnen Mut machen!

Auch wenn ich am Anfang belächelt wurde, gibt es mittlerweile immer mehr Menschen, die so denken wie ich. Das freut mich unglaublich. Ich kann nur anbieten, die Tür zu mehr Spiritualität zu öffnen, aber letztendlich muss jeder selbst durchgehen. Ein Arzt kann dir eine Diagnose geben, aber keine Prognose. Du hast es in der Hand, nur Du selbst entscheidest, wohin Dein Weg Dich führt.

Das hat mich stark gemacht!

Friederike Bienas *1983
Friederike stillt ihre Tochter ab, als ein Tumor in ihrer Brust gefunden wird. Beide Brüste müssen entfernt werden. Die 30-Jährige ist genetisch vorbelastet und nach der Brustkrebstherapie folgt ein Rezidiv mit Knochenmetastasen. Die Ärzte machen ihr wenig Hoffnung, doch Friederike will den wahren Grund für ihre Erkrankung herausfinden und plant eine außergewöhnliche Reise.

Der Tsunami meines Lebens

Mein Weg durch die Dunkelheit zum Licht

Ein Tsunami gehört zu den schlimmsten Naturkatastrophen der Welt: Zwei Erdplatten schieben sich am Meeresgrund übereinander und lösen damit ein gewaltiges Erdbeben aus. Das Wasser wird so stark aufgewühlt, dass eine riesige Flutwelle entsteht, die alles mit sich reißt und zerstört.

In meinem Körper tobt ein Orkan

Innerhalb kurzer Zeit wirbeln mehrere Krebserfahrungen mein Leben durcheinander, dazu habe ich noch eine chronisch-entzündliche Darmerkrankung – durch den ganzen psychischen Stress und die seelischen Belastungen. Ich habe gelesen, dass linksseitiger Brustkrebs etwas mit der mütterlichen Seite zu tun hat, mit Verlust. Mein Name ist Friederike. Ich bin 30 Jahre alt, in der Blüte meines Lebens, als bei mir linksseitig Brustkrebs diagnostiziert wird.

Eine Krebserkrankung ist eine Erfahrung, die man wirklich nicht haben muss. Ich habe sie leider schon zweimal gemacht. Nach der zweiten Diagnose empfehlen mir die Ärzte eine palliative Chemotherapie. Ich bin am Boden zerstört, doch der Mut der Verzweiflung schenkt mir die Kraft, ins Auge des Wirbelsturms zu blicken: Ich begebe mich auf eine Reise zu mir selbst. Diese Reise führt mich in mein Inneres, in meine Seele, und ist schmerzvoller als alle bisherigen Verletzungen durch die Stürme meines Lebens. Ich hinterfrage, warum ich eigentlich erkrankt bin, und entdecke, was ich jahrelang verdrängt habe.

Jetzt, im Nachhinein gesehen, habe ich alles falsch gemacht.

Die Zerstörungswut ist gewaltig

Meine kleine Tochter ist erst sechs Monate alt, als ich beim Abstillen einen Knoten in der linken Brust bemerke. Die Ärztin beruhigt mich, wahrscheinlich eine harmlose Zyste, ich solle doch erstmal abwarten und in einem Vierteljahr zur Nachkontrolle kommen. Während ich mein Mutterglück genieße, entwickelt sich ein Tsunami in meinem Körper, der als bösartiges Mamma-Ca diagnostiziert wird. Die Diagnose versetzt mir einen Schock. Während fünf Ärzte auf mich einreden, was ihrer Meinung nach das Beste für mich wäre, erstarre ich in Todesangst.

Die Ärzte entfernen mir beide Brüste, ohne Wiederaufbau. Völlig traumatisiert werde ich ohne Epithesen aus dem Krankenhaus entlassen. Gestern noch war ich eine bildschöne junge Frau mit weiblicher Figur – heute haben sie alles platt gemacht und nicht nur mein Körper ist zerstört.
Ich kremple die Ärmel hoch und wappne mich für die folgenden sechs Chemo-Zyklen.

Die Wogen glätten sich

Nach der Therapie versuche ich, mich mit einer Mutter-Kind-Reha wieder aufzupäppeln, sodass ich im folgenden Jahr mit der Wiedereingliederung starten kann.

Ich merke schnell, dass mich mein alter Beruf als Abteilungsleiterin nicht mehr glücklich macht, und freue mich schon morgens auf den Feierabend. Dennoch mache ich zwei Jahre so weiter wie zuvor, aber „nur" mit einer 30-Stunden-Woche. Schon vor der Krebserkrankung habe ich einen Hang zur Selbstoptimierung und Kontrolle, jetzt verliere ich alle Leichtigkeit in meinem Leben: Um für die anstrengenden Jobs als Mutter und Abteilungsleiterin körperlich fit und leistungsfähig zu sein, setze ich mich extrem unter Druck.
Ich verordne mir strenge Ernährungs- und Fitnesspläne, die ich konsequent einhalte. Ich streiche alle Nahrungsmittel von meinem Speiseplan, die im Verdacht stehen könnten, meine Gesundheit zu gefährden. Mein Sportpensum steigt enorm, und wenn ich das Training einmal ausfallen lasse, bekomme ich sofort ein schlechtes Gewissen.

Mein Frühwarnsystem versagt

Mir fehlt der Zugang zu mir selbst, ich spüre mich nicht mehr und finde nicht aus dieser dunklen Phase meines Lebens heraus. Der Krebs ist mein ständiger Begleiter, ich habe Angst, dass mein Frühwarnsystem erneut versagt. Natürlich schicken sie mich zur Psychologin, die mir rät, meinen Angstattacken in einer Gruppentherapie zu begegnen und zu versuchen, mich dort neu finden. Damit kann ich nichts anfangen.

Ich habe viele schlechte, depressive Phasen, bei jeder Kleinigkeit bin ich alarmiert und lasse mich vom Arzt durchchecken. Trotz allem versuche ich, ein halbwegs normales Leben zu führen, bis ich drei Jahre später am Schlüsselbein eine dicke Beule spüre. Ist das jetzt mein endgültiges Todesurteil? Ich habe eine fast 5 cm große Metastase im Bereich des Brustbeins, 100% östrogenabhängig, die gleichen Rezeptoren wie beim ersten Mal – das Tamoxifen hat bei mir versagt.

Die nächste Katastrophe rollt an

Es ist der Moment, in dem ich völlig zusammenbreche. Die Diagnose „Knochenmetastase" bedeutet bei den häufigsten Krebserkrankungen, dass keine Heilung mehr möglich ist. Dennoch entscheide ich mich mutig gegen den Rat der Ärzte. Ich wähle einen anderen Weg, der sich für mich richtig und gut anfühlt. Statt einer gefährlichen Operation beginne ich eine neue Tabletten-Chemotherapie, die auch schon bald Wirkung zeigt.

Warum ist die Krankheit nach so kurzer Zeit wiedergekommen? Ich suche verzweifelt nach Antworten und entdecke die Bücher von Louise Hay und Clemens Kuby. Ich tauche in eine neue, spirituelle Welt ein, die ich vorher als lächerlich abgetan habe. Diesmal halte ich ausschließlich nach positiven Erfahrungsberichten Ausschau und setze mich überhaupt nicht mit dem Thema „Prognose" und „Lebenserwartung" auseinander.

Eine Entscheidung über Leben und Tod

Verdammt, ich will leben! Deshalb wage ich das Unmögliche und fliege mit meiner Mutter und meiner Schwester nach Kolumbien, um mich dort dem uralten Heilwissen eines Schamanen anzuvertrauen. Bis zu dem Zeitpunkt stehe ich dieser Art von Behandlung mehr als skeptisch gegenüber, aber jetzt kann ich einfach nichts mehr unversucht lassen.
Unter der Anleitung des Schamanen nehme ich an verschiedenen Entgiftungsprozessen, Heilungsritualen und Zeremonien teil, wobei mich besonders der Einsatz von bewusstseinserweiternden Rauschmitteln an meine Grenzen bringt. Nachdem ich den Saft einer bestimmten Kaktusart zu trinken bekomme, muss ich sogar weit über meine Grenzen hinausgehen. Durch den Trunk werde ich in eine Art Trance versetzt, die unbewusste Krankheitsursachen aufdecken soll. Ich habe das Gefühl, ein riesiger Gesteinsbrocken füllt meinen Herzraum, genau da, wo die Metastase sich gebildet hat. Der Koloss steckt in mir fest und kann sich nicht lösen. Ich fange an zu wimmern: „Das muss raus, das muss raus." Meine Verzweiflung wächst, ich schreie und weine immer lauter.

Die Erschütterung in mir tobt gewaltig, nach mehreren Stunden, völlig erschöpft und am Ende meiner Kräfte, muss ich mich heftig übergeben. Ich kann gar nicht aufhören zu brechen. Es fühlt sich an, als ob wirklich etwas aus mir herausbricht, wie ein riesiger Gesteinsbrocken, der durch eine Flutwelle an die Oberfläche gespült wird.

Dieser Augenblick ist für mich unvergesslich und der größte Durchbruch auf meiner Reise. Ich kann es gar nicht glauben, aber nach diesem Erlebnis habe ich ein Gefühl von Heilung. Es ist ein unbeschreiblicher, wirklich magischer Moment, als nach jahrelanger Verdrängung ein tonnenschwerer Ballast aus Trauer und Schmerz in mir hochkommt. Ich kann endlich loslassen.

Der Auslöser meines Tsunami

Ich habe erkannt, dass lange verdrängte Trauer den Tsunami in mir ausgelöst hat. Im Jahr 2006 werde ich mit 23 Jahren unverhofft schwanger und entscheide mich, mein Kind allein großzuziehen. Nach der Geburt wird schnell klar, dass bei meiner Tochter etwas nicht stimmt. Sie ist ohne Daumen zur Welt gekommen und leidet an einer bösartigen Krankheit, die so selten ist wie ein Sechser im Lotto. Auslöser ist das BRCA2-Gen, von dem weder mein Partner noch ich wussten, dass wir Träger sind. Stella hat keine hohe Lebenserwartung, weil ihr die Abwehrkräfte gegen eine Krebserkrankung fehlen. Wir haben den Tod auf unser Kind übertragen. Mit nur drei Jahren verstirbt meine zauberhafte kleine Tochter, die mir so viel Freude und Liebe geschenkt hat, an einem bösartigen Hirntumor.

Vor Kummer bin ich wie erstarrt und lasse alles hinter mir. Ich will weg, ich will vergessen. Am liebsten möchte ich selbst sterben, doch ich wage einen Neuanfang – ohne mein Kind, mit einem Job in einer anderen Stadt, wo mich keiner kennt. Man sagt, die Zeit heilt alle Wunden. Und tatsächlich, einige Monate später lerne ich meinen jetzigen Ehemann kennen und wir ziehen zurück nach Berlin. Ich werde wieder schwanger, bekomme eine kleine Tochter. Dann kommt die Brustkrebserkrankung.

JA zum Leben – ich entdecke meine Urkraft

Heute weiß ich, wie wichtig es gewesen wäre, den Tod meines Kindes aufzuarbeiten und mir professionelle Hilfe zu suchen. Ich habe stattdessen alles getan, um zu verdrängen. Im Grunde habe ich mir nie eine Chance gegeben zu trauern, aus Angst, an dem Schmerz zu zerbrechen. Gleichzeitig verging kein Tag, an dem ich nicht dachte, dass ich bestimmt an Brustkrebs erkranken werde. Ich habe mir die Krankheit förmlich visualisiert und manifestiert.

Durch die lebensverändernden spirituellen Erfahrungen in Kolumbien habe ich erkannt, dass meine verletzte Seele heilen musste, damit mein Körper, zurück in Deutschland und mit professioneller medizinischer Unterstützung, wirklich heilen kann. Körper, Geist und Seele gehören untrennbar zusammen. Ich habe meine ganz persönliche HeldinnenReise in meinen Seelenkern gemacht, um mich mit meiner Urkraft zu verbinden.

Durch Meditationen gerate ich wieder in Kontakt mit mir selbst und nehme eine neue, lebensbejahende Denkweise an. Ich habe echt einen guten Heilungsprozess hingelegt, meine Selbstheilungskräfte aktiviert und keine Angst mehr, dass der Krebs wiederkommt. Ich habe tiefes Vertrauen in mein Leben und bin trotz aller Schicksalsschläge dankbar für die Erfahrungen, die ich gemacht habe. Ohne sie wäre ich nicht die starke, lebensfrohe Frau, die ich heute bin.

Inzwischen habe ich eine Ausbildung zur Meditationslehrerin absolviert und arbeite für die Berliner Krebsgesellschaft. In meinen Seminaren helfe ich Menschen mit einer Krebsdiagnose, ihre Ängste und Gefühle besser zu verarbeiten. In meine Heilarbeit möchte ich in Zukunft auch die entspannende Wirkung von Klangschalen einbringen.

Ich bin durch die Hölle gegangen, um zu entdecken, wie schön das Leben ist: Mit diesem Gefühl bin ich damals von Kolumbien nach Hause geflogen, und es hält bis heute an. Metastasierender Brustkrebs ist kein Todesurteil. Ich träume davon, auch Dir die Angst vor der Zukunft mit Krebs zu nehmen.

DU bist die Heldin Deines Lebens!

Stefani Nennecke *1963
Als bei Stefani mit 37 Jahren zum ersten Mal die Vorstufe Brustkrebs diagnostiziert wird, ahnt sie noch nicht, welche Bedeutung der Krebs in den folgenden Lebensjahren für sie und ihren Sohn haben wird. Stefani ist kompromisslos und trifft radikale Entscheidungen, um ihr Leben zu verändern und gesund zu werden: Sie folgt ihrem Herzen.

Ipanii – Meine Wiedergeburt in ein neues Leben

Der Weg zu meiner Berufung

„Ipanii“ ist eine Abkürzung für Frangipani: Ich liebe den Duft dieser exotischen, wunderschönen Blüte. Sie hat in den asiatischen Ländern eine besondere Bedeutung und steht als Sinnbild für Unsterblichkeit, für Tod und Wiedergeburt.

Jede Frau ist nach einer Brustkrebserkrankung anders, als sie vorher war – wie neu geboren. Ich auch.

Von der Energiequelle zur Schockstarre

Ich bin ein recht energiegeladenes Menschenkind, immer in Bewegung, immer in Action, als ich mich nach der Geburt meines Sohnes in einem Haus mit Garten in einem Vorort Hamburgs wiederfinde. Ich heiße Stefani, bin 37 Jahre alt und leidenschaftlich gern Mutter, wünsche mir mindestens noch zwei weitere Jungs. Mein Alltag hat sich seit der Geburt komplett verändert, trotzdem arbeite ich weiterhin als Mitinhaberin einer Fotoproduktionsfirma und rase durch mein Leben.

Bis zu dem Tag, an dem ich völlig ausgebremst werde: Mein aufmerksamer Frauenarzt schickt mich zur Mammografie. Anschließend teilt er mir ernst mit: „Wir müssen sprechen!“ Es folgt eine Punktion und schnell ist klar, dass Zellen in meiner Brust außer Kontrolle geraten sind: Die Diagnose, Vorstufe zum Brustkrebs, versetzt mich in eine komplette Schockstarre – zum ersten Mal in meinem Leben werde ich mit meiner eigenen Sterblichkeit konfrontiert.
Eine Amputation kommt für mich auf keinen Fall in Frage; auch wenn ich nur kleine Brüste habe, will ich noch nicht einmal darüber nachdenken.

Als die Ärzte mir einen Behandlungsplan vorlegen, ist für mich klar, dass ich ihrer Empfehlung folge. Ich frage gar nicht weiter nach, sondern bin mit der Operation meiner Brust sofort einverstanden.

Ich bin dankbar, dass ich einen Mann an meiner Seite habe, der mich bedingungslos liebt. Bei ihm kann ich mich fallen lassen, fühle mich beschützt und geborgen. Ich hätte niemals gedacht, dass ich mal an Krebs erkranken würde. Die Mutter eines guten Freundes hatte zwei Jahre zuvor Brustkrebs, damals dachte ich: „Kein Wunder, die ist so herrisch, engstirnig und egoistisch, nur ihre Meinung zählt." An diese Gedanken erinnere ich mich oft und frage mich, warum ich die Krankheit damit verbunden habe. Was hat solche Vorurteile in mir geschürt? Heute denke ich: Keine Frau ist „schuld" an ihrer Krankheit, kein Wesenszug und kein Verhalten ist „typisch" für eine Krebsdiagnose.

Meine linke Brust verbrennt

Innerlich zittere und vibriere ich, doch als mein Arzt mir sagt, dass ich „nur" 25 Bestrahlungen nach der Operation brauche, schöpfe ich Hoffnung. Die Strahlentherapie stelle ich mir sogar ganz nett vor: Endlich wieder Zeit für mich, danach kann ich dann zum Sport gehen oder etwas anderes Schönes machen.

Die Wirklichkeit sieht vor 20 Jahren komplett anders aus: Die Bestrahlung wird zum Horror. Ich soll ganz ruhig und still liegen, zu tiefes Atmen ist streng verboten, sonst könnten Lunge und Herz geschädigt werden. Es sind schreckliche Behandlungen, bei denen ich stocksteif daliege, voller Angst zu atmen. Danach fahre ich statt zum Sport immer sofort nach Hause zu meinem zweijährigen Sohn. Mein Mann ist als Modefotograf ständig auf Reisen, während ich mit dem Kleinen allein zuhause bin. Müde. Ich bin immer müde. Meine linke Brust beginnt zu verbrennen. Doch ich halte durch.

Das war's mit der Familienplanung

Als die Ärzte mir eröffnen, dass ich keine weiteren Kinder bekommen sollte, weil die Wahrscheinlichkeit, ein behindertes Baby zu bekommen, zu groß ist, bricht für mich eine Welt zusammen. Das war es also mit der Familienplanung.
Ich leide sehr darunter, auch wenn ich mir immer wieder sage: „Du bist so beschützt, so beschenkt, Du hast diesen tollen kleinen Kerl da an Deiner Seite." Wir denken sogar über eine Adoption nach, doch mein Mann entscheidet sich schließlich dagegen. Diese Endgültigkeit ist für mich hart und ich drohe daran zu zerbrechen. Ich trage ein bohrendes Gefühl der Schuld in mir, dabei weiß ich vom Verstand her, dass keine Frau für ihre Erkrankung verantwortlich ist. Auch ich nicht. Trotzdem ist dieses Gefühl tief in mir, es hat sich in meinem Unterbewusstsein fest verankert. Erst eine Therapie hilft mir, diese Schuldgefühle loszulassen und es zu verarbeiten, dass mein Großfamilientraum geschrumpft ist. Es braucht eine lange Zeit, um meine Seele zu heilen.

Ich muss mein Leben ändern!

Zwei Jahre später zeigt sich wieder etwas in der linken Brust. Diesmal will ich mich auf keinen Fall bestrahlen lassen, schließlich hat es auch beim ersten Mal nichts gebracht. Aber das ganze Gewebe

ist sowieso zerstört, eine weitere Bestrahlung wäre sinnlos. Die Brust wird operiert und der Heilungsprozess dauert diesmal sehr lange, aber ich bin mir sicher, dass jetzt nichts mehr passieren kann. Ich verlasse mich ganz auf die Schulmedizin und traue mich gar nicht, woanders hinzugucken, glaube, dass es keine Alternativen gibt.

Mein Mann ist nach der Operation nicht bei mir, er hat einen Auftrag, irgendwo. Das ist für mich besonders schwer zu ertragen, ich fühle mich von ihm im Stich gelassen.

Radikale Entscheidungen

Die erste Diagnose bekomme ich im Jahr 2000, die zweite 2002. Wieder plagen mich Schuldgefühle, ich mache mir Vorwürfe, dass ich irgendetwas falsch gemacht und deshalb Brustkrebs bekommen habe, und mir wird klar: Ich muss mein Leben ändern!

Meine Reaktion ist ziemlich radikal: Ich steige aus der Firma, dem stressigen Job aus. Glücklicherweise bin ich durch meinen Mann finanziell abgesichert und kann mich einer neuen Aufgabe zuwenden: Eine Ausbildung zur Shiatsu-Therapeutin. Das ist für mich eine tolle Zeit, weil ich sehr viel über meinen Körper lerne, über die Energiebahnen und den Einfluss von Ernährung auf unsere Gesundheit. Ich setze mich mit der chinesischen Medizin auseinander und erfahre viel über die Zusammenhänge von Körper, Geist und Seele. Mir wird klar, dass ich die Verantwortung für meine Gesundheit nicht an die Schulmedizin abgeben kann.

Zu der Zeit treffe ich auch die Entscheidung, mit Mann und Sohn nach Mallorca zu ziehen. Es fühlt sich genau richtig an. Meine beiden Diagnosen sind zu Entscheidungs-Beschleunigern geworden: Sie haben mir gezeigt, dass das Leben zu kurz ist, um Träume nicht zu erfüllen. Mein Mann ist mit unserem neuen Familienwohnsitz einverstanden, er ist beruflich sowieso viel unterwegs. Auf Mallorca leben wir in einer riesigen alten Finca, der Strom kommt aus dem Generator, es gibt kein fließendes Wasser und geheizt wird nur mit Holz. Dieses einfache Leben schenkt mir Erdung und eine unglaubliche Verbundenheit.

Doch mein Mann, der vorher so viel auf Mallorca gearbeitet hat, ist plötzlich überall auf der Welt tätig, nur nicht bei uns. Wir sehen uns nur noch drei bis vier Tage im Monat. Nach anderthalb Jahren erkennen wir, dass dieses Lebensmodell für uns nicht funktioniert, und entscheiden uns, zurück nach Hamburg zu ziehen. Dort beginne ich, als Shiatsu-Therapeutin zu arbeiten, doch es zeigt sich schon nach kurzer Zeit, dass ich den Job nicht mit meinem Kind vereinbaren kann. Das wird für mich zum Problem, denn ich will meinen Sohn auf keinen Fall von fremden Menschen erziehen lassen: Die schlechten Erfahrungen, die ich selbst als kleines Mädchen gemacht habe, möchte ich meinem Kind ersparen. Deshalb gebe ich meinen Traum schnell wieder auf und beginne erneut, von zuhause Fotoproduktionen zu organisieren – dabei habe ich überhaupt keine Lust mehr auf diese Branche.

Mein Bauchgefühl sagt eigentlich Nein, als ich mich gegen mein Herz entscheide und eine eigene Foto-Agentur gründe. Damit sehe ich die größtmöglichen Chancen, viel Geld zu verdienen zugleich mein Leben mit Mann und Kind flexibel zu gestalten.

Weg mit der Brust

Die Firmen-Homepage ist noch im Entstehungsprozess, als ich drei Wochen später mal wieder bei der Frauenärztin bin. Sie entdeckt etwas Auffälliges, diesmal in meiner rechten Brust. Und dann kommt die Stanz-Biopsie: Ich liege auf dem OP-Tisch, die Brust hängt durch ein Loch im Tisch nach unten und dann stechen – dong, dong, dong – Nadeln hinein, die das Gewebe mit rausziehen. Ein fürchterliches Gefühl.

Ein paar Tage später, ich bin gerade bei einem Kunden, bekomme ich den Anruf: „Setzen Sie sich bitte. Wir haben überall etwas gefunden." Wieder ist es eine Brustkrebs-Vorstufe, wieder ist meine erste Reaktion, dass ich auf keinen Fall eine Bestrahlung machen will. Ich hatte ja schon eine Odyssee hinter mir, deshalb stelle ich inzwischen auch einige schulmedizinische Behandlungsvorschläge in Frage. Mir fehlt der ganzheitliche Ansatz. Noch am Telefon rät mir meine Ärztin, mir die Brust abnehmen zu lassen, wenn ich alle anderen Therapien ablehnen würde. Natürlich hatte ich bis zu dem Zeitpunkt überhaupt nicht über eine Amputation nachgedacht.

Mein kleiner Sohn gibt schließlich den Ausschlag für meine Entscheidung: Weg mit der Brust. Ich will für ihn leben und keine Experimente machen.

Abschied nehmen

Es ist Ende November und die Ärzte wollen die Operation kurzfristig einplanen, doch das will ich auf keinen Fall. Ich möchte die Vorweihnachtszeit mit meiner Familie verbringen, Plätzchen backen, den Christbaum schmücken. Die Zeit wird natürlich überhaupt nicht so schön, wie ich sie mir vorgestellt habe. Aber mir hilft, dass ich bereits Anfang Dezember mit einer begleitenden Mistel-Therapie begonnen habe.

Der Arzt empfiehlt mir, meine Brust jeden Abend liebevoll einzuölen und von ihr Abschied zu nehmen. Das ist ein schönes Ritual und ganz wichtig für mich während der drei Wochen bis zur Operation. In der letzten Woche spüre ich, dass ich bereit bin, mich endgültig von meiner Brust zu trennen. Ich will, dass sie weg ist, sie fühlt sich an wie ein Feind.
Trotzdem fällt es mir schwer, meinem Sohn zu vermitteln, dass ich mit nur einer Brust nach Hause kommen werde – dabei ist es für ihn gar kein Problem. Als er mich im Krankenhaus besucht, fragt er nur: „Ist weg, oder?" Ich antworte: „Total weg. Jetzt bin ich gesund."

Es überrascht mich, dass es kaum weh tut. Ich habe mit großen Schmerzen gerechnet, aber ich habe keine Schmerzen. Überhaupt nicht. Obwohl alles entfernt wurde. Ich bin erleichtert und dankbar. Angucken kann ich mir das in den ersten Tagen trotzdem nicht. Ich fand meine Brüste immer wunderschön und dachte, sie blieben ewig so toll, weil sie klein waren und niemals hängen würden. Falsch gedacht. So kann man sich täuschen.
Nach der Amputation lerne ich, mir jeden Tag selber die Spritze der Mistel-Therapie zu geben, was ich mir zu Anfang gar nicht vorstellen konnte. Doch es gibt mir das Gefühl, dass ich aktiv etwas dafür tun kann, damit es mir besser geht. Das schenkt mir ein Stück Sicherheit, die ich jetzt unbedingt brauche. Für meinen Mann geht es nicht um die fehlende Brust, ihm ist nur wichtig, dass ich wieder gesund bin. Er verhält sich fantastisch und schenkt mir viel Zuversicht und Kraft. Schon nach vier Tagen

stürze ich mich wieder in die Arbeit. Für mich ist meine Arbeit wirklich eine Therapie: Ich muss mich um die Website kümmern, betreue fünf Fotografen und habe viel zu tun. Während mein Sohn in der Schule ist, arbeite ich konzentriert und baue meine Agentur auf, anschließend bin ich für mein Kind da, gehe zwischendurch mit dem Hund.

Nur um mich kümmere ich mich nicht.

Zu Anfang bin ich der festen Überzeugung, dass ich die Brust wieder aufbauen lasse. Doch so einfach, wie ich es mir vorgestellt habe, ist das nicht möglich. Ich kann mir zwar nicht vorstellen, mit nur einer Brust zu leben – aber eine achtstündige Operation und die anschließende Belastung will ich auch nicht auf mich nehmen. Schließlich entscheide ich mich gegen die Rekonstruktion.

Wiedergeburt in ein neues Leben

Im ersten Sommer nach der OP verreise ich mit meiner Familie. Endlich Sonne! Ich bin voller Freude. Doch als ich am Strand liege, im Tankini aus dem Sanitätshaus, fühle ich mich wie meine eigene Großmutter. Welch scheußliches Modell ich da tragen muss.

Geht es nur mir so? Wie fühlen sich die anderen Frauen nach einer Brustamputation? Ich habe keinen Kontakt zu anderen Betroffenen, weil ich mich davor fürchte, das Leid anderer anhören zu müssen und mich davon runterziehen zu lassen.
Das Thema beschäftigt mich sehr und nach meiner Rückkehr spreche ich mit einer Freundin darüber. Sie schlägt mir vor, dass ich eine eigene Bademoden-Kollektion für Frauen nach einer Brustamputation herausbringen soll. Ich hätte doch einen guten Geschmack und wüsste, was im Markt fehlt. Ich bin von ihrem Vorschlag hellauf begeistert, gleichzeitig gibt es hundert Gründe, es nicht zu tun: Ich komme nicht aus der Modebranche, habe keine Ahnung von Schnitten und Passform geschweige denn von den Materialien oder dem Vertrieb, und woher soll ich das Geld dafür nehmen. Dennoch – sie hat in mir ein Samenkorn gesät.

Einige Zeit später fliege ich nach Thailand. Ich freue mich auf diese wichtige Auszeit und nehme mir eine ganz besondere Urlaubslektüre mit, ein kleines Buch: *Wie gründe ich ein Modelabel?* Beim Lesen wandern meine Gedanken ständig zwischen „Du hast sie doch nicht mehr alle!“ und „Warum eigentlich nicht?“ hin und her.

Noch im Urlaub lerne ich eine Frau kennen, die von der Idee ebenfalls begeistert ist. Sie kommt aus der Modebranche und bietet mir ein kostenloses Coaching an. Ganz entspannt, am Strand unter Palmen, vermittelt sie mir ihr Wissen über Materialien, Produktionsstätten und Schnittentwicklung.

Fünf Jahre lang hat mich der Vorschlag meiner Freundin nicht mehr losgelassen, jetzt ist die Saat aufgegangen. Zurück in Hamburg fange ich einfach an: Ich tauche tief in die Brustkrebs-Szene ein, um von den Frauen selbst zu hören, welche Bademode sie tragen wollen – ich bin nicht die Einzige, die unglücklich mit dem ist, was der Markt bietet. Auch andere Frauen wollen sich wieder schön und sexy am Strand fühlen, aber nicht jedem zeigen, was dort ist – oder eben nicht ist. Ich finde es toll, dass sich mittlerweile viele Frauen komplett flach präsentieren und sehr selbstbewusst mit ihrem neuen Körpergefühl nach einer Brustamputation umgehen. Aber ich weiß aus eigener Erfahrung, dass es etwas ganz Privates, Intimes ist und Du nicht immer Lust dazu hast, dass Dich jemand anguckt oder Dir Fragen stellt.

Bei meiner Recherche lerne ich viele wunderbare Frauen kennen, es ist für mich eine tolle Erfahrung, die mich in meiner Entscheidung bestärkt. Ich wage den Sprung ins Ungewisse und gründe mein eigenes Bademoden-Label. Bei der Namensfindung inspiriert mich die Frangipani-Blüte, die für die Wiedergeburt in ein neues Leben steht.

All das neuerworbene Wissen und meine eigenen Vorstellungen für die perfekte Bademode fließen zusammen, als ich zusammen mit einer Schnitt-Direktrice meine erste nachhaltige Bademoden-Kollektion aus fair produziertem und recyceltem Material entwickle.

Ich bin wahnsinnig aufgeregt, als die ersten Muster vor mir liegen. Als meine Models die Badeanzüge und Bikinis anziehen, sind sie begeistert und mir geht das Herz auf: Ich mache genau das Richtige, alle Anstrengung und Arbeit haben sich gelohnt! Mit meiner Bademode fühlen sich die Frauen nach einer Brustoperation wieder attraktiv, das macht mich überglücklich.

Aber ich mache auch traurige Erfahrungen. Ein Model stirbt nach einem Rezidiv, mein Lieferant lässt mich im Stich und ich stehe finanziell auf sehr wackligen Füßen. Andererseits unterstützen mich wahnsinnig tolle Menschen und ich darf viele außergewöhnliche Erfahrungen machen, die mein Leben bereichern.

Parallel arbeite ich weiterhin in meinem Beruf, weil ich das Einkommen dringend brauche. Mein Mann hat mich kurz nach meiner Rückkehr aus Thailand vor die Wahl gestellt, mein Leben weiter seinen Vorstellungen anzupassen oder den neuen Weg allein zu gehen. Das trifft mich hart, doch ich erkenne, dass unsere Ehe auf dieser Basis keine Zukunft mehr hat und ich meinem Herzen folgen muss. Deshalb treffe ich eine weitere radikale Entscheidung: Wir trennen uns.

Ich sage JA zu mir

Tief in meinem Inneren spüre ich, dass ich endlich Ja zu mir sagen muss, um das zu tun, was ich wirklich will. Zu lange habe ich mich selbst und meine Bedürfnisse ignoriert. Damit erlange ich Freiheit, mein Leben zu gestalten. Gleichzeitig führt die Entscheidung zu einer extrem hohen Stressbelastung – ich muss mich finanziell über Wasser halten und die Investitionen für mein Bademoden-Label sind sehr hoch.

Bereits nach der ersten Diagnose habe ich doch erkannt, dass ich etwas in meinem Leben verändern muss, mich mehr um meinen Körper kümmern und mir mehr Zeit für mich nehmen muss. Aber jetzt tappe ich wieder in die Stressfalle. Ich bin überzeugt, das Richtige zu tun, und merke fast zu spät: So funktioniert es nicht.

2020 treffe ich deshalb die schwere Entscheidung, meinem Leben erneut eine Wende zu geben: Ich bin offen für den Verkauf meines Labels. Ich habe einfach nicht genug Kapital, um weiterhin in den Ausbau des Unternehmens zu investieren, die aufreibende Arbeit geht an meine Substanz. Als *„One-Woman-Show"* ist der erforderliche Aufwand einfach nicht zu leisten. Mein größter Wunsch ist es, dass jemand anderes die Marke in meinem Sinn und auch gerne mit meiner Unterstützung weiterleben lässt.

Ich finde meine Berufung

Dank LebensHeldin! e.V. habe ich fast zum gleichen Zeitpunkt meine Berufung gefunden: Im direkten Kontakt mit frisch operierten Frauen, die an Brustkrebs erkrankt sind, arbeite ich für ein Sanitätshaus in einem Mammazentrum. Diese Aufgabe gibt mir das Gefühl, den Frauen ein bisschen von meinem positiven Blick aufs Leben abzugeben, ihnen Milde, Akzeptanz und Verständnis zu schenken, wo viele erstmal nur Dunkelheit sehen. Das gibt mir ganz viel, lässt mein Herz höherschlagen und macht mich täglich sehr dankbar.

Die Liebe zu meinem Sohn hat mir immer wieder die Kraft geschenkt, weiterzumachen, mich meinem Schicksal nicht zu ergeben. Dieses Kind machte mir bewusst, wofür ich aufstehe und weitergehe, und dass irgendwann alles gut wird. Das hat mir gereicht, um immer positiv nach vorne zu schauen. Mein Optimismus ist sehr groß, ich falle wie eine Katze aus dem siebten Stock auf die Füße. Ich habe gelernt zu vertrauen, vor allem mir zu vertrauen, und das hat mir in den letzten Jahren immer wieder Mut gemacht.

Ich habe wohl so ein Mut-Gen.

Ohne meine Brustkrebsdiagnosen wäre ich nicht da, wo ich jetzt bin. Ich habe meinen eigenen Dämonen ins Auge geblickt und den Mut gehabt, zu erkennen, was ich in meinem Leben verändern muss. Ich bin konsequenter geworden, um mein Glück zu bekommen oder mich für mein Glück einzusetzen, und ich bin kompromissloser geworden darin, mich von dem zu trennen, was mich davon abhält. Wenn ich merke, dass Energien für mich schlecht sind oder Menschen mir nicht guttun, halte ich nicht mehr daran fest, sondern sage: „Danke und Tschüss."

Auch jetzt ignoriere ich mein Frühwarnsystem noch manchmal, wenn es wieder mal zu stressig wird. Aber inzwischen merke ich einfach viel schneller, wenn mir etwas zu viel wird. Ich bemühe mich, den Anspruch an mich selbst ein bisschen niedriger anzusetzen. Es gelingt immer besser.

Hör auf Dein Herz

Auch LebensHeldin! e.V. hat mein Leben verändert. Die Power und Fröhlichkeit und die lebensbejahende Einstellung dieser einzigartigen Initiative flashen mich jedes Mal. Vor dem LebensHeldin!-Wochenende bin ich eher skeptisch: „Da kommen bestimmt nur Frauen, die die ganze Zeit über ihre Krankheit sprechen." Ich bin begeistert, als das Gegenteil der Fall ist.

Ich werde den ersten Abend nie vergessen, so laut sind wir, so fröhlich. Es ist eine Zusammenkunft mutiger, interessanter Frauen mit ganz viel Herzenswärme. Zu wissen, dass es diese Sisterhood gibt, ist ganz toll und unglaublich wichtig.

Ich weiß jetzt, dass ich genau so richtig bin, wie ich bin. Manchmal rückt das zwar in den Hintergrund, aber ich verliere es nie ganz aus den Augen. Meine größte Erkenntnis ist, dass man in seinem Leben auf nichts warten soll. Niemals!

Hör auf Dein Herz und wenn Du es fühlst, triff eine Entscheidung und mach es, ganz egal, was die anderen sagen. Sei zu Dir selbst und zu anderen gut. Uns gegenseitig wirklich Liebe und Unterstützung zu schenken, das ist es, worum es in unserem Leben geht.

Gib niemals auf!

Plötzlich in den Wechseljahren

Tipps im Umgang mit Hitzewellen & Co.

Unser Körper kommt mit wenig Östrogen und Progesteron klar. Aber: Er muss sich an das neue Hormon-Tal nach der Brustkrebstherapie erstmal gewöhnen. Dabei kannst und solltest Du ihn unterstützen, indem Du achtsamer bist, ihm weniger Stress und mehr Schlaf gönnst, ihn gut nährst und bewegst und ihm mit pflanzlichen Helferlein bei der Anpassung hilfst.

Einfluss haben übrigens nicht nur die Hormone, sondern unter anderem auch die Bakterienvielfalt Deines Darm-Mikrobioms, Dein Lebensstil (Ernährung, Stress, Schlaf, Sport), Gewicht, Erkrankungen, Intoleranzen und Medikamente.

Wenn Dich Hitzewellen überrollen

Wenn Dich Hitzewellen überrollen, solltest Du möglichst Situationen vermeiden, durch die sich die Blutgefäße erweitern: Stress, heiße Getränke, Alkohol und stark gewürzte oder schwer verdauliche Speisen gehören ebenso dazu wie Übergewicht und Nikotin. Bei plötzlichen Wallungen versprechen Wechselduschen direkte Linderung. Doch die sind ja nicht jederzeit möglich, deshalb trägst Du am besten zwei bis drei dünne Kleidungsstücke im Zwiebel-Look übereinander. Dann kannst Du schnell die Jacke oder einen Pullover ausziehen und hast noch ein hübsches T-Shirt oder eine Bluse an.
Auch Atemübungen, Yoga oder autogenes Training können Dir bei der Linderung von Wechseljahrbeschwerden helfen.

Um dem Knochendichte-Verlust durch die fehlenden Hormone vorzubeugen, ist viel Bewegung an der frischen Luft empfehlenswert, gegebenenfalls auch die Einnahme von Kalzium-, Vitamin-D- und Magnesium-Präparaten.

Pflanzliche Helferlein

Verschiedenste Pflanzen werden teils seit Jahrtausenden in der klassischen Naturkunde zur Linderung von „Frauenthemen" eingesetzt, und diese können auch die Wechseljahrbeschwerden nach einer Brustkrebstherapie lindern. Pflanzenextrakte unterstützen Deinen Körper sanft bei Hitzewallungen, doch die Effekte können schon mal 3–4 Wochen auf sich warten lassen. Gib deinem Körper Zeit, am besten circa 2–3 Monate. Jede Frau ist individuell, die Wirksamkeit von Pflanzenextrakten ist daher sehr unterschiedlich.

Wichtig zu wissen ist auch, dass Pflanzenextrakte allein nicht jegliche Beschwerden auf einmal lösen, sondern in Kombination mit einer gesunden Ernährung und einem achtsamen Lebensstil dabei unterstützen, die Beschwerden zu lindern. Da auch pflanzliche Produkte mit Medikamenten interagieren können, sollte ihre Einnahme bei allen Frauen, die Medikamente einnehmen oder die anderweitig gesundheitlich vorbelastet sind, vorab mit dem Arzt besprochen werden.

Dein Körper ist ein kleines Wunderwerk mit ganz individuellen Bedürfnissen. Für Dich heißt das: Geduldig ausprobieren, was ihm guttut und worauf er reagiert. Vor allem ganzheitlich vorgehen, denn kein Kräuterlein oder keine einzelne Superfood-Beere kann eine gesundheitsfördernde Lebensweise und Ernährung ersetzen. Aber diese Helferlein können ergänzend unterstützen!

Die Mission von **XbyX** ist es, Frauen vom Stigma der Wechseljahre zu befreien und sie aktiv dabei zu unterstützen, mit Energie und Balance durch ihr Leben zu gehen. Das Unternehmen vermittelt Wissen rund um hormonelle Balance und bietet innovative, pflanzenbasierte Produkte auf Basis aktueller wissenschaftlicher Erkenntnisse.

www.xbyx.de

„Als ich die Hormontherapie anfing, war ich nicht mehr ich selber. Ich war eine Zicke hoch zehn, hatte schlechte Laune, Angst, Knochenschmerzen, Schlafstörungen, eine Hitzewallung nach der anderen, mehrmals am Tag. Ich hatte mehr oder weniger alle Nebenwirkungen, die man so haben kann in den Wechseljahren."

Caroline

3 Fragen zum Neustart

1. Woran bist Du nach Deiner Brustkrebsdiagnose gewachsen?
2. Was hat Dir besonders viel Energie gegeben?
3. Nenne 3 Dinge, für die Du dem Krebs dankbar bist.

Entdecke Deine Weiblichkeit

Wie Du lernst, Dich selbst zu lieben

Mein großer Traum ist, dass sich die Schulmedizin und die Alternativmedizin in Verbindung mit energetischen Wissenschaften und Spiritualität die Hände reichen. Alles, was ich hier mit Dir teile, soll Dir dabei helfen, Dich selbst zu entdecken und in die Selbstverantwortung und Selbstermächtigung zu gelangen. Wir Frauen unterschätzen die feminine Kraft und die Energie, die in uns steckt.

Entscheide Dich, JA zum Leben zu sagen, finde Deine Leidenschaft und entdecke Deine Weiblichkeit neu!

Lässt Du Deine Weichheit und Verwundbarkeit zu?

Gelebte Weiblichkeit ist für uns Frauen oft eine große Herausforderung, weil wir so viele Vergleiche zur Männerwelt ziehen. In unserer männerdominierten Welt nehmen wir uns selbst häufig zurück und unterdrücken unsere Power. Dadurch unterdrücken wir auch die weibliche Weichheit, die in unserem Busen zum Ausdruck kommt.

Ich lade Dich ein, Deine Weichheit und Verwundbarkeit zuzulassen, damit Deine Lebensenergie wieder fließen kann. Denn eine Brusterkrankung kann energetisch damit zusammenhängen, dass Du alles unter Kontrolle haben willst, an alten Themen, Mustern oder Verletzungen festhältst und diese nicht loslassen kannst.

Der weibliche Busen ist der symbolische Ausdruck des Gefäßes der Liebe, und das hat nichts mit dem Vorhandensein von Brüsten oder der Größe der Oberweite zu tun. Unsere Weiblichkeit ist durch die Qualitäten des liebenden, mitfühlenden, verstehenden, empfangenden und nährenden Seins geprägt. Wenn Du diese Aspekte bewusst oder unbewusst verdrängst oder nicht auslebst, kann das sogar krank machen, und es hindert Dich daran, Dir Deine Kraft zunutze zu machen.

Gerade nach einer Brustkrebserkrankung kann es eine große Herausforderung für Dich sein, Frieden mit Deiner Weiblichkeit zu schließen, besonders wenn Dir Teile davon entfernt wurden oder sie ganz wegoperiert werden musste.

So stärkst Du Deine feminine Seite:

- Schenke Deinem Körper Aufmerksamkeit und Liebe.
- Tanze und höre Musik.
- Umarme Dich, berühre, streichle und massiere Dich.
- Laufe barfuß und verbinde Dich so mit der Erde und der Natur.
- Komme in Kontakt mit Wasser, nimm ein Bad oder eine Dusche oder gehe schwimmen.

„Ich beschäftige mich schon viel mit Ernährung und Yoga, aber die Gruppenenergie und das Thema Spiritualität haben mich getragen, gestärkt, geschüttelt und stark bewegt und motiviert, mich noch viel mehr diesem Thema zu öffnen und sie in mein Leben zu lassen. Als Baustein auf dem Weg zur ganzheitlichen Heilung. Namasté."

Stéphanie

Gibt es eine Energieblockade?

Es gibt einen interessanten Zusammenhang: Der Busen einer Frau ist mit dem sakralen Chakra verbunden, das heißt, wenn die Energie hier nicht fließt, fließt sie im Busen auch nicht bzw. nur erschwert. Chakren sind die Energiezentren in unserem Körper.

Das Sakral-Chakra befindet sich ungefähr drei Finger unterhalb des Bauchnabels und steht für den Fluss der Lebensenergie, der Lebensfreude sowie für Lebendigkeit, Emotionen, Lust, Sexualität, Kreativität und schöpferische Kraft. Die Erlebnisse und Erfahrungen, die wir zwischen dem dritten und achten Lebensjahr, aber auch noch im Teenageralter gemacht haben, wirken sich sehr stark auf das Sakral-Chakra aus. In dieser Zeit lernen wir unsere eigene Lebensfreude und Lebensenergie kennen und sammeln Erfahrungen damit, sie auszuleben.

Wenn in diesem Alter die Möglichkeit unterbunden wurde, diese Bedürfnisse auszuleben, oder wenn wir traumatische Erfahrungen gemacht haben, kann das zu Störungen des Sakral-Chakras führen.

Die größte Herausforderung für die Ausgeglichenheit dieses Chakras ist es, wenn wir Gefühle nicht zulassen, kreative oder sexuelle Leidenschaften nicht zum Ausdruck bringen (können) und emotionale Reaktionen unterdrücken („Ich darf nicht weinen", „Ich darf nicht fröhlich sein", usw.). Das führt zu Energieblockaden.

Was musst Du loslassen?

Die besondere Kraft einer Frau ist das Loslassen in jeder Form. Bei einer Geburt müssen wir unser Baby loslassen, wenn unsere Kinder ausziehen, müssen wir ebenfalls loslassen – aber wir haben auch die Superkraft, Themen aus der Vergangenheit, negative Emotionen und Blockaden loszulassen. Diese Superkraft wird vom Sakral-Chakra gesteuert.

Wenn es aus der Balance geraten ist, weil Du an etwas zu sehr klammerst, zu sehr festhältst, solltest Du zunächst hinschauen, um was es sich handelt. Mach Dir bewusst, ob Du noch negative Emotionen in Dir trägst: alte Verletzungen aus der Kindheit, Trauer, Wut, Ablehnung, Angst, Schuld, Scham? Folgende Fragen können Dir dabei helfen:

- In welchen Situationen willst Du zu unbedingt die Kontrolle behalten?
- Wo hast Du Deine Verwundbarkeit und Weichheit, die Du als Frau mitbringst, ausgeklammert?
- Welche negativen Erfahrungen aus Deiner Kindheit und Jugend waren so schmerzhaft, dass Du sie verdrängt hast?
- Gibt es Menschen oder Situationen in Deinem Leben, an denen Du festhältst und klammerst, die Du glaubst, nicht loslassen zu können, oder von denen Du denkst, dass Du sie brauchst?

Nimm Dir Zeit für die Antworten und überfordere Dich nicht. Das Wichtigste ist, dass Du beginnst. Manche Antworten werden wehtun, keine Frage. Aber vielleicht muss es wehtun, damit wir Heilung erfahren können.

Viele Themen sind ganz einfach zu erkennen und loszulassen, aber manche Erlebnisse sind so schmerzhaft und haben sich vielleicht so tief in Deinem Unterbewusstsein eingegraben, dass Du ohne Hilfe nicht weiterkommst. Dann solltest Du Dir unbedingt professionelle Unterstützung suchen. Das kann beispielsweise eine psycho-onkologische, Hypnose- oder eine energetische Begleitung sein. Finde für Dich heraus, was sich in Deinem Loslass-Prozess gut anfühlt und passend ist.

Wie groß ist Deine Selbstliebe?

Oft lehnen Frauen ihre Brüste ab, sie sind zu groß, zu klein, zu schlaff, dabei ist der Busen ein Teil ihres Körpers. Sie haben energetisch gesehen Brüste aus Stahl, obwohl diese eigentlich ein Zeichen ihrer Verwundbarkeit und Weichheit sein sollten. Andere haben nach einer Brustkrebserkrankung Probleme mit dem eigenen Körper und lehnen sich selbst ab. Sie sehen sich so, wie sie sich fühlen, wie sie über sich denken und nicht, wie sie wirklich sind.

Deine Selbstliebe und Selbstwahrnehmung können durch die Erkrankung und all das, was sie mit sich bringt, gestört werden. Vielleicht hat Dir auch niemand beigebracht, wie Selbstliebe funktioniert. Wenn Du Angst hast, dass Menschen Dich wegen Deiner äußeren Hülle verurteilen, wirst Du es nicht schaffen, in Deine innere Kraft zu kommen. Die Liebe zu Dir selbst kannst Du nur aufbauen, wenn Du aufhörst, Deinen Körper abzulehnen, und lernst, Dich so anzunehmen, wie Du wirklich bist. Wenn Du Dich selbst hasst, bleibst Du im Opfermodus. Du lässt es zu, Dich klein zu halten, und schiebst es auf Dein Aussehen.

Langfristig wird die emotionale Lücke noch viel größer, denn das Problem sind nicht Deine Oberweite oder Deine Haare, sondern es ist Deine abwertende Sicht auf Dich. Nach einer Brustkrebstherapie kann es passieren, dass Du von einem Tag auf den anderen in die Wechseljahre katapultiert wirst.

Dein Körper vollbringt Wunder, damit Du heilen kannst. Wenn Du ihn verurteilst, verurteilst Du Dich selbst.
Du hast Deine volle Liebe und Dein volles Mitgefühl verdient, nicht von anderen, sondern von Dir selbst. Frage Dich: Wie denkst Du über Dich?

Was ist Deine Leidenschaft?

Fang an, Deine Bedürfnisse zu respektieren und auf sie zu achten, um mehr in den Fluss des Lebens zu kommen. Es gibt noch so viel zu entdecken in Dir und an Dir! Wenn Du Deine Selbstwirksamkeit und die Verantwortung für Dich und Dein Leben erkennst, gibst Du Dich nicht dem Leiden hin, sondern der Freude. Öffne Dich Deinen verborgenen Talenten, beschäftige Dich mit neuen Dingen, entdecke frühere Leidenschaften wieder: Was begeistert Dich?

Mache jeden Tag etwas, wodurch Du Dich lebendig fühlst. Gehe raus in die Natur, meditiere, tanze, höre Musik, spiele mit Kindern oder Tieren – finde etwas, was Dich erfüllt und glücklich macht.

Ein weiterer Schritt auf Deinem Heilungsweg kann sein, dass Du erkennst: Du wirst gebraucht. Frage Dich, wo Du Dich einbringen kannst, wem Du helfen kannst? Was hast Du zu geben? Wonach sehnt sich Dein Herz? Was wolltest Du schon immer in die Welt bringen? Lass Deine weibliche Kraft in diese Herzensaufgabe fließen.

Entdecke Dich neu. Lerne, Dich so anzunehmen und zu akzeptieren, wie Du bist, denn Selbstliebe ist eine Grundvoraussetzung für ein erfülltes und glückliches Leben.

Ein kleiner Restschmerz wird immer bleiben, weil Deine Verwundbarkeit, Deine Weichheit und Verletzlichkeit als Frau Dich so einzigartig machen.

DU bist einzigartig – entdecke die wahre Frau in Dir!

Bahar Yilmaz
Bahar Yilmaz ist Bestseller-Autorin, Coach und Vortragsrednerin. Ihr Fachgebiet sind moderne Spiritualität und neue Ansätze für Heilung und Erforschung von Energie und Bewusstsein. Ihr Wissen auf den Gebieten Meditation, Transformation, Medialität, Heilung und vielem mehr gibt sie in Form von Seminaren, Workshops, Ausbildungen und Onlinekursen weiter.

www.baharyilmaz.com

Die Kraft des Loslassens

Energieblockaden auflösen – für neue Leichtigkeit

Wir haben eine innere Festplatte, auf der alle Erfahrungen gespeichert werden, die wir in unserem Leben gemacht haben: Nicht nur in unserem Gehirn, sondern auch in unseren Zellen und sogar in den Faszien unseres Bindegewebes. Dort sind die vielen schönen Erlebnisse abgelegt, aber auch unausgesprochene Ängste, Zweifel, seelische Schmerzen, unverarbeitete Verletzungen und Ablehnungen sowie unzählige innere Überzeugungen, die uns daran hindern, in unsere Kraft zu kommen. Manche dieser Erfahrungen haben wir sogar schon vor der Geburt, während der Geburt oder in unserer Kindheit gemacht und in unserem Zellgedächtnis abgespeichert.

Wenn sie nicht verarbeitet und aufgelöst werden, führt das zu Blockaden, die uns krank machen können.

Was passiert, wenn Du loslässt?

Stell Dir bitte mal vor, wie Du Dich fühlen würdest, wenn Du Deinen Perfektionismus, die ganze Kontrolle, aber auch Deine Angst loslassen könntest. Wie wäre es, all das, was Dich nicht richtig schlafen lässt, einfach abzugeben? Ich bin mir sicher, dass Dein Herz bei diesem Gedanken höherschlägt und Du den sehnsüchtigen Wunsch hast, endlich alles gehen zu lassen, was Dich belastet.

Manchmal fällt es uns ganz leicht, uns von etwas zu trennen, es abzugeben oder etwas Neues zu beginnen, ohne zurückzublicken. In anderen Situationen sehnen wir uns nach einem Wandel, aber die eingefahrenen alten Gewohnheiten schleichen sich immer wieder ein, trotz fester Vorsätze: nur noch gesund essen, regelmäßig zum Sport gehen, weniger Stress zulassen. Wenn wir es nicht schaffen, unser Leben langfristig zu verändern, denken wir schnell: „Typisch Du! Anderen gelingt das doch auch. Nur bei Dir klappt es wieder nicht."

So klappt es mit dem Loslassen

Wir glauben oft, dass andere selbstbewusst und stark durch ihr Leben gehen und sich nicht selbst verurteilen, dabei kennt fast jede Frau (und auch fast jeder Mann) Gefühle und Gedanken wie:

Ich bin nicht gut genug.
Ich kann das nicht.
Ich schaffe das nicht.
Die anderen sind besser als ich.

„Es war die beste Entscheidung seit langer Zeit, am LebensHeldin!-Programm teilzunehmen. Mich hat besonders das liebevolle Miteinander berührt. Die einzelnen Workshops sind allesamt gelungen und ich nehme viel für mein weiteres Leben und meinen Alltag mit. Für mich persönlich war das Auflösen der Glaubenssätze beeindruckend: Ich darf loslassen!"

Karin

Diese Glaubenssätze schlummern in unserem Unterbewusstsein und hindern uns oft an einem erfüllten und glücklichen Leben. Wir handeln nämlich meistens nicht bewusst. Tatsächlich gehen Experten davon aus, dass wir weniger als 10% unserer Handlungen aktiv und bewusst gestalten, mehr als 90% werden aus dem Unterbewusstsein gesteuert.
Unser Kopfkino zeigt uns immer wieder den gleichen alten Film, und mit der Diagnose Brustkrebs kommen neue Ängste und Gedanken dazu.

Seelische Belastungen aufzuräumen kann daher während und nach einer Krebstherapie eine wertvolle begleitende Arbeit sein – natürlich nur ergänzend zur Schulmedizin und in Kooperation mit erfahrenen Therapeuten. Die gute Nachricht ist nämlich, dass wir unser Unterbewusstsein neu programmieren können, in dem wir unsere Gedanken durch Meditation und Bewusstseinsarbeit aktiv verändern.

Wohin möchtest Du Deine Aufmerksamkeit lenken?

Möchtest Du Deine Aufmerksamkeit weiterhin auf Emotionen wie Selbstmitleid, Neid, Wut, Bedauern und auf Be- und Verurteilung lenken? Oder möchtest Du Dein Herz öffnen für Gefühle wie Selbstliebe, Akzeptanz, Mitgefühl und Vertrauen?

Es ist die Kunst, nicht mehr an alten Themen festzuhalten, an Geschichten, die Du Dir vielleicht selbst über Dich erzählst. Loslassen von inneren Überzeugungen, Menschen, Jobs und andere Verbindungen, die Dir einfach nicht mehr guttun, die nicht mehr förderlich und dienlich sind.

Ich habe mal in einem Buch gelesen: „Lass los. Dann hast du beide Hände frei."

Aber was bedeutet das eigentlich, wie kannst Du loslassen? Der erste Schritt ist, dass Du Deine Gedanken wahrnimmst. Wenn Du Bewusstsein schaffst, in welcher Gedankenschleife Du Dich immer wieder befindest und was Dich belastet, kannst Du erkennen, ob Dich irgendetwas blockiert oder Dir nicht guttut. Du stellst fest, dass du etwas ändern möchtest. Du beobachtest Deine Gedanken und schreibst auf, was Du über Dich denkst.

Der zweite Schritt ist die Offenheit, eine neue Wahl zu treffen, und die Bereitschaft, wirklich etwas in Deinem Leben zu verändern. Das geht, wenn Du aktiv daran arbeitest. Erinnere Dich bei jedem negativen Gedanken daran und wandle ihn in einen lebensbejahenden um. Zu Anfang wird Dir das vielleicht noch schwerfallen, doch Dir wird von Tag zu Tag bewusster werden, wie viel Freude Dir ein positiver Blick in die Welt schenken kann.

Veränderung ist möglich

Manchmal spürst Du in bestimmten Situationen belastende Emotionen und weißt nicht, woher sie kommen. Das sind die Emotionen, die in Deinem Unterbewusstsein verankert sind. Es ist der Ort, an dem Veränderung angestoßen werden kann, an den Du aber allein und mit dem Verstand selten herankommst. Manchmal verstecken sich auch ganz kleine, aber machtvolle Programme im Unterbewusstsein. Glaubenssätze wie „Ich darf nicht glücklich sein." sind bei vielen Menschen verankert. Der Grund kann ein Schuldgefühl sein, das nur im Zellbewusstsein vorhanden ist.

Solche Programme allein zu entdecken, ist häufig schwierig. Gerade am Anfang oder bei traumatischen Erfahrungen kann die Arbeit mit einer Spezialistin sehr hilfreich sein. Eine ausgebildete Therapeutin oder eine Hypnose-Coachin beherrscht bestimmte Techniken und kann Dich dabei begleiten, verdrängte seelische Erschütterungen zu erkennen, zu verarbeiten und aufzulösen.

Oft kostet es Mut, hinzuschauen und tief liegende Verletzungen zu heilen, doch Du bist eine starke und mutige Frau, die Heldin Deines Lebens. Wenn es Dir seelisch gut geht, hat Dein Köper größere Heilungschancen.

Loslassen – der Weg zur seelischen Heilung

Meiner Mutter standen als aufstrebende Modedesignerin alle Türen offen, um Karriere zu machen. Als sie unerwartet doch noch schwanger wurde, hat sie sich auf mich gefreut, dennoch hat meine Geburt alles verändert und ihre Lebensplanung komplett über den Haufen geworfen. Das hat natürlich etwas mit ihr gemacht und offensichtlich auch mit mir: Unbewusst und über den Verstand nicht erkennbar, hatte sich der verstecke Glaubenssatz „Ich darf nicht gesund und glücklich sein" entwickelt. Ich habe Jahrzehnte gebraucht, um dieses Muster zu erkennen und das unbewusste Gefühl der Schuld aufzulösen. Erst während meiner Ausbildung zur Coachin und Mentaltrainerin habe ich von der blockierenden Kraft tiefsitzender Glaubenssätze erfahren. Durch energetische Arbeit konnte ich am eigenen Leib erfahren, wie machtvoll diese Tools sind, um negative Emotionen zu erkennen, loszulassen und zu heilen.

Offenheit und Bereitschaft zur Veränderung

Manchmal sind es ganz kleine Erkenntnisse, die eine große Wirkung haben, um Dein Leben zu wandeln. Neben der Offenheit und Bereitschaft zur Veränderung spielt die Erlaubnis eine große Rolle. Wenn Du Dir erlaubst, hinzuschauen, wenn der Ursprung von körperlichen und seelischen Blockaden erkannt und in die Heilung gebracht wird, können oft außergewöhnliche Fortschritte erlebt werden.

Mit der Kraft des Loslassens kannst Du Energieblockaden auflösen und eine neue Leichtigkeit in Dein Leben lassen.

Ulrike Alt

Als Gesundheitscoach und Mentaltrainerin hilft Ulrike Alt, seelische Ursachen von körperlichen und psychischen Phänomenen aufzudecken. Sie ergänzt damit die Arbeit von Ärzten, Therapeuten und Heilpraktikern und begleitet Menschen in herausfordernden Lebensphasen. Ihre Praxis befindet sich in Neubiberg, in der Nähe von München.

www.ulrike-alt.de

Meine Angst und ich

Annehmen – loslassen – Vertrauen gewinnen

Angst ist ein Gefühl, das gerade in der Ausnahmesituation einer Brustkrebserkrankung enorm zunehmen kann. Was gestern noch selbstverständlich war, erkennst Du heute nicht wieder. Alles ist anders und am liebsten würdest Du weglaufen – hin zu Deinem Leben, wie es einmal war.
Als LebensHeldin gehst Du in diesen Momenten besonders liebevoll mit Dir um, denn alle Ängste dürfen sein. Versuche, sie bewusst wahrzunehmen und darauf zu hören, was sie Dir sagen wollen, ohne Dich von ihnen vereinnahmen zu lassen.

Insbesondere in akuten Phasen, in denen Du Gedankenspiralen aus Angst ausgesetzt bist, kann es Dir helfen, Deine Gedanken aufzuschreiben. Selbst mitten in der Nacht, wenn Du wieder einmal aufgewacht bist oder wach liegst und nicht mehr einschlafen kannst. Es ermöglicht Dir, einfacher loszulassen. Vielleicht wird Dir damit auch bewusst, welche Deiner Befürchtungen und Szenarien sich nur in Deinem Kopf abspielen.

Du wünschst Dir, wieder Vertrauen in Deinen Körper und Dein Leben zu gewinnen? Dann lass Dir von den folgenden Tipps und Empfehlungen von LebensHeldinnen Mut machen. Du kannst es schaffen, Deinen inneren Kompass neu auszurichten: von der Angst in die Stärke!

Erste Hilfe gegen Panikattacken

Mein Geist kann den Himmel zur Hölle machen … Ich nehme meine Angst wahr, schiebe sie nicht einfach weg oder versuche, sie zu ignorieren. Stattdessen nehme ich sie ernst und frage mich, woher sie kommt und was sie mir sagen möchte. Meistens stelle ich dann fest, dass es nur mein Kopfkino ist, was mich terrorisiert. Die Gedanken sind nicht real und oft male ich mir Horrorszenarien aus, die mit „Was wäre, wenn…" beginnen und zu unnötigen Ängsten und Sorgen führen.

Sobald ich spüre, dass Ängste hochkommen, hinterfrage ich den Gedanken. Ich schenke ihm keinen Glauben, sondern lenke meine Gedanken in eine andere Richtung.
Das funktioniert mittlerweile immer besser und ist für mich die beste Methode, mit meiner Angst umzugehen. Wenn ich große Angst ernst nehme, sie nicht verdränge, sondern durchlebe, bin ich hinterher gewachsen und stolz, dass ich hindurch gegangen bin.

Ich möchte auch nicht rückwärtsgerichtet leben, denn Angst basiert ja auf den Erfahrungen, die ich in der Vergangenheit gemacht habe. Ich habe gelernt, dass ich nach vorn schauen und mir neue Gedanken machen muss, und das übe ich jeden Tag. Es gelingt mir nicht immer. Aber ich weiß, dass es geht, und je mehr ich mich auf den Prozess einlasse, desto besser werde ich.

Mein LebensHeldin!-Armband hilft mir ebenfalls, mit Ängsten umzugehen, wenn sie mich überrollen. Ich nehme sie bewusst wahr und lege mir das Armband um das andere Handgelenk. Dann frage ich mich: Was ist alles schön? Wofür kann ich dankbar sein? Damit konfrontiere ich die Angst mit dem Gegenteil und erinnere mich gleichzeitig an die positiven Coaching-Sessions mit LebensHeldin! e.V. Wenn die Angstattacke vorbei ist, lege ich das Armband wieder an der gewohnten Seite an.

Es ist wichtig, sich gegen Panikattacken Erste-Hilfe-Methoden anzueignen bzw. sich Unterstützung zu holen.

Ich glaube, manchmal ziehe ich die Angst auch an, indem ich z.B. Zweifel habe oder unsicher bin oder ein Funken Angst aufkommt, wie häufig vor allem in den ersten Jahren: Egal wo es gezwackt hat oder wo irgendetwas ungewohnt war, sofort bekam ich Angst: Der Krebs kommt wieder! Und damit, glaube ich, gibt man der Panik auch Raum. Durch die Angst wird sie größer, und dann macht man sich Sorgen und gerät in diese Mühle hinein, und so weiter. Dabei ist da in den allermeisten Fällen ja gar nichts. Man macht sich das Leben damit nur schwer. Um den Punkt zu erkennen, bevor man in die Mühle gerät, und dann „Stopp!" zu sagen, darum geht es. Stopp! Warum denke ich jetzt so? Warum habe ich jetzt wieder Angst? Warum gerate ich da rein? Weil es mich die Erfahrung gelehrt hat. Aber ich will das nicht. Ich möchte diese Gedanken nicht in meinem Kopf. Es ist alles gut.

Caroline

Ich drehe meine Anlage auf

Während der akuten Phase hatte ich überhaupt keine Angst, ich kam gar nicht dazu, darüber nachzudenken. Erst jetzt, wo alles vorbei ist, kriecht die Angst hoch – und tatsächlich stand die Vermutung im Raum, dass ich Metastasen in den Nackenwirbeln habe. Da habe ich schon überlegt, wer meinen Schmuck und mein Auto bekommen soll.

Meine Nachbarin weiß inzwischen, wenn ich wieder eine Panikattacke habe: Ich drehe meine Anlage auf und höre tierisch laut Musik. Dann schickt sie mir immer eine WhatsApp-Nachricht: „Geht es Dir nicht gut?" Nachts verschone ich sie und setze Kopfhörer auf. Dieses Ritual hilft mir eigentlich immer.

Elisabeth

Atemübungen und Meditationen

Wenn mich Rezidiv-Ängste überkommen, lasse ich sie zu, aber ich versuche, sie nicht die Oberhand gewinnen zu lassen. Ich frage mich, wovor ich jetzt genau Angst habe, nehme die Gefühle wahr und lasse sie dann weiterziehen. Vor Untersuchungen habe ich gar keine Angst, aber natürlich vor den Ergebnissen, das geht wohl allen so. Doch auch da bin ich schon viel, viel gelassener geworden, weil ich einfach weiß, dass alles so sein soll, wie es ist. Das heißt ja nicht, dass es das Ende ist. Früher dachte ich immer, Krebs ist gleich Tod und traurigerweise ist er das auch immer noch in so vielen Köpfen. Dabei erleben so viele Frauen noch viele schöne Jahre, selbst mit metastasierendem Brustkrebs. Und deshalb sollte man den Menschen die Angst nehmen und das Bewusstsein dafür stärken: Krebs ist kein Todesurteil!

Natürlich überrollen mich trotzdem auch immer mal wieder Ängste. Gerade in Angstsituationen beschäftige ich mich dann intensiv mit mir selbst, erinnere mich daran, dass ich jetzt gesund bin. Und was morgen ist, werde ich morgen sehen. Es ergibt einfach keinen Sinn, wenn ich mich verrückt mache. Ich höre in mich hinein, mache Atemübungen und Meditationen, gehe in den Wald oder unternehme etwas mit meiner Familie, backe mit meiner Tochter Kekse oder spiele mit ihr. Das alles hilft mir bei der Angstbewältigung.

Friederike

Angst erinnert mich, gut auf mich zu achten

Ich war und bin ein sehr positiv denkender Mensch, doch die Diagnose Brustkrebs hat mein Urvertrauen, dass immer alles gut wird, tief erschüttert. Plötzlich habe ich mich besonders um meine Familie gesorgt und ich hatte immer wieder die Befürchtung, dass ihnen etwas zustoßen könnte. Auch unerwartete Ängste waren mir vorher völlig fremd.
Ich habe schnell erkannt, dass ich Unterstützung brauche, um wieder Vertrauen ins Leben zu bekommen. Deshalb habe ich mich einer Psycho-Onkologin anvertraut. Von ihr bekam ich wertvolle Empfehlungen für den Umgang mit der Angst, die mich oft einfach überrollte. Einmal stand ich zum Beispiel an der Supermarktkasse und las die Schlagzeile einer Tageszeitung: „Bekannte Moderatorin an Brustkrebs verstorben." Was, wenn es auch mir so ergehen sollte ...

Meine Psycho-Onkologin erklärte mir, wie ich mir in solchen Situationen selbst helfen kann: Sie hat mir Atemübungen beigebracht und mit mir zusammen ein Mantra erarbeitet. Es lautet: „Ich nicht. Ich werde nicht an dieser Krankheit sterben. Ich nicht." Immer, wenn die Angst kam, konnte ich sagen: „Ich nicht!" Zusammen mit den Atemtechniken war das Gold wert. Meinen Atem habe ich schließlich immer dabei. Er ist besser als jede Beruhigungspille.

Es war auch eine große Hilfe, dass ich mit der Ärztin Themen besprechen konnte, die ich sonst weder mit meinem Mann noch mit der Familie oder Freunden teilen wollte – ich wollte meine Liebsten damit nicht belasten oder traurig machen. Mit einer professionellen, neutralen Psychologin über Themen wie die Veränderung von sexuellen Bedürfnissen oder die Angst vor dem Tod zu reden, fand ich wahnsinnig wertvoll.

Ich habe von Natur aus eine positive Grundhaltung zum Leben. Meine Recherchen zu diesem Thema haben mich noch einmal darin bestärkt, die Kraft positiver Gedanken auf meiner Gesundheitsreise zu nutzen.

In den LebensHeldin!-Workshops habe ich mich zudem auch intensiv mit einigen meiner negativen Glaubenssätze auseinandergesetzt und gelernt, sie zu wandeln. Dies war eine wertvolle Erfahrung. Ich glaube, auch das macht den Weg frei für Heilung.
Heute bin ich der Angst dankbar, denn sie erinnert mich im Alltag, gut auf mich zu achten.

Stéphanie

Ich freue mich auf die Zukunft

„Mein letztes Jahr war eine Reise – eine ganz besondere. Mir ist bewusst geworden, dass ich meinen Weg, den ich begonnen habe, so fortsetzen werde, wie ich es mir wünsche. Seit der LebensHeldin!-Auszeit habe ich auf einmal keine Angst mehr, dass es mir einmal wieder schlecht gehen wird."

Jana

Ich kann nicht einschlafen. Vor dem Einschlafen finde ich mich in einer negativen Gedankenspirale wieder, aus der ich nicht herauskomme. Ich habe Angst, dass ich nach dem Ende meiner Therapie sterbe, so wie eine Freundin meiner Eltern. So wie andere in meinem Umfeld. Ich will das nicht erleben. Ich habe Angst davor, dass ich morgens nicht mehr aufwache.

Mein Freund hilft mir, mit meinen Ängsten umzugehen, mich abzulenken und wieder ins Leben zu kommen. Mein Körper kehrt auch langsam zur Normalität zurück, damit rücken auch die Gedanken an den Tod wieder in den Hintergrund. Ich sehe wieder den Sinn in meinem Leben und freue mich auf die Zukunft.

Nach wie vor habe ich Angst vor einem Rezidiv. Aber die negativen Gedanken bringen mir nichts, sondern ziehen mich nur runter. Ich versuche, meine positive Einstellung zum Leben zu behalten und zu stärken. Neben Bewegung an der frischen Luft und einer bewussteren Ernährung bin ich überzeugt, dass die Psyche und die seelische Balance einen großen Einfluss auf meine Gesundheit haben.

Julia

Die Erinnerung an meine Kraft ist wieder da

Während meiner Therapie war ich nur darauf fokussiert, die Krankheit zu überleben. Meinen Ängsten bin ich damals in Gesprächen mit meiner Psycho-Onkologin, mit anderen betroffenen Frauen oder mit meinem Mann begegnet. Die anschließenden engmaschigen Nachsorgetermine haben mich einerseits beruhigt, andererseits aber auch immer wieder mit meinen Ängsten vor einem Rezidiv konfrontiert. Auf den Umgang mit dieser regelmäßig wiederkehrenden Angst war ich nicht vorbereitet, damit musste ich selbst zurechtkommen.

Heute, nach 15 Jahren, lasse ich mich nicht von der Angst des „Was-ist-wenn“ bestimmen, sondern stelle die Klarheit in den Vordergrund, die mir eine Untersuchung bringen wird. Dann erinnere ich mich daran, dass es mein Körper damals geschafft hat, wieder gesund zu werden. Ich erkenne meine innere Kraft und sage mir: Ich bin eine starke und mutige Frau. Wenn das Ergebnis schlecht sein sollte, werde ich einen Weg finden, damit umzugehen, denn ich habe es schon einmal geschafft.

Von meinem Mann habe ich gelernt, dass Gedanken oder Sorgen unnötig sind, bevor man das Ergebnis kennt. Er hat mir gezeigt, dass dieses negative Gedankenkarussell nicht guttut und mich von einem glücklichen Leben abhält. Es ergibt ja überhaupt erst Sinn, sich zu sorgen, wenn man auch einen Grund dafür hat.
Nach meiner Erkrankung war mir diese Denkweise leider ein bisschen verloren gegangen, vielleicht auch, weil ich die Angst oft als größer empfunden habe als meine Kraft, ihr zu begegnen.

Erst durch meine Bereitschaft, mich meiner Angst neu zu stellen, ist dieses positiv-fokussierte Denken wieder zu meiner tief verankerten inneren Kraft geworden. Durch die Coachings von LebensHeldin! e.V. ist die Erinnerung an diese Kraft in mir zurückgekehrt, und mit Hilfe von Meditationen und Atemübungen habe ich die Heldin in mir wiederentdeckt. Ich habe gelernt, die Angst anzunehmen und sie loszulassen, um neues Vertrauen zu gewinnen.

Susan

Ich erinnere mich

Seit Abschluss der Therapie habe ich mir angewöhnt, bei Ängsten einmal innezuhalten und mir zu sagen: Erinnere Dich an Deine Krankzeit und denke daran: Nichts von dem, wovor du Angst hattest, was dir Kummer und Sorgen bereitet hat, ist auch nur ansatzweise eingetreten. Deine Ängste sind eine Sammlung von Dingen, die Du gehört, gelesen, gesehen hast. Du hast nichts davon je selbst erlebt. Deine Ängste sind also nur Gedanken.

Das Leben meint es gut mit Dir und geht seine eigenen Wege. Vertraue! Nimm Deine Angst an, sie lässt Dich wachsam sein und soll Dich immer daran erinnern, gut für Dich zu sorgen. Du darfst bestimmen, wieviel Raum Du der Angst gibst.

Vertraue dem Leben.

Sabine

Was ich vom Leben gelernt habe: Es geht weiter!

Die Diagnose hat alles verändert

Während der Therapie-Monate fühlte ich mich gut betreut und wollte so schnell wie möglich wieder in mein altes Leben zurück. Ich klammerte mich an den Gedanken: Wenn kein Krebs mehr diagnostizierbar ist, dann bist Du geheilt!

Doch als ich nach der Therapie als „geheilt" entlassen wurde, fiel ich in ein tiefes Loch. Die Euphorie und Freude, von der ich glaubte, dass sie sich einstellen würde, empfand ich nicht. Die Rückkehr in meinen Alltag fiel mir schwer, weil ich mich darin nicht mehr wohl fühlte. Alles war plötzlich anders. Selbst wenn sie sagten: „Du siehst ja super aus! Du hast das toll überstanden", fühlte ich mich innerlich zerrissen und alleingelassen.

Manchmal fühle ich nur Angst

Ich stand vor der Frage: Was kann ich tun, wenn ich die Freude über das neu geschenkte Leben einfach nicht fühlen kann? Wie gehe ich damit um, dass ich anstatt unbändiger Lebenslust eine so große Erschöpfung und Abgeschlagenheit empfinde?

Diese Gefühle akzeptieren lernen, sie als Begleiter anzuerkennen, ohne mich selbst dafür zu verurteilen oder sie kleinzureden, ist ein wahrer Kraftakt, der nach außen hin unsichtbar bleibt.

Es gibt Momente, in denen ich richtiggehend hoffnungslos und unsagbar ängstlich bin. Ich habe gelernt, dass auch diese Gefühle ihre Berechtigung haben und da sein dürfen. Es ist nicht immer alles gut, und in solchen Momenten fällt es mir auch heute noch schwer, meinen Gedanken eine positive

Richtung zu geben. Ich sehe dann nur Angst und fühle mich unzulänglich, undankbar und ein Stück weit schuldig. Als ich erfuhr, dass ich damit nicht allein bin, war ich unglaublich erleichtert. Mir hat es sehr geholfen zu erfahren, dass wohl jede Frau diese Phasen durchlebt und dass sie Teil unseres Weges sind.

Es ist nicht leicht, im Alltag wieder Fuß zu fassen, und es gibt Dinge, die sich für immer verändert haben. Ich bin nicht mehr die Frau, die ich vorher war, und mein altes Leben ist auch nicht mehr dasselbe.

Ich muss die Krise durchleben

Meine Diagnose hat mir eine verschärfte Wahrnehmung geschenkt. Die Sicht durch meine neu eingestellte Lebensbrille ist klarer. Mit ihrer Hilfe kann ich Wichtiges von Unwichtigem und gar Unsinnigem unterscheiden. Ich habe erkannt, wie viel Zeit wir Menschen mit irrelevanten Dingen verplempern, fest davon überzeugt, dass wir ohne sie nicht zufrieden leben können. Ich habe gelernt, dass ich selbst in der dunkelsten Phase mutig und zuversichtlich sein kann. In der Krise, die ich durchleben musste, habe ich eine vorher nicht gekannte Zuversicht erfahren, die mich seitdem nicht verlassen hat.

Die Diagnose hat alles verändert, ja. Aber nicht alles war schmerzhaft und schrecklich. Im Gegenteil: Diese geschärfte Sicht aufs Leben hat mich mehr Ballast abwerfen lassen als jemals zuvor. Wenn ich eines vom Leben gelernt habe, dann das: Es geht weiter!

Die Zuversicht gewinnt

LebensHeldin! e.V. knüpft genau an die Zeit nach der Therapie an, und ich bin dankbar, dass die Initiative diesen luftleeren Raum zusätzlich mit Leben gefüllt hat. Sie unterstützt mich bei der Entwicklung meiner neuen Persönlichkeit, und ich bin Teil dieser einzigartigen Gemeinschaft von Power-Frauen. LebensHeldin! e.V. ist für mich immer wieder eine Krafttankstelle. Der Austausch mit anderen Frauen hilft mir dabei, wieder positive Energie zu gewinnen. Meine Ängste lassen sich nicht wegzaubern, aber in der Gemeinschaft verlieren sie einen Teil ihres Schreckens, und die Zuversicht gewinnt.

Birgit Dietrich

Eine einzigartige Sisterhood für Frauen

Du bist nicht allein!

Während der Therapie liegt Dein Fokus auf der Heilung Deines Körpers. Du wirst medizinisch engmaschig betreut, fühlst Dich in guten Händen und weißt: Sollte etwas Unvorhergesehenes eintreten, wird es sofort bemerkt.

Ich möchte Dir gerne ein paar praktische Tipps geben, die Dir während und nach der Therapie helfen können:

- Informiere Dich gut. Aber an den richtigen Stellen. Bei Krebsgesellschaften und ähnlich renommierten Organisationen kannst Du auf die Qualität der Information vertrauen.
- Bereite Dich gut auf Deine Termine vor.
- Nimm Dir immer eine Person Deines Vertrauens zu den Terminen mit. Das ist besonders für alleinstehende Frauen wichtig. Niemand muss das alleine machen!
- Schreib Dir Deine Fragen auf - in der Aufregung vergisst Du sonst wichtige Dinge.

Ich fühlte mich nach der Therapie plötzlich orientierungslos. Heute weiß ich, dass es den meisten Frauen so geht. Du findest nicht so richtig in Dein normales Leben zurück? Du fühlst Dich allein mit Deinen Ängsten, Deinen Fragen, Deinen Sorgen und mit den Neben- bzw. Nachwirkungen? Wie kannst Du damit umgehen?

Aus meiner Sicht bietet eine Krebserkrankung die Chance, Dich mit Dir selbst auseinanderzusetzen und die richtigen Fragen zu stellen, damit Du feststellen kannst, ob und was Dir fehlt. Vielleicht brauchst Du mehr Spiritualität oder mehr Auseinandersetzung mit Dir selbst – auf welchen Ebenen auch immer. Wenn Du mit der Chemo (fast) fertig bist und das Körperliche nicht mehr ganz so im Vordergrund steht, dann ist ein guter Zeitpunkt, sich mit Yoga oder Meditation, mit Psychologie, gesunder Ernährung oder Achtsamkeit zu beschäftigen, um zu überlegen, was Du zukünftig besser oder anders machen kannst.

„Endlich habe ich mich wieder als Frau gefühlt und nicht als Patientin. Ich bin so viel mehr, als die Frau mit Brustkrebs. Die positive Energie bei LebensHeldin! e.V. ist ganz besonders wertvoll. Die einzigartige Sisterhood hat mein Leben verändert."

Isabelle

Zu diesem Zeitpunkt ist es wichtig, eine Community von Frauen zu haben, die das Gleiche durchgemacht haben und wissen, wovon Du redest. Ganz besonders, wenn Du ohne Partner oder Familie bist.

Mir hat das damals gefehlt. So etwas wie LebensHeldin! e.V. hätte mir total geholfen. Ich war sogar kurz davor, selbst etwas Ähnliches ins Leben zu rufen, aber nach meiner Akuttherapie hatte ich dafür keine Kraft. Seit Anfang 2020 engagiere ich mich bei LebensHeldin! e.V., weil mich das Konzept überzeugt: eine Gemeinschaft von Gleichgesinnten mit und ohne Brustkrebs, die sich für einen positiven Umgang mit Brustkrebs engagieren. Hier sind wir nicht „die Patientin", sondern die Kraft und Stärke von uns Frauen steht im Mittelpunkt. Es ist eine einzigartige Sisterhood, in der es zahlreiche Angebote gibt, bei denen Du gleich einsteigen kannst.

Isabelle Ziegler

LebensHeldin! e.V. kann Dein Leben verändern

Die Studie zum LebensHeldin!-Angebot

LebensHeldin! e.V. schließt die Lücke, die nach Abschluss der Akutphase und der anschließenden Reha-Maßnahmen entstehen kann, und bietet wertvolle Hilfen für die Wiedereingliederung in den Alltag und für das Leben nach der Therapie an.

LebensHeldin! e.V. bereichert damit das Spektrum der klassischen Selbsthilfegruppen und vervollständigt auf eindrucksvolle Weise das bestehende Beratungs- und Unterstützungsangebot. Die Initiative fördert ein neues weibliches Bewusstsein für Schönheit und Selbstliebe, die Akzeptanz des eigenen Körpers und die Befreiung von Komplexen.

Es entsteht ein innovatives, kommunikatives, lebendiges Format im Austausch mit allen überlebenden Frauen und ihrem weiblichen Umfeld in einer Art Sisterhood, sowohl analog als auch digital. Frauen, die gerade die Diagnose erhalten haben, Langzeitüberlebende und gesunde Frauen schenken sich gegenseitig Kraft und Mut, unabhängig von Alter, Wohnort oder Herkunft. Das Konzept der Initiative vermittelt ein positives LebensHeldin!-Gefühl
einer starken Bindung und Gemeinschaft.

Die Initiative bietet Lebenshilfe zur Stärkung des Bewusstseins und Lebensorientierung während und nach der Brustkrebstherapie. Das Angebot reicht von audiovisuellen Medien, Vortragsveranstaltungen, Workshops und Seminaren bis zu evaluierten LebensHeldin!-Reisen und Coaching für Körper, Geist und Seele - außerhalb der fachlichen Psychologie und des Gesundheitswesens.

Diese Art von Heilungsbegleitung wird im deutschsprachigen Raum erstmalig von LebensHeldin! e.V. angeboten.

Steigerung der Lebensqualität und Lebensfreude

Ziel sind die Bewusstwerdung der Selbstwirksamkeit und die Stärkung des Vertrauens in den eigenen Körper. Durch die Verbindung von erkrankten, geheilten und nichterkrankten Frauen trägt die Initiative auf eindrucksvolle Weise zu Aufklärung und Prävention sowie Entstigmatisierung und Enttabuisierung von Brustkrebs und den daraus resultierenden Folgen für die Gesellschaft bei.

Durch die Arbeit von LebensHeldin! e.V. können die betroffenen Frauen ein informiertes, positiveres und besseres Leben führen. Sie entwickeln eine lebensbejahende Grundeinstellung, entscheiden selbstbestimmt und selbstbewusst über ihr Leben. Sie werden ermächtigt, sich von der Krankheit nicht zerstören zu lassen, sondern sich ein neues Leben zu erschaffen, in dem jeder Tag wertvoll ist:

- Bewusstseinsveränderung und damit Selbstwirksamkeit im Gesundungsprozess
- Vernetzung mit anderen betroffenen Frauen und Aufgehobensein in einer Gemeinschaft
- Thematisierung angstbesetzter Themen, die zu einer Verringerung von krebsbezogenen Ängsten führt
- Förderung der Reintegration

Gesundheits-Retreats als Krafttankstelle

Nach der Brustkrebstherapie und der Rückkehr in den Alltag erwartet das Umfeld häufig, dass „alles wieder so ist, wie es einmal war". Viele Frauen fühlen sich dann alleingelassen, überfordert und überlastet. Sie sehnen sich nach einer Auszeit, die ihrem Lebensstil entspricht, sie kurzfristig aufbaut und nachhaltig wirkt. Ihnen fehlt ein zeitgemäßes Reiseangebot zur Unterstützung, Aufklärung und persönlichen Bewältigungsstrategie und damit Verbesserung der Lebensqualität und Gesundheit.

LebensHeldin! e.V. hat mit dem Angebot von „LebensHeldin!-Wochenenden" eine Lösung gefunden. Die ebenso unterstützenden, aktiven wie präventiven Gesundheits-Retreats sind eine Energie- und Krafttankstelle, die in ausgewählten Hotels in den schönsten Regionen Deutschlands (z.Zt. Hamburg, Reinstorf und Würzburg) angeboten wird. Die Reisen werden durch Selbstzahlerinnen, Spenden und Unterstützer finanziert sowie u.a. von den Partnerhotels gefördert.

Alle LebensHeldin!-Angebote beinhalten verschiedene Kursbausteine aus den unterschiedlichen Handlungsfeldern Bewegung (Yoga, Walking, Schwimmen), Entspannung (Meditation, Atemübungen, Sauna), Ernährung (Grundlagen und Integration gesunder Ernährung im Alltag), Angst- und Stressbewältigung sowie Stärkung der Resilienz. Praktische Übungen sind Hauptbestandteil des aktiven Gesundheitsprogramms und werden mit Spaß und Lebensfreude in einem positiven Umfeld vermittelt. Nach Abschluss des Programms sind die Teilnehmerinnen in der Lage, das Gelernte selbstständig weiterzuführen und in ihren Alltag zu integrieren.

Zielgruppe sind alle Frauen, die JA zum Leben sagen wollen, mit der Diagnose Brustkrebs oder ohne:

- Neu-erkrankte Frauen, Frauen nach der OP, in der Reha
- Frauen, deren Erkrankung länger her ist, die auch nach Jahren die seelische Belastung der Krankheit tragen (z.B. Ängste vor einem Rezidiv) und unter den Spätfolgen leiden
- Frauen, die ihren Lebensstil verändern möchten und Unterstützung bei der persönlichen Bewältigungsstrategie benötigen

Die langfristigen Erfolge der LebensHeldin!-Reisen als „Auszeit für Körper, Geist und Seele" wurden von über 150 Teilnehmerinnen bestätigt. Auf Basis von professionell erstellten Evaluationsbögen wurden die Veränderungen des Gesundheitszustands der Frauen vor und nach dem LebensHeldin!-Wochenende gemessen. Die Befragung erfolgte direkt zu Beginn des Wochenendes, zum Schluss und als Langzeitmessung noch einmal nach 3 Monaten.

Positive Effekte für die Frauen und die Gesellschaft

Dabei hat sich gezeigt, dass insbesondere das Kennenlernen von und die Gemeinschaft mit anderen betroffenen Frauen als sehr wertvoll erlebt wurden. Besonders beeindruckend ist, dass das Angstempfinden sowie depressive Gedanken und Gefühle deutlich reduziert wurden. Am Ende der LebensHeldin!-Wochenenden ging es den Frauen eindrucksvoll besser als zu Beginn. Der angstreduzierende Effekt hielt sich und konnte auch nach 3 Monaten noch nachgewiesen werden.

Die Aktivitäten von LebensHeldin! e.V. enttabuisieren die Krankheit Brustkrebs und ihre Folgen. Durch lebensbejahende Projekte zur Frauengesundheit, erfolgreiche Reintegration und Inklusion können Frauen nach der Therapie ein gleichberechtigtes und gleichwertiges, positives Leben führen.

Es ist wünschenswert, dass dieses Konzept weiter ausgebaut werden kann, um die Kosten im Gesundheitswesen zu senken und ein zeitgemäßes Heilungsangebot zu fördern.

Dr. Ina Zschocke
Als Doktorin der Psychologie und als Psychotherapeutin hat sie mehr als 20 Jahre ihres Berufslebens klinische Studien zur Entwicklung von Medikamenten und Medizinprodukten geleitet. Für LebensHeldin! e.V. verantwortet sie die Begleitstudie der LebensHeldin!-Reisen.

www.pharall.de

„Dieses Wochenende hat mir unheimlich viel Energie gegeben, so viel Positives, das ich mitnehmen möchte und an das ich mich immer wieder erinnern möchte in Momenten, in denen ich Angst habe oder traurig bin. 1000 Dank für Euer Engagement, Euer Herzblut. Besonders gut gefallen hat mir auch die Gruppenzusammensetzung: Frauen verschiedenen Alters und in unterschiedlichen Stadien ihrer Erkrankung. Der Austausch mit all diesen tollen Frauen war sehr kostbar."

Nina

„Der ehrliche Austausch mit den anderen Frauen findet auf einer ganz besonderen Ebene statt, von Herz zu Herz. Unglaublich wundervoll, wie nah wir uns bei LebensHeldin! e.V. geworden sind."

Sabine

LebensHeldin! e.V.

Die Bewegung für eine neue Frauengesundheit

Silke Linsenmaier
Vorständin und 1. Vorsitzende LebensHeldin! e.V.

Isabella Ladines
Vorständin und 2. Vorsitzende LebensHeldin! e.V.

In den Worten von Sabine (s. gegenüber) steckt eine enorme Weisheit und die tiefe Wahrheit, dass wir alle miteinander verbunden sind. Wenn wir füreinander da sind, schenkt uns das Kraft und Lebensenergie, wir sind glücklicher, emotional stabiler, gesünder und leben länger. Das ist der Grund, warum wir mit LebensHeldin! e.V. einen neuen, weiblichen Weg gehen und Frauen mit Brustkrebs ermutigen wollen, JA zum Leben zu sagen und ein neues Miteinander zu finden. Jede Frau ist eine LebensHeldin, manchmal brauchen wir allerdings Unterstützung, um die Heldin in uns wiederzuentdecken.

Für einen neuen weiblichen Weg

Jede 7. Frau in Deutschland erhält die Diagnose Brustkrebs, und die Betroffenen werden immer jünger. Viele Frauen fühlen sich nach Therapieende sowohl mit ihrer Angst und Hilflosigkeit als auch mit Scham und den Tabuthemen Armut und Trennung allein gelassen.

LebensHeldin! e.V. ist die erste gemeinnützige Organisation, die die Gesundheitskultur für Frauen verändern will. Seit 2018 finanziert sie mit Hilfe von Spenden lebensbejahende Projekte zur Förderung der Frauengesundheit, insbesondere nach Brustkrebs. Die Initiative fördert die Verbundenheit unter Frauen und bestärkt die Patientinnen gleichzeitig, ihren individuellen Heilungsweg zu gehen. Sie erkennen, dass ihre Gesundheit durch selbstmotiviertes Handeln, Verbundenheit und Achtsamkeit unterstützt wird.

Ein Leuchtturmprojekt für Frauengesundheit

Die LebensHeldin!-Sisterhood ist eine einzigartige Bewegung, die alle Frauen anspricht – mit, während, nach und ohne Brustkrebs. Sie verbindet alle Altersklassen und Herkünfte und trägt damit zu Toleranz untereinander bei, zu mehr Verständnis im Umgang mit der Krankheit und zu einem Miteinander ohne Bodyshaming, Isolation, seelische Verletzungen und Stigmatisierung.

Als Visionärin für Frauengesundheit hat LebensHeldin! e.V. damit einen Stein ins Rollen gebracht, der langfristig den Blick darauf verändern wird, wie in unserer Gesellschaft mit Krankheit, Armut und Tod umgegangen wird: von einem Krankheitssystem zu einem Gesundheitssystem. Es ist ein holistischer Ansatz, der die ganzheitliche Heilung von Körper, Seele und Geist ermöglicht.

Egal, ob die Frauen gerade die Diagnose Brustkrebs bekommen haben, die Therapie vor 20 Jahren beendeten oder Freundin, Angehörige oder Kollegin sind: Im gesamten deutschsprachigen Raum und darüber hinaus ist eine wunderbare Gemeinschaft mit einer neuen Art der Solidarität und Frauenpower entstanden.

Frauen nehmen mit ihren weiblichen Herzensmenschen an den digitalen Angeboten und Live-Veranstaltungen von LebensHeldin! e.V. teil, sie feiern das Leben, vernetzen sich untereinander und schenken sich gegenseitig Mut, Kraft und neue Lebensenergie. Durch die Veranstaltungen wird den Frauen bewusst, dass sie trotz Krankheit viel Spaß zusammen haben können, aber auch, dass es guttut, über Gefühle zu sprechen, Ängste zu benennen und Kraft aus der Gruppe zu gewinnen, um sich auf neue Wege zu begeben. Damit ist LebensHeldin! e.V. ein Leuchtturmprojekt für Frauengesundheit.

LebensHeldin! e.V. sagt JA zur Weiblichkeit

Alle LebensHeldinnen strahlen mit ihrem Engagement positive Energie aus, das macht Veränderung möglich. Lebensfreude, Gemeinschaft, Stärkung des Selbstwerts und Weiblichkeit stehen im Mittelpunkt.

Durch die Arbeit von LebensHeldin! e.V. entwickeln Frauen eine positive Grundeinstellung und entscheiden selbstbestimmt über ihr Leben. Sie werden dazu ermutigt, Verantwortung für die eigene Gesundheit und ihr Denken, Fühlen und Handeln zu übernehmen. Dazu gehört auch, zu erkennen, dass in jeder von uns eine Superkraft steckt und wir durch Vergebung, Dankbarkeit und innere Verbindung die großen Potenziale in uns wiederentdecken können.

LebensHeldin sein heißt:

JA zu sich selbst sagen, um selbstbewusst und selbstsicher im eigenen Körper zu leben und die weibliche Kraft zu stärken.

Unsere Inspirationsquellen

Die LebensHeldin!-Lehre basiert auf den Einflüssen von Coaches für persönliches und spirituelles Wachstum. Wir, Silke und Isabella, sind besonders dankbar für unsere Unterstützer*innen:

Ulrike Alt

Mit Ulrike haben wir gelernt, unsere Blockaden und alte, oft gut verborgene Themen zu erkennen und loszulassen. Das macht uns frei, gibt uns Leichtigkeit und macht Platz für die Zukunft. Damit wir LebensHeldin! e.V. zur größten Bewegung für Frauengesundheit gestalten können!

Rebecca Campbell

„Verbring mehr Zeit mit Deiner Seele", ist Rebeccas größter Wunsch für uns. Sie hat uns in ihren Büchern, Kursen und Meditationen gezeigt, dass unsere Seele zu uns spricht. Wenn wir die Chance nutzen, mit ihr in Kontakt zu kommen, hinzuhören und unser Leben nach den wahren Wünschen unserer Seele auszurichten, können wir ein Leben in Einklang mit uns selbst führen.

Dr. Joe Dispenza

Als Mediziner, Wissenschaftler und moderner Mystiker erforscht er, wie Spontanremissionen auf wissenschaftlicher Grundlage funktionieren – immer basierend auf den neuesten Forschungen aus den Neurowissenschaften, der Epigenetik und der Quantenphysik. Joe ist zutiefst davon überzeugt, dass wir alle das Potenzial für wahre Größe und grenzenlose Möglichkeiten haben.

Edda E. Glogger

Edda hat uns vermittelt, dass Feng Shui mehr ist, als Räume ideal zu gestalten. Das uralte Wissen um die östliche Astrologie, gepaart mit der 5-Elemente-Lehre, hilft uns, besser zu verstehen, wer wir wirklich sind. Dank Edda wissen wir, wann wir ganz besonders in unsere Kraft kommen und wann wir uns besser zurückziehen dürfen.

Louise L. Hay

„Wenn Du Dein Denken änderst, änderst Du Dein Leben." Das Wirken von Louise war eine der wichtigsten Inspirationsquellen für den LebensHeldin!-Spirit, dass die Heilung des Körpers des Zusammenspiels von Körper, Seele und Geist bedarf. Ihr erstes Buch, *Heile Deinen Körper*, erschien bereits 1976 und wurde sofort zum Bestseller.

Bruce Lipton

Der promovierte Zellbiologe und Epigenetiker macht die enge Verbindung von Wissenschaft und Geist zu seinem Thema und vertritt die Auffassung, dass unser Geist den Körper kontrollieren und damit jeder Einzelne sein Leben verbessern kann. Er will aufräumen mit der bisherigen Lehrmeinung, der Mensch sei in vielem ein Gefangener seines Erbgutes.

Tatjana Magda

Die Vorreiterin für Mediales Business-Coaching hat mit ihrer wertvollen Arbeit Impulse für den Erfolg von LebensHeldin! e.V. gesetzt.

Laura Malina Seiler

Als Botschafterin für moderne Spiritualität wurden wir immer wieder von ihren Büchern, ihrem Podcast „happy, holy & confident" und ihren Kursen inspiriert. Mit ihr haben wir unser *„Higher Self"* besser kennen gelernt und Meditationen sind dank ihr für uns zur Selbstverständlichkeit geworden.

Bahar Yilmaz und Jeffrey Kastenmüller

Als „Stimme der neuen Spiritualität" inspirierten Bahar und Jeffrey uns auf unserem Weg in persönliches Wachstum. Mit ihren Online-Kursen, Live-Events und Büchern geben sie uns immer wieder Anstoß zur Weiterentwicklung.

www.younity.me

Die Vielzahl der kostenlosen Master-Classes, die Online-Kurse, Events und Kongresse zu den Themen Spiritualität, Heilung und Meditation sind für uns Geschenke für geistiges Wachstum und Weiterbildung, die wir in unsere Angebote einbringen.

Willkommen bei LebensHeldin! e.V.

Wir sind eine wunderbare Gemeinschaft, die Dich mit offenen Armen aufnimmt.

Du hast gerade die Diagnose Brustkrebs bekommen oder die Therapie vor 20 Jahren beendet? Du bist eine Frau auf der Suche? Du brauchst Kraft, Stärke und ein neues Lebensgefühl?

Hier bist Du genau richtig und herzlich willkommen.

Frauen mit Brustkrebs sind für uns echte LebensHeldinnen!
Sie haben sich eine Auszeit verdient.

Das ermöglichen wir ihnen mit unseren LebensHeldin!-Reisen, unseren Online-Coaching-Angeboten und Workshops. Wir sind ein eingetragener, gemeinnütziger Verein, der sich über Spenden finanziert. Unser Angebot ist für Mitglieder in der Regel kostenlos. Wir suchen Sponsoren und Unterstützer, die unser Erfolgskonzept für eine neue Frauengesundheit fördern und die mit uns wachsen wollen!

Wir sind fest davon überzeugt, dass in jeder Frau eine LebensHeldin steckt, auch wenn wir das manchmal leider vergessen. Besonders in den Momenten oder Phasen, in denen wir uns klein, hilflos und verloren fühlen. Wir wollen die Kraft von allen Frauen wecken, mutig und selbstbestimmt in ein neues Leben zu starten. Wir glauben, dass wir alle zusammen als Gemeinschaft die Gesundheit von Frauen nachhaltig positiv beeinflussen können.

Uns sind seit der Gründung von LebensHeldin! e.V. so viele Herzen zugeflogen. Großartige Menschen haben uns mit ihrem Rat und ihrer Unterstützung gezeigt, dass wir gemeinsam noch viel mehr erreichen können. Wundervolle Heldinnen und Helden tragen zum Erfolg von LebensHeldin! e.V. bei.

Werde noch heute Mitglied: **www.lebensheldin.de/mitglied-werden**

Sei dabei!

Du möchtest uns direkt unterstützen?

Unser Spendenkonto:
Hamburger Volksbank
IBAN: DE66 2019 0003 0084 6025 03
BIC: GENODEF1HH2

Der LebensHeldin!-Shop

Unsere Lieblingsteile haben schon tausende Frauen durch die Therapie und in ihr neues Leben begleitet. Beim Tragen der Hoodies oder T-Shirts verbindest Du Dich mit unserer Gemeinschaft und wirst Teil von etwas Größerem.

Um die Finanzierung der gemeinnützigen Initiative zu stärken, wurde im Mai 2020 die LebensHeldin! UG gegründet. Die UG versteht sich als soziale und nachhaltige Unternehmung, die sich verpflichtet hat, Überschüsse aus dem Verkauf der Produkte an den Verein zurück zu spenden.

Mit jedem Produktkauf im Online-Shop unterstützt Du die Projektarbeit von LebensHeldin! e.V. und schenkst Lebensfreude.

Wir legen großen Wert auf nachhaltige Produkte, die unter fairen Bedingungen produziert werden.

www.lebensheldin.club

Danke

Jedes Jahr brauchen 70.000 Frauen mit einer
Brustkrebsdiagnose neuen Lebensmut!

Ihr seid das größte Geschenk für jede LebensHeldin! Mit Eurer Hilfe ist ein einzigartiges Buch entstanden. Wir danken allen, die geholfen haben, dieses Projekt zu realisieren.
Wir feiern jede*n von Euch und sagen mit einer großen Herzensumarmung: DANKE!

Unser besonderer Dank gilt

Silke Linsenmaier
Isabella Ladines
Heike Klümper-Hilgart
Ihr habt den Seelen der Frauen eine Stimme gegeben!

Susan Uhlemann
für Deine Motivation und Deinen Feinschliff!

und unserer **Lektorin Stephanie Iber**
Du bist eine Wortkünstlerin!

Martina van Kann
für die fantastischen Fotos
Du hast gezeigt, welches Licht in jeder einzelnen Frau leuchtet!

Caroline Georgy
für Styling und Maske
Du hast die Schönheit der Frauen zum Strahlen gebracht!

dem **Berg&Feierabend Verlag**
Ihr seid unsere LebensHelden!

Wir danken allen Unternehmen, die das Fotoshooting unterstützt haben:

HEIMAT HAFEN HOTELS | HEIDE HOTEL REINSTORF | prizeotel | TORTUE HAMBURG | UND GRETEL BERLIN | Reiterhof Frese

HeldenTaten für LebensHeldin! e.V.

Wir haben großartige Partner an unserer Seite, die uns auf dem Weg zu einer neuen Frauengesundheitskultur begleiten.

amoena | VOR ORT STEUERBERATUNGSGESELLSCHAFT mbH | BORNHOLD THE FINE ART OF INTERIOR EST. 1917 | bulthaup am ballindamm | emotion | FUCHS EVENTS + INCENTIVES

GERRY WEBER INTERNATIONAL AG | Hamburger Volksbank | HEIDE HOTEL REINSTORF | MAINGLÜCK | STOLLE | MEGAMI

FRANK WAGNER HOLDING SENIORENPFLEGEDOMIZILE | CAROLA ROHRBORN DESIGNER LINE | RAYK HAHNE | hotel ★★★★S melchior park | NORDAKADEMIE STIFTUNG | IMARA restaurant · bar · lounge

Auszeichnungen:

emotion AWARD 2019 | startsocial hilfe für helfer | Hand in Hand ist HanseMerkur

Partnerorganisationen:

KURVENKRATZER INFLUCANCER | discovering hands taktile diagnostik | YES WE CAN

… und viele mehr. Wir sagen allen auf diesem Wege von Herzen „Danke!"

Warum gibt es in diesem Buch Anzeigen und Sponsoren?

Im Buchhandel ist dieses Mutmach-Buch für 26 Euro erhältlich. Der Verkauf jedes einzelnen Exemplars trägt dazu bei, dass LebensHeldin! e.V. wertvolle Arbeit für eine neue Frauengesundheitskultur leisten kann. Der Verein setzt sich dafür ein, dass Frauen mit einer Brustkrebsdiagnose wichtige Informationen bekommen, wie sie ihre Selbstheilungskräfte aktivieren und aktiv zu ihrer Heilung beitragen können.

Das große Ziel von LebensHeldin! e.V. ist es, jeder der jährlich 70.000 neuerkrankten Frauen ein LebensHeldin!-Buch zu schenken – als eine Art Krafttankstelle für Mut, Kraft und Lebensenergie auf ihrem Heilungsweg.

Das würde 700.000 Euro jedes Jahr kosten!

Und das schaffen wir nur, wenn uns viele dabei unterstützen.

Deshalb haben wir uns dazu entschlossen, in diesem Buch Unternehmen zu präsentieren, deren Produkte einen Mehrwert für alle Frauen mit und nach Brustkrebs darstellen.

Das ist gut für uns alle, denn Betroffene profitieren von der Produktempfehlung, LebensHeldin! e.V. bekommt Unterstützung bei der Finanzierung, und die Unternehmen haben die Gelegenheit, wertvolle Informationen über ihre Produkte zu teilen.

Und wie kannst Du das Projekt unterstützen?

Du hast jederzeit die Möglichkeit, auf der LebensHeldin! Webseite zu spenden und Deine Spende direkt dem Mutmach-Buch zu widmen.
Für jede 10-Euro-Spende bekommt eine neuerkrankte Frau ein Buch geschenkt.

Du möchtest unsere Aktivitäten für eine neue Frauengesundheit unterstützen und regelmäßig einen wertvollen Beitrag leisten? Dann werde Förder-Mitglied:

Wenn Du von diesem Buch so richtig begeistert bist, dann teile Deine Begeisterung mit anderen und werdet gemeinsam aktiv. Zum Beispiel mit einer Spendenaktion zu Deinem Geburtstag oder zu einem anderen wichtigen Datum. Oder Du hast Lust, einen Spendenlauf auf die Beine zu stellen? Egal was Dir einfällt, wir helfen Dir gerne bei Deiner Aktivität!
Melde Dich mit Deiner Anfrage bei: buch@lebensheldin.de

Wie können Unternehmen helfen?

Täglich bekommen 192 Frauen in Deutschland die Diagnose Brustkrebs.

Als Unternehmen kannst Du als Tagespate zur Finanzierung der Produktion und Umsetzung dieses einzigartigen Projekts beitragen. Tagespaten des LebensHeldin!-Buches spenden für einen bestimmten (Wunsch-)Tag, z.B. dem Gründungsdatum der Firma, den Betrag von 1.920 Euro.
Und diese Spende wirkt: Dein Unternehmen schenkt damit den neuerkrankten Frauen Mut, Kraft und Zuversicht!
Lade Deine Mitarbeiter*innen und Kund*innen ein, sich mit uns zu engagieren. Zusammen schaffen wir ein neues Bewusstsein für Frauengesundheit und Du steigerst nachhaltig den Erfolg Deines Unternehmens.

Eine eigene Spendenwelt

Schafft einen Ort für gemeinsames Engagement mit Deinen Kund*innen und Deinem Team direkt auf Eurer Webseite. Integriert z.B. einen Spendenbutton oder ein Spenden-Pop-Up-Feld.

Spendenaktionen

Lade Deine Kund*innen oder Mitarbeiter*innen ein, gemeinsam das Projekt LebensHeldin! e.V. zu unterstützen – für eine neue Frauengesundheitskultur.
Dein Unternehmen hat die Kraft, viel zu bewegen. Macht mit!

www.lebensheldin.de

Sanitätshaus neu gedacht

Visionäre Vordenker der Branche

fina&liv ist das erste Sanitätshaus, das Frauen dabei unterstützen möchte, sich auch nach herausfordernden Lebenssituationen wieder stark, schön und weiblich zu fühlen.

Dessousgeschäft mit Rezepteinlösung

fina&liv ist der Meinung, dass schon der BH-Kauf einen kleinen Schritt zur Heilung beitragen kann: Weltweit gibt es für brustoperierte Frauen ein breites Angebot an schönen Dessous im Fachhandel. In Deutschland hingegen müssen Frauen nach einer Brustoperation ins Sanitätshaus, wo sie oft ihr Leben lang „Patientinnen" bleiben, die „versorgt" werden müssen. Wir wollen, dass Frauen nach Brustkrebs JA zu einem neuen Leben sagen können und als Frau behandelt werden, nicht als „Dauerpatientin".

Erste Impulsgeber in der Sanitätshaus-Branche denken wie LebensHeldin! e.V. und wollen den Markt verändern. Wir möchten hier eines dieser Zukunftsmodelle vorstellen, zu dessen Realisierung wir beitragen durften.

fina&liv hat eine besondere Idee umgesetzt: das Dessousgeschäft mit Rezepteinlösung. Es stellt alle Frauen mit besonderem Beratungsbedarf in den Mittelpunkt. Das Konzept vermittelt Schönheit, Lebensfreude und Selbstwert und bietet mit einem Begleitangebot für ein gesünderes, glücklicheres Leben mehr als ein klassisches Sanitätshaus. Neben Prothesen, Spezial-BHs, Perücken und Kompressionsstrümpfen ist es vor allem die positive Atmosphäre, die den Kundinnen im Gedächtnis bleibt. Valerie und Felix Pfanzelt, die beiden Gründer der Concept-Stores, sowie das gesamte Team von fina&liv machen Mut: „Wir haben uns auf Frauen spezialisiert. Und zwar nicht nur auf Frauen, die Brustkrebs haben oder hatten, sondern auf alle Frauen, die Wert auf eine exzellente Beratung legen und aus den verschiedensten Gründen nicht überall einen passenden BH finden. Das geht weit über ein wundervolles Shopping-Erlebnis hinaus, denn wir wollen insbesondere an Brustkrebs erkrankten Frauen eine Perspektive aufzeigen: Das Leben wird nach dieser schwierigen Zeit weitergehen, und selbst nach einer kompletten Ablation kann und darf man sich wieder als Frau fühlen!"

Modern, geschmackvoll und zukunftsweisend

Wer eines der Ladenlokale von fina&liv betritt, merkt schnell, dass es sich nicht um ein herkömmliches Sanitätshaus handelt. Modernes, geschmackvolles Interieur, viel indirektes Licht sowie eine offene, freundliche Begrüßung schaffen ein Shopping-Umfeld, das von Vertrauen und Diskretion geprägt ist. Zusätzlich sorgt ein Rundum-Service für Wohlfühlambiente. Die großzügigen und modern gestalteten Kabinen bieten ein Maximum an

Privatsphäre und Platz für eine Begleitperson. Bei einer Tasse Tee oder Kaffee bleibt ausreichend Zeit, die vielfältigen Produkte und deren Funktionen in Ruhe kennenzulernen. Freundliche Mitarbeiterinnen stehen den Kundinnen jederzeit mit medizinischem Fachwissen und viel Einfühlungsvermögen kompetent zur Seite. Dabei unterstützt das fina&liv-Team die Frauen bei der Auswahl der richtigen Produkte und berät nach Bedarf auch zum Thema Haut- und Haarkosmetik.

Wir finden, das klassische Sanitätshaus ist nicht der richtige Ort für das äußerst sensible Thema Brustprothetik. Deshalb ist unser Ziel, dass jede Frau die Möglichkeit haben sollte, bei Stores wie denen von fina&liv oder einem vergleichbaren Haus einkaufen zu können.

Zwar ist das Angebot bisher sehr überschaubar, aber es freut uns zu sehen, dass bereits weitere Fachgeschäfte für Frauen eröffnen.

„Ich empfinde es als demütigend, meine BHs zwischen Rollatoren, Windeln und Stützstrümpfen kaufen zu müssen. Ich wünsche mir, dass sich das verändert und ich mich beim Einkaufen als Frau fühlen darf. Das hat auch etwas mit dem Selbstwertgefühl zu tun: Ich möchte auch mal wieder etwas Schönes anhaben."

Elisabeth

Die Concept-Stores von **fina&liv** in München, Leipzig und Stuttgart räumen mit den herkömmlichen Vorstellungen eines Sanitätshauses auf. Sie richten sich speziell an Frauen mit besonderem Beratungsbedarf während und nach der Brustkrebstherapie. Im Stile einer Mode-Boutique gestaltet, möchten sie den Frauen dabei helfen, sich wieder schön, stark und weiblich zu fühlen.

Impressum

1. Auflage 2021

Mommsenstraße 43
10629 Berlin

info@bergundfeierabend.de
www.bergundfeierabend.de

Autorinnen: Silke E. Linsenmaier,
Heike Klümper-Hilgart, Isabella Ladines

Fotografie: Martina van Kann

Make-up und Styling: Caroline Georgy

Ratgeberin: Susan Uhlemann

Creative Direction: Peter Feierabend

Gestaltung: Christian Schaarschmidt

Lektorat: Stephanie Iber

Produziert von PrintMediaNetwork

ISBN: 978-3948272135

FSC® www.fsc.org MIX Papier aus verantwortungsvollen Quellen FSC® C014138

Designed in Germany, printed in the EU

Herausgeberin:
LebensHeldin! e.V.
Opitzstr. 28
22301 Hamburg

Disclaimer / Haftungsausschluss

Keine Haftung für Inhalte

Der LebensHeldin! e.V. bietet in diesem Buch allgemeine Informationen für Brustkrebspatientinnen und ihre Angehörigen an. Die Geschichten der Frauen in diesem Buch basieren auf Interviews und beinhalten persönliche Sichtweisen der Betroffenen. Jede Brustkrebserkrankung ist einzigartig und kann nicht im direkten Vergleich mit einem anderen Krankheitsverlauf gesehen werden. Die Entscheidung über die Durchführung oder Unterlassung einer Behandlung sollte stets zusammen mit entsprechend qualifizierten Ärzten getroffen und darf keinesfalls allein auf die vom LebensHeldin! e.V. in diesem Buch bereitgestellten Informationen gestützt werden. Die im Buch veröffentlichten Empfehlungen wurden von Verfasserinnen und Verlag sorgfältig erarbeitet und geprüft. Eine Garantie kann dennoch nicht übernommen werden. Insbesondere sollen und können die vom LebensHeldin! e.V. bereitgestellten Informationen keine medizinische Beratung oder Behandlung ersetzen. Insbesondere wird hierdurch keine Beratungsleistung erbracht.

Links

Der LebensHeldin! e.V. verweist im Interesse der Hilfesuchenden durch mögliche Links in diesem Buch auch auf die Informationsangebote Dritter. Für die Inhalte der verlinkten Seiten ist ausschließlich der jeweilige Anbieter oder Betreiber der Seiten verantwortlich. Der LebensHeldin! e.V. macht sich die dortigen Inhalte ausdrücklich nicht zu eigen. Er hat hierauf keinen Einfluss und kann diese nicht kontrollieren, sondern lediglich auf deren Stand zum Zeitpunkt der Erstveröffentlichung verweisen.

Urheberrechte

LebensHeldin!

JEDEN TAG ERHALTEN 192 FRAUEN IN DEUTSCHLAND DIE DIAGNOSE BRUSTKREBS!

Das sind 8 Frauen pro Stunde. Jeden Tag.

70.000 Frauen pro Jahr, und die Betroffenen werden immer jünger.
Die Diagnose sorgt bei Erkrankten, deren Angehörigen und Freund:innen häufig für Hilflosigkeit und Angst.

DU KANNST HELFEN!

Wir wollen gemeinsam Mut machen und allen Betroffenen zeigen:
Wir sind an Deiner Seite, Du bist nicht allein, Du bist eine LebensHeldin!

Jetzt spenden!
lebensheldin.de/spenden

UNSER ZIEL:

Wir wollen 70.000 Mutmach-Bücher an jede neu erkrankte Frau verschenken.
Für neuen Lebensmut auf dem schweren Weg durch die Therapie.

Übernimm für 10€ eine Buchpatenschaft!
Damit schenkst Du einer akut erkrankten Frau mit der lebensbedrohlichen Diagnose Brustkrebs ein LebensHeldin!-Mutmach-Buch.

SEI HELD:IN FÜR EINE LEBENSHELDIN!

Wie bekommen betroffene Frauen das LebensHeldin!-Buch?
Solange der Vorrat reicht, können akut betroffene Frauen das Buch per Link oder QR Code über die LebensHeldin!-Vereinswebseite www.lebensheldin.de bestellen.

Immer, wenn der Spendentopf wieder gefüllt ist, kann eine Neuauflage produziert werden, damit neu erkrankte Frauen mit dem Buch eine Krafttankstelle geschenkt bekommen können.

Herzlichen Dank an alle Held:innnen, die zur ersten Auflage der Geschenk-Exemplare beigetragen haben. Ihr seid echte Mutmacher:innen!

LebensHeldin! e.V. | Opitzstr. 28 | 22301 Hamburg
Vereinsregisternummer VR 23630 | Gerichtsstand Hamburg | Vorstand: Silke Linsenmaier, Isabella Ladines
Hamburger Volksbank | DE66 2019 0003 0084 6025 03 | BIC: GENODEF1HH2